Richard/Hartmann/Schneider

Aufgaben zum Grundkurs der Volkswirtschaftslehre

Wirtschaftswissenschaftliche Bücherei für Schule und Praxis
Begründet von Handelsschul-Direktor Dipl.-Hdl. Friedrich Hutkap †

Verfasser:

Dipl.-Hdl. Willi Richard, Studiendirektor in Essen

Dipl.-Hdl. Gernot B. Hartmann
Professor am Staatlichen Seminar für Schulpädagogik (berufliche Schulen)
Freiburg i. Brsg.

Dipl.-Hdl. Gerhard Schneider, Studiendirektor in Mülheim/Ruhr

© 1985 by MERKUR VERLAG RINTELN
4. Auflage 1992

Nachdruck, Vervielfältigung oder sonstige Wiedergabe – auch auszugsweise – ist, abgesehen von den gesetzlich begründeten Ausnahmefällen der §§ 53 und 54 des Urheberrechtsgesetzes vom 9.9.1965 in der Fassung vom 10.11.1972, nur mit Genehmigung des Verlages gestattet.

Gesamtherstellung:

MERKUR VERLAG RINTELN Hutkap GmbH & Co. KG, PF 1420, 3260 Rinteln 1

ISBN 3-8120-**1173**-5

Vorwort

Das Aufgabenbuch zum „Grundkurs der Volkswirtschaftslehre" enthält ergänzende und vertiefende Aufgaben zur Volkswirtschaftslehre, die zur Übung im Unterricht und in der Hausaufgabe verwendbar sind, aber auch zur Erarbeitung neuen Stoffes genutzt werden können.

Frühjahr 1990

Die Verfasser

Inhaltsverzeichnis

		Teil I Aufgaben	Teil II Lösungen
Kapitel 1:	**Grundbegriffe der Volkswirtschaftslehre**	7	124
1.1	Lückentest	7	124
1.2	Arten der Bedürfnisse	7	124
1.3	Bestimmungsgründe von Bedürfnissen	8	124
1.4	Güter	10	124
1.5	Auswertung einer Grafik „Gebrauchsgüter"	11	125
1.6	Wirtschaftlichkeit	11	125
1.7	Wirtschaftlichkeit/Rentabilität	12	125
Kapitel 2:	**Bereiche volkswirtschaftlicher Produktion**	13	126
2.1	Wirtschaftsbereiche	13	126
2.2	Arbeitsteilung	14	126
2.3	Arbeitszerlegung	15	127
2.4	Automation	16	128
Kapitel 3:	**Der volkswirtschaftliche Produktionsprozeß**	17	128
3.1	Die Produktionsfaktoren (Systematik)	17	128
3.1.1	Produktionsfaktoren I	18	129
3.1.2	Die Produktionsfaktoren II	19	129
3.2	Der Produktionsfaktor Arbeit	20	130
3.3	Arbeitsmarkt	21	130
3.4	Arbeitslose und ihr Einkommen	22	130
3.5	Arten der Arbeitslosigkeit	23	131
3.6	Arbeitslosigkeit	23	131
3.7	Bekämpfung der Arbeitslosigkeit	24	131
3.8	Produktionsfaktor Boden (Natur)	24	131
3.9	Der Produktionsfaktor Kapital	25	132
3.10	Rationalisierungsinvestitionen	27	132
3.11	Die Produktion als Kombinations- und Substitutionsprozeß	28	133
Kapitel 4:	**Die Verteilung des Produktionsergebnisses**	31	134
4.1	Die Entlohnung der Produktionsfaktoren	31	134
4.2	Lohnformen	32	134
4.3	Streik und Aussperrung	32	134
4.4	Preise, Nominal- und Reallöhne (Jahresdurchschnitt)	33	135
4.5	Unternehmerfunktion und Unternehmereinkommen	33	136
4.6	Sozialprodukt und Volkseinkommen I	36	136
4.7	Sozialprodukt und Volkseinkommen II	37	137
4.8	VGR: Entstehungsrechnung	38	138
4.9	Problematik des BSP	41	139
4.10	Einkommensumverteilung	44	139
4.11	Einkommensverteilung	45	140
4.11.1	Probleme der Einkommensverteilung I	45	140
4.11.2	Probleme der Einkommensverteilung II	45	140
4.11.3	Probleme der Einkommensverteilung III	46	140
4.11.4	Probleme der Einkommensverteilung IV	46	140
Kapitel 5:	**Wirtschaftskreislauf**	47	141
5.1	Wirtschaftskreislauf I	47	141
5.2	Wirtschaftskreislauf II	48	141

Kapitel 6: Grundlagen der Preisbildung 49 142
6.1 Angebot/Nachfrage 49 142
6.2 Vollkommener Markt 49 143
6.3 Elastizität von Angebot und Nachfrage 50 143
6.4 Märkte 51 143
6.5 Märkte/Marktformen 52 143
6.6 Marktformen/Monopol 53 143
6.7 Kreditmärkte 54 144
6.8 Der Zins als Preis 55 146
6.9 Mindestpreis 57 146
6.10 Staatliche Beeinflussung der Preisbildung 58 146
6.11 Konzentrationsformen 58 147
6.12 Unternehmenskonzentration 60 147

Kapitel 7: Das Geld 61 147
7.1 Entstehung, Formen und Funktionen des Geldes 61 147
7.2 Funktionen des Geldes 62 148

Kapitel 8: Die Ordnung des Geldwesens 63 148
8.1 Währungssysteme 63 148

Kapitel 9: Der Wert des Geldes 64 148
9.1 Geldmengen – Begriffe 64 148
9.2 Umlaufgeschwindigkeit des Geldes 64 148
9.3 Geldmenge $M_1/M_2/M_3$ 64 148
9.4 Geldwert 65 149
9.5 Geldmengenänderungen 66 151
9.6 Wachstum des Geldvolumens 67 152
9.7 Geldmenge M_1/ZGM 69 152
9.8 Wechselkurse I 70 153
9.9 Wechselkurse II 70 153
9.10 Devisenrestriktionen 72 156
9.11 Wechselkurse und Zinsen 73 156
9.12 SZR/ECU 74 156
9.13 Sonderziehungsrechte 74 156
9.14 EWS/ECU 75 157
9.15 Kursbeeinflussende Faktoren 76 158
9.16 Abwertung/Aufwertung 76 158
9.17 Leistungsbilanz 77 159
9.18 Kapitalbilanz 78 160
9.19 Zahlungsbilanz 78 161
9.20 Terms of Trade 80 163
9.21 Inflation 81 164
9.22 Inflationsarten 82 164
9.23 Binnenwert/Außenwert der Währung 83 164

Kapitel 10: Konjunkturschwankungen und Ziele der Wirtschaftspolitik 84 165
10.1 Konjunkturbeeinflussung 84 165
10.2 Konjunkturphasen/Konjunkturindikatoren 85 165
10.3 Auswertung von wirtschaftlichen Daten 85 165
10.3.1 Grunddaten der Wirtschaftsentwicklung 85 165
10.3.2 Reallohnentwicklung 86 166
10.3.3 Erwerbsquote/Arbeitslosenquote 87 166
10.3.4 Lohnquote 87 166
10.3.5 Berechnung von Lohnquote/Gewinnquote/Investitionsquote/
       Sparquote/Konsumquote 87 167
10.3.6 Tarifrunden und Preise 88 167

10.4	Grenzen des Wachstums	89	167
10.5	Phasen des Wirtschaftswandels	90	167
10.6	Magisches Viereck	94	168

Kapitel 11: Träger und Instrumente der Wirtschaftspolitik 95   168

11.1	Träger konjunkturpolitischer Maßnahmen	95	168
11.2	Wirkungen geldpolitischer Maßnahmen	95	168
11.3	Rediskont und Geldschöpfung	95	168
11.4	Lombardpolitik	96	169
11.5	Wertpapier-Pensionsgeschäfte	97	170
11.6	Geldpolitische Maßnahmen	98	170
11.7	Staatshaushalt	99	172
11.8	Steuerarten	99	172
11.9	Staatsverschuldung	99	172
11.10	Konjunkturpolitische Maßnahmen I	100	173
11.11	Konjunkturpolitische Maßnahmen II	100	173
11.12	Konjunktur und Beschäftigung	101	173
11.13	Außenhandel	103	174
11.14	Probleme staatlicher Wirtschaftspolitik	103	174

Kapitel 12: Wirtschaftsordnungen 105   175

12.1	Freie Marktwirtschaft und Zentralverwaltungswirtschaft als idealtypische Wirtschaftsordnungen	105	176
12.2	Die soziale Marktwirtschaft	106	176
12.3	Die Zukunft der sozialen Marktwirtschaft	108	177
12.4	Modell der Zentralverwaltungswirtschaft I	111	178
12.5	Modell der Zentralverwaltungswirtschaft II	112	179
12.6	Die Zukunft der Zentralverwaltungswirtschaft	116	180
12.7	Systemkonforme/systeminkonforme Maßnahmen des Staates	118	181
12.8	Sozialismus	119	181
12.9	Texte zur Wirtschafts- und Gesellschaftsordnung	120	181

Teil I
Aufgaben

Kapitel 1: Grundbegriffe der Volkswirtschaftslehre

1.1 Lückentest

Bedürfnisse sind .... des Menschen, die er .... möchte.

Die Bedürfnisse des Menschen sind ....

Die verfügbaren Mittel reichen nicht aus, die .... des Menschen zu erfüllen.

Zur Befriedigung eines Bedürfnisses benötigt man in unserer Wirtschaft Kaufkraft. Ein mit .... ausgestattetes Bedürfnis nennt man ....

Als Nachfrage bezeichnet man den Teil des Bedarfs, der .... wirksam wird.

Die kaufkräftige .... trifft mit dem verkaufswilligen Angebot auf dem .... zusammen.

1.2 Arten der Bedürfnisse

Kennzeichnen Sie die nachstehend angeführten Bedürfnisse mit den entsprechenden Ziffern (Mehrfachnennungen möglich!):

Existenzbedürfnisse	1	Latente Bedürfnisse	4
Luxusbedürfnisse	2	Individualbedürfnisse	5
Offene Bedürfnisse	3	Kollektivbedürfnisse	6

Kennzeichnung der Bedürfnisse	Zuzuordnende Ziffern
a) Ein Hungriger hat das Bedürfnis nach Brot.	
b) Die Einwohner eines neugebauten Ortsteils fordern den Ausbau der Verbindungsstraße.	
c) Ein Student, der Ausbildungsbeihilfe erhält, hat den Wunsch, einen Jaguar-Sportwagen zu erwerben.	
d) Für eine neue, wohlschmeckende und gesunde Teesorte wird geworben; der Wunsch nach ihr soll geweckt werden.	
e) Zur endgültigen Ausheilung einer Krankheit will ein Angestellter einen Urlaubsaufenthalt in Nordafrika buchen.	

1.3 Bestimmungsgründe von Bedürfnissen

Arbeiten Sie den folgenden Text durch!

Notieren Sie, welche Bestimmungsgründe für Bedürfnisse der Autor (Lauterbach, Albert: Psychologie des Wirtschaftslebens, Reinbek bei Hamburg 1962, rde, S. 13–15) nennt! (Gliedern Sie nach den Abschnitten 1–9!)

Bedürfnisse und Kulturwertungen

1. Zunächst hat uns die zeitgenössische Anthropologie gelehrt, daß jeder Mensch in seinem Denken und Verhalten unvermeidlich von den Wertungen beeinflußt ist, die in seiner kulturellen Umwelt vorherrschen. Er ‹sieht› hauptsächlich die Dinge, die dieser Umwelt als wichtig erscheinen und ‹übersieht› vieles andere, das physisch vor seinen Augen ist. Er hat ähnliche Bedürfnisse wie die übrigen Mitglieder desselben Kulturkreises und weiß oder versteht gar nicht, daß man andere Bedürfnisse haben kann; zumindest hat er die Einstellung, daß sie ‹nichts für ihn sind›. Dies bedeutet nicht, daß kulturell bedingte Bedürfnisse unwandelbar sind; aber solcher Wandel wird meist sehr langsam sein oder nur nach einer ernsten sozialen Erschütterung erfolgen.

2. Kulturwertungen können unter anderem zu einer symbolischen Deutung gewisser Güter führen, oft in unbewußter Weise. Der italienische Einwanderer in New York wird vielleicht Spaghetti weiter essen, nicht nur, weil sie ihm schmecken oder ein billiges Nahrungsmittel sind, sondern weil darin Neapel für ihn irgendwie weiterlebt. Sein Sohn, der hundertprozentiger Amerikaner sein will, wird vielleicht dieses Nahrungsmittel gerade aus diesem Grund ablehnen, selbst wenn der Marktpreis noch so günstig ist.

3. Unterschiede in den Kulturwertungen erklären, warum Einkommen und Rücklagen in verschiedenen Gesellschaften verschieden bewertet und verwendet werden. Die einen Völker verwenden ihr Einkommen in hohem Maße für Nahrungsmittel, die anderen für prunkvolle Festtrachten. Die einen lassen dem Individuum weiten Spielraum bei der Bestimmung der Güter, die verbraucht werden sollen, die anderen achten auf Standardisierung des Verbrauches. Die einen weisen phantastische Unterschiede zwischen Ober- und Unterschichten im Ausmaß und Typus des Verbrauches auf, bei den anderen hat eine weitgehende Angleichung der Verbrauchsgewohnheiten stattgefunden.

4. Für den letztangeführten Fall bietet die zeitgenössische amerikanische Gesellschaft das beste Beispiel; in gewissem Grade trifft es auch für die in den Nachkriegsjahren ‹amerikanisierten› Gesellschaften anderer Weltgegenden zu. In diesem Fall fördert das Kultursystem eine Standardisierung des Verbrauches auf Grundlage einer Massenproduktion. Die meisten Menschen möchten hier den Reichen ihre Verbrauchsgewohnheiten nachmachen, sobald das nötige Geld vorhanden ist. Umgekehrt ‹verkleiden› sich die Reichen gern in ihrer Freizeit als Bauern oder Arbeiter, um in ihrem Garten zu graben oder das Auto zu waschen.

5. Verglichen mit den mittelalterlichen (und manchen späteren) Gesellschaften, die den Luxus, ja die Bequemlichkeit in den Lebenseinrichtungen verpönten, stellt die amerikanische Gesellschaft der Gegenwart das andere Extrem dar. Aber der ganze Begriff des Luxus hat sich geändert. Er wird nicht mehr mit dem Vorrecht einer winzigen Oberschicht assoziiert; der Anspruch auf ein ‹Standardpaket› von Verbrauchsgütern hat sich ständig ausgedehnt. Man könnte dies so ausdrücken, daß immer mehr Menschen es als selbstverständlich annehmen, daß sie zu einer stets wachsenden Zahl ‹unnötiger› Güter und Dienste berechtigt seien, wenn sie auch im Augenblick vielleicht nicht genug Geld dazu haben mögen.

6. Auto, Waschmaschine, Fernsehapparat gehören jetzt zur Standardliste der Dinge, die der typische Verbraucher entweder besitzt (und regelmäßig gegen ein noch besseres Modell umtauschen will) oder die er bald zu kaufen gedenkt. Die wichtigste Neuerung in der Deutung des Luxus ist jedoch durch die Ausdehnung der Mußezeit erfolgt. Für die überwälti-

gende Mehrheit der Weltbevölkerung ist Muße – nicht zu verwechseln mit apathischem Zeitvertrödeln – immer noch der größte vorstellbare Luxus. In Amerika dagegen zerbricht man sich bereits den Kopf, wie man die Mußezeit sinnvoll verbringen könne. Ferien und Reisen erscheinen hier längst nicht mehr als Luxus. Sie sind in das kulturelle Wertungssystem als Teil eines standardisierten Verbraucheranspruchs eingegangen.

Der Gruppenstandard des Käufers

7. Selbst innerhalb derselben Kultur und Gesellschaft hängen die Entscheidungen des Verbrauchers über Ausmaß und Art von Einkäufen weitgehend von der Klasse oder sozialen Gruppe ab, zu der er gehört. Die vorhin erwähnte Standardisierung in Nordamerika hat diese Abhängigkeit des Verbrauchers von der Gruppenzugehörigkeit nicht beseitigt, sondern auf ein anderes Niveau verschoben. Er mag es als selbstverständlich annehmen, daß er ein Auto haben muß; aber wenn er ein **junior executive** ist, wird er sich hüten, einen Cadillac zu kaufen, der das Wahrzeichen des Chefs (oder aber des reisenden Verkaufsagenten) ist.

8. Bewußt oder unbewußt richtet der Verbraucher seine Kaufabsichten nach dem Standard der Organisationen oder Gruppen, denen er sich zugehörig fühlt: der Handelskammer, Gewerkschaft, Kirche, Sportvereinigung oder einfach Nachbarschaft. Diese Gruppen spiegeln wiederum bestimmte Klassen oder soziale Schichten wider. Sein Anspruchsniveau **(level of aspirations)** mag ihm selbst als eine rein individuelle Angelegenheit erscheinen, aber es ist in beträchtlichem Ausmaß durch seine Gruppenzugehörigkeit einschließlich der Alters- und Einkommensgruppe bedingt. Wenn sich die typischen Ansprüche der Gruppe ändern, wird auch eine Änderung in den seinen eintreten. **Absolute** ‹Sättigung› ist ein relativ seltener Fall; l' appétit vient en mangeant.[1]

9. Viel ist über ‹**conspicuous consumption**› (auffälligen Verbrauch) geschrieben worden, seit THORSTEIN VEBLEN diesen Begriff um die Jahrhundertwende prägte. Damals waren die Neureichen Amerikas krampfhaft bestrebt, durch prunkvoll überladene Häuser, zahlreiche Bedienstete, Modeauswüchse und raffiniertes Zeitvertrödeln ihren Reichtum zu demonstrieren. Inzwischen haben sich die Zeiten geändert; wie bereits erwähnt, hat die Massenproduktion vieles von dem einstigen Luxus zu einem standardisierten Anspruch vieler gemacht. Die Reichen sind jetzt oft bestrebt, mit der Masse zu verschmelzen; DAVID RIESMAN spricht von einem ‹auffälligen Nicht-Verbrauch›. Aber innerhalb der Standardisierung sind feinere Unterschiede entstanden, auf die der Ehrgeizige achten muß: wenn er Waren kauft, die . . .

---

[1] Der Appetit wächst mit dem Essen.

1.4 Güter

Kreuzen Sie an! (Mehrfachnennungen sind möglich!)

	freie Güter	wirtschaftliche Güter	Verbrauchsgüter	Gebrauchsgüter	Produktivgüter	Sachgüter	Dienstleistungen	Komplementäre Güter	Konkurrierende Güter	Konsumgüter
a) Tageslicht										
b) Meerwasser										
c) Weideland										
d) Eisenerz										
e) Butter – Margarine										
f) Wohngebäude										
g) Holz für die Möbelherstellung										
h) Rechtsanwalt entwirft einen Kaufvertrag für ein Industrieunternehmen										
i) Ärztliche Behandlung										
j) Moped eines Schülers										
k) Moped eines Büroboten										
l) Kaffee – Kakao										
m) Vertreter fährt mit der Bundesbahn zur Messe										

1.5 Auswertung einer Grafik „Gebrauchsgüter"

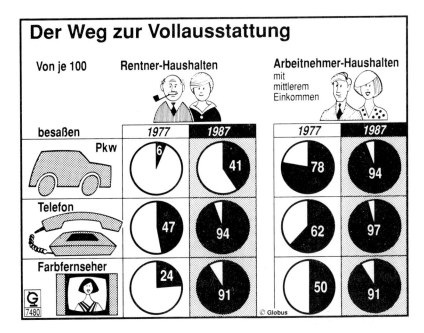

Aufgaben:

1. Kennzeichnen Sie die Entwicklung in der Ausstattung mit „langlebigen Gebrauchsgütern" von 1977–1987!
2. Welche Bedeutung und Auswirkung hat die zunehmende Sättigung für die Unternehmen, die die langlebigen Gebrauchsgüter herstellen?

1.6 Wirtschaftlichkeit

Hohe Wirtschaftlichkeit ist Ausdruck der Tatsache, daß mit knappen Wirtschaftsgütern sparsam umgegangen wurde.

Beurteilen Sie die Entwicklung der Wirtschaftlichkeit eines Betriebes anhand der Kennziffern!

		1. Jahr	2. Jahr	3. Jahr	4. Jahr	5. Jahr
		GE	GE	GE	GE	GE
Wirtschaftlichkeit =	Leistung →	2500	2800	3900	4200	5200
	Kosten →	2100	2100	2800	2900	2700
Kennziffer	→					

1.7 Wirtschaftlichkeit/Rentabilität

Für ein Unternehmen wurden folgende Zahlen ermittelt:

	1. Jahr	2. Jahr	3. Jahr	4. Jahr
Kosten	5 500	6 500	7 000	7 300
Leistung	6 500	7 700	8 400	9 000
Eigenkapital	10 000	10 000	14 000	14 000

Aufgaben:

a) Wenden sie folgende Kennziffern an:

Wirtschaftlichkeit	Rentabilität
$\dfrac{\text{Leistung}}{\text{Kosten}}$	$\dfrac{\text{Gewinn} \cdot 100}{\text{Eigenkapital}}$

Welche Entwicklung läßt sich an ihnen ablesen?

b) Was wird mit den Kennziffern gemessen?

Kapitel 2: Bereiche volkswirtschaftlicher Produktion

2.1 Wirtschaftsbereiche

Ordnen Sie die angeführten Institutionen den Wirtschaftsbereichen zu!
Die richtige Lösung ist anzukreuzen!

	Urerzeugung	Weiterverarbeitung	Handel	Dienstleistung	Verbrauch
1. Rheinmetall AG					
2. Katholische Bildungsstätte Schwerte (Ruhr)					
3. Kaufhof AG					
4. Anhänger-Vertrieb GmbH & Co. KG					
5. Rheinische Braunkohlenwerke AG					
6. Deutsche Bank AG					
7. Reisebüro Witz					
8. Kunststoffwerke Schwaben AG					
9. Volkswagenwerk AG					
10. Saarbergbau AG					

2.2 Arbeitsteilung

Was beschreiben die Texte? Kreuzen Sie die richtige Lösung an!

Texte	Berufs-bildung (a)	Berufs-spaltung (b)	Arbeits-zer-legung (c)	Produk-tions-teilung (d)
1. Ein Chemieunternehmen liefert Rohstoffe an einen Hersteller von Kunststoff-Spielzeug.				
2. Bei der Herstellung von wärmedämmenden Kunststoffenstern ist ein Arbeiter ständig mit der Anbringung von Beschlägen beschäftigt.				
3. In einer Gesellschaft mit einfacher Wirtschaftsstruktur, die überwiegend von der Jagd und dem Fischfang lebt, beschränkt sich die Arbeit einer Person auf die Herstellung von Bögen für die Jagd.				
4. Die medizinische Versorgung der Bevölkerung wird heute u. a. wahrgenommen von Fachärzten für Chirurgie, Nervenheilkunde, Zahnärzten...				
5. Seine fälligen Forderungen aus Warenlieferungen zieht ein Handelsunternehmen durch Lastschrift unter Einschaltung eines Kreditinstitutes ein.				
6. In einer Automobilfabrik hat ein Arbeiter die Aufgabe, in bestimmten Fahrzeugen Autoradios anzuschließen.				
7. Neben den „klassischen" kaufmännischen Berufen: Einzelhandels-, Industrie-, Bankkaufmann (u.a.) gibt es heute: Werbekaufmann, Reisebürokaufmann, Bürokaufmann, Datenverarbeitungskaufmann.				

2.3 Arbeitszerlegung

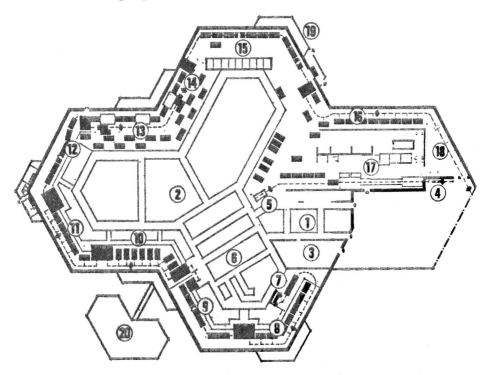

Meistens „an der Wand lang" geht die Montage der Volvo-Pkw im Zweigwerk in Kalmar an der schwedischen Südostküste, wo das Fließband durch Gruppenarbeit abgelöst wurde. Folgende Arbeitsstationen gibt es im Erdgeschoß des neuen Werkes: 1 Eingangskontrolle, 2 Polsterwerkstatt, 3 Wareneingang, 4 Karosserie-Aufnahme, 5 Karosserie-Lift zur oberen Produktionsebene, 6 Motoren- und Achsenmontage, 7 Karosserie-Lift zur unteren Produktionsebene, 8 Chassis-Herstellung, 9 Bremsen- und Räder-Montage, 10 Motorenabteilung, 11 Sitze- und Bodenbelag-Einbau, 12 Probelauf-Stand, 13 Funktionskontrolle, 14 mechanische Kontrolle, 15 Karosserie-Nachbehandlung, 16 Lack-Nachbehandlung, 17 Endkontrolle, 18 fertige Wagen, 19 Personalräume, 20 Bürotrakt.

Skizze: Volvo

Aufgaben:
1. Wodurch unterscheidet sich der dargestellte Fertigungsablauf vom Fließband?
2. Man spricht bei dieser Art der Fertigung von einer Rückkehr zum „Werkstattprinzip". Was ist damit gemeint?
3. Stellen Sie Vor- und Nachteile des Volvo-Experiments heraus, insbesondere
   a) für die Arbeitenden,
   b) für die Kostensituation des Betriebes.

2.4 Automation

VW erprobt „Fabrik der Zukunft"
In Emden entsteht der Passat in vollautomatisierten Hallen

Von LUDWIG GREVEN   EMDEN (rtr)

Wie von Geisterhand gesteuert gleiten flache Transport-Plattformen lautlos durch die riesige, fast menschenleere Fabrikhalle. Mechanische Arme greifen Blechteile. Schweißroboter heften sie unermüdlich zusammen, bis schließlich die Rohbau-Karosserie eines neuen „Passat" nahezu vollautomatisch fertiggestellt ist. Für das neue Modell hat Volkswagen das Werk Emden im strukturschwachen Ostfriesland zur weltweit modernsten Fabrik des Konzerns umgekrempelt und erprobt dort die „Fabrik der Zukunft". Rund 1,2 Mrd DM wurden und werden noch bis 1990 hier zur Modernisierung der Produktion und zur Umstellung auf den neuen „Passat" investiert – etwa so viel wie in den gesamten 21 Jahren seit Gründung des Werks zuvor.

„Flexible Automatisierung" heißt das Motto, mit dem VW selbst seine berühmte Roboter-„Halle 54" in Wolfsburg in den Schatten stellt und der Herausforderung durch Autobauer in Fernost begegnen will. 610 Roboter erstellen in Emden den Rohbau der Wagen, 30 mehr als im vielfach größeren Stammwerk, wie Werkschef Willi Schmidt stolz

Flexibilität...

verkündet. Im Frühjahr 1989 soll ein ebenfalls automatisiertes Hochregal-Lager für die Einzelteile hinzukommen.

Und gebaut wird auch noch an einer neuen Lackiererei, in der menschliche Arbeit – „auch aus Gründen der Humanisierung" – gleichfalls stark reduziert werden soll.

Nur noch 50 Menschen arbeiten pro Schicht in der Rohbauhalle. 250 weitere wurden durch mechanische Kollegen ersetzt. Pro Tag sollen in Emden, wenn die Produktion des neuen „Passat" erst einmal voll angelaufen ist, durch die Automatisierung 950 dieser Wagen vom Band rollen, 250 oder gut ein Drittel mehr als beim alten Modell mit bisheriger Fertigungstechnik – und das bei unverändert der Belegschaft von knapp über 10 000 Mitarbeitern.

„Wir haben eine deutliche Reduzierung des Arbeitsaufwandes pro Wagen erreicht, obwohl das Fahrzeug konstruktiv und in der Größe deutlich aufwendiger ist", er-

ABSEITS DER SCHWEISS-STRASSEN ist auch in der „Autofabrik der Zukunft" – wie hier bei der Endmontage – noch menschliche Arbeitskraft gefragt.

klärte Produktions-Vorstandsmitglied Günter Hartwich in Emden. Dazu gehöre auch, daß der Eigenanteil an der Fertigung von 45 auf 40 vH gesenkt werde und dafür mehr Teile von billigeren Zulieferern gekauft würden.

Zwei Zulieferfirmen haben eigens in der Umgebung Fabriken für Kunststofftanks und Pufferstangen gebaut und liefern von dort „just in time". Das heißt, sie müssen auf Abruf innerhalb weniger Stunden jede gewünschte Variante ans Band liefern können.

Flexibilität wird auch im VW-Werk selbst groß ge-

schrieben. Durch neuartige Steuerung der Roboter und der gesamten Anlage kann die Produktion schnell – und billiger – auf andere Typen umgestellt werden. „Wir sind in der Lage, innerhalb von 14 Tagen hier auch den Golf zu bauen", sagte Hartwich. Schon jetzt laufen verschiedene Modell-Varianten, ob Limousine oder Kombi, in „bunter Reihe" durch eine einzige Fertigungsstraße.

In 20 „Waben" wird die Karosserie zusammengeschweißt, befördert durch „Fahrerlose Transportsysteme", die an Induktionsschlei-

fen entlang ihren Weg finden. Zur Kapazitätserweiterung könnten weitere dieser „autarken" Produktionseinheiten hinzugefügt werden, so Ludwig Schmahls, Leiter der Produktionsplanung des Werks.

Ein „Material- und Störmeldesystem", Maus genannt, kontrolliert zentral den Ablauf der gesamten Anlage und mögliche Störungen und steu-

...ist Trumpf

ert zudem die Logistik des Werks. Automatisch arbeiten auch vier Prüfstände in der Rohbauhalle und die Endkontrolle.

Geplant ist, daß die gewonnenen Daten sofort an die Roboter zurückgegeben werden, um Fehler abzustellen. Dies, so erläuterten die VW-Produktionsplaner, wäre ein weiterer Schritt auf dem Weg zur „voll über Computer vernetzten Fabrik der Zukunft".

Diese Flexibilisierung koste 30 vH mehr als „starre Automatisierung", rechnete Hartwich vor. Das werde durch den hohen Weiternutzungsgrad der Maschinen beim Modellwechsel jedoch wieder hereingeholt. Vorsorglich sei eine teilweise Umstellung auf den „Golf" einkalkuliert, falls der „Passat" nicht mehr so gut laufen sollte. Hartwich: „Flexibilität ist gefragt, weil man den Markt so schlecht wie einschätzen kann." Doch einstweilen gebe es beim „Passat" lange Lieferfristen.

(Quelle: WAZ 1989)

Aufgaben:

1. Wodurch unterscheidet sich die „traditionelle" Fließbandfertigung von der vollautomatisierten Fertigung?

2. „Flexibilität ist Trumpf" in der „Fabrik der Zukunft". Belegen Sie diese Aussagen anhand von Beispielen des Artikels!

Kapitel 3: Der volkswirtschaftliche Produktionsprozeß

3.1 Die Produktionsfaktoren (Systematik)

Ergänzen Sie:

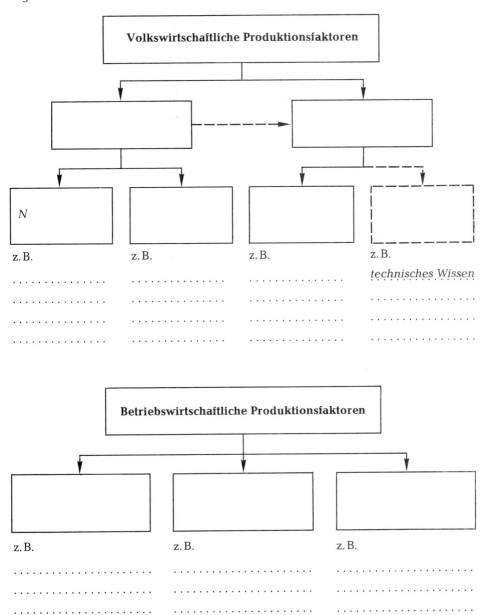

3.1.1 Produktionsfaktoren I

Welche Produktionsfaktoren sind beteiligt (Bild 1–5)?

1.

Arbeiter beim Abgraben des Tons in der Tongrube.

2.

Treten und Kneten des Tons. Der Greis hält sich beim Treten an der Schlinge, die Frau arbeitet im Sitzen.

3.

Arbeit an der Töpferscheibe
(Von einer Trinkschale im Badischen Landesmuseum Karlsruhe). Ein Gehilfe dreht die Scheibe, der Töpfer formt das Gefäß aus der Tonmasse.

4.

Töpfer bei der letzten Überarbeitung einer Trinkschale. Zuschauer in der Werkstatt.

Querschnitt durch einen gefüllten Töpferofen (linke Hälfte ergänzt).

Quelle der Abbildungen:
Staatliche Museen
Preußischer Kulturbesitz Berlin
(Griechische Vasenbilder)

5.

18

3.1.2 Die Produktionsfaktoren II

Die richtige Lösung ist anzukreuzen (Mehrfachnennungen sind möglich!). Überlegen Sie sich Begründungen für Ihre Entscheidungen!

Beispiele	kein PF (a)	PF Arbeit (b)	PF Boden (c)	PF Kapital (d)	„betriebliche Leistungsfaktoren" menschliche (e)	materielle (f)	immaterielle (g)
1. Lkw einer Großwäscherei							
2. Amateurboxer							
3. Einstellung eines Abteilungsleiters für den Bereich Marketing							
4. Erwerb eines Patents für Verstärker von Fernsehantennen							
5. Kauf eines Grundstückes für eine Lagerhalle							
6. Berufsboxer							
7. Erwerb eines Reihenhauses für Wohnzwecke							
8. Betriebsinhaber leistet eine Bareinlage							
9. Einkauf von Rohstoffen							
10. Kauf von Pferden durch eine Reitschule							
11. Einstellung von Fließbandarbeitern							

3.2 Der Produktionsfaktor Arbeit

1. Ergänzen Sie:

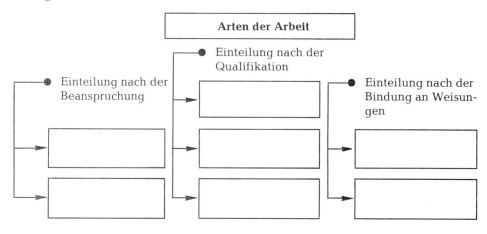

2.

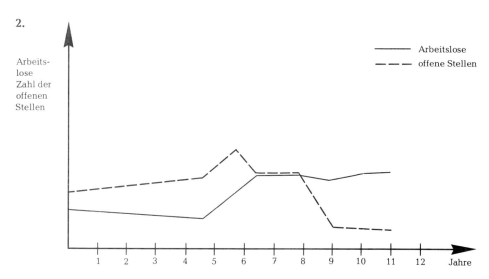

a) Die Entwicklung auf dem oben dargestellten Arbeitsmarkt ist durch drei Phasen gekennzeichnet.
   Benennen Sie diese!

   ....

b) Beschreiben Sie die drei unter a) genannten Phasen auf dem Arbeitsmarkt!

   ....
   ....
   ....

3.3 Arbeitsmarkt

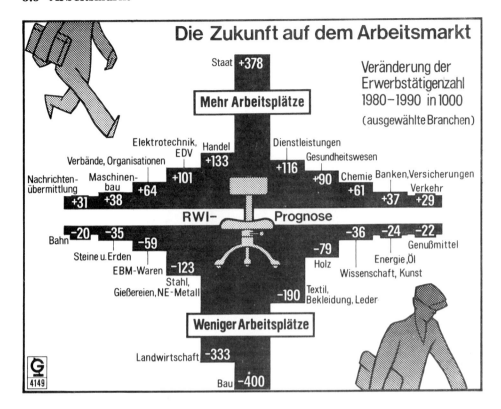

Werten Sie die abgebildete Grafik aus:

1. Stellen Sie eine Rangordnung der Branchen (Platz 1–4) auf:

Mehr Arbeitsplätze	Branche	Branche	Weniger Arbeitsplätze
	1.	1.	
	2.	2.	
	3.	3.	
	4.	4.	

2. Stellen Sie Gründe für die Vermehrung bzw. Verminderung der Arbeitsplätze zusammen!

3. Welche Bereiche sind „Wachstumsbereiche"?

3.4 Arbeitslose und ihr Einkommen

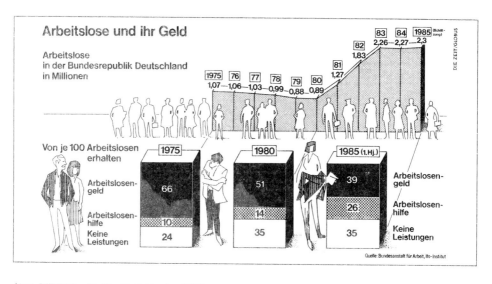

(Aus: DIE ZEIT – Nr. 38 – 13. September 1985)

Aufgaben:

1. Welche Entwicklung haben die Arbeitslosenzahlen in dem Zeitraum von 1975–1985 genommen?
2. Deuten Sie die Entwicklung der finanziellen Situation der Arbeitslosen, die sich aus dem Säulendiagramm (1975/1980/1985) ablesen läßt. „Keine Leistungen" bedeutet: Sozialhilfe. Zur Beantwortung der Frage benutzen Sie auch den folgenden Text.

Arbeitslose: Bedrückende Lage

Seit 1975 hat sich die Zahl der Arbeitslosen mehr als verdoppelt. Und die finanzielle Situation der Betroffenen hat sich seither auch noch verschlechtert. So bezogen noch vor zehn Jahren zwei Drittel der Arbeitslosen Arbeitslosengeld, in diesem Jahr sind es nur noch 42%. Dagegen hat sich die Zahl derjenigen erhöht, die mit der niedrigen Arbeitslosenhilfe auskommen müssen. Ihr Anteil stieg von 10 auf 26%. Hier macht sich die steigende Zahl von Langzeit-Arbeitslosen bemerkbar. Von 24 auf 35% gestiegen ist die Zahl der Arbeitslosen, die keinen Anspruch auf finanzielle Leistungen haben. Der Grund: Sie wurden zu schnell arbeitslos oder haben ihr Berufsleben als Arbeitslose begonnen. Die bedrückende Lage wird sich so schnell nicht bessern.

3.5 Arten der Arbeitslosigkeit

Die folgenden Textauszüge (nach einer Veröffentlichung in „DIE ZEIT", Nr. 42, Oktober 1977) kennzeichnen bestimmte Arten der Arbeitslosigkeit.

Nennen und kennzeichnen Sie diese!

Schlagen Sie zu 2. und 3. Gegenmaßnahmen vor!

1. „Wegen des frühen Wintereinbruchs kam es zur Freisetzung von Arbeitskräften im Baugewerbe."
2. „Die regionalen Probleme bleiben ungelöst. Schon heute herrscht in Teilen der Bundesrepublik praktisch Vollbeschäftigung, in anderen überdurchschnittliche Arbeitslosigkeit."
3. „Nicht zu hohe Löhne sind an der Investitionsschwäche der Wirtschaft schuld, sondern verschlechterte Absatzerwartungen. Würden die Löhne kräftig erhöht, so hätten die Arbeitnehmer eine höhere Kaufkraft und könnten mehr konsumieren. Die Absatzerwartungen der Unternehmer würden steigen. Sie würden dann wieder mehr investieren und neue Arbeitsplätze schaffen."
4. „1976 wurden von einem erheblichen Teil der Betriebe Rationalisierungen als wichtigste Ursache des Personalabbaus genannt. 1977 sieht es nicht viel anders aus. Im betrieblichen Alltag lassen sich leicht Beispiele dafür finden, daß hochmoderne Werkzeugmaschinen Facharbeiter, elektronische Datenverarbeitungsanlagen ganze Verwaltungsabteilungen ersetzen."
5. „Pleitewelle: Mit den Unternehmen werden auch die Arbeitsplätze vernichtet."

3.6 Arbeitslosigkeit

DEUTSCHE BUNDESBANK / AUSZÜGE AUS PRESSEARTIKELN Nr. 4/12. Januar 1982

IG Metall: Die Tarifrunde wird hart

Vorstandsmitglied Janßen kommt auf die gewerkschaftliche »Kaufkraft-Theorie« zurück

Von Günther Bading

Die Welt, Bonn, vom 12. Januar 1982

Zu Beginn der Tarifrunde 1982 in der Metallindustrie versucht die Industriegewerkschaft (IG) Metall ihre Forderung nach 7,5 Prozent mehr Lohn und Gehalt mit einer beschäftigungspolitischen Komponente zu versehen. Das für Tarifpolitik zuständige Vorstandsmitglied Hans Janßen erklärte am 11. Januar in Frankfurt, die IG Metall wolle »über eine Erhöhung der Löhne und Gehälter steigende Arbeitslosenzahlen verhindern helfen«. Aufgabe gewerkschaftlicher Tarifpolitik müsse sein, »über den privaten Verbrauch die Nachfrage anzukurbeln und damit Arbeitsplätze zu sichern«.

Janßen stellte sich mit seiner wieder belebten »Kaufkraft-Theorie« in deutlichen Gegensatz zu den Metall-Arbeitgebern. Gesamtmetall-Präsident Wolfram Thiele hatte bereits nach der tarifpolitischen Klausur des Arbeitgeber-Spitzenverbandes im Dezember erklärt, gerade durch Verzicht auf überhöhte Lohnsteigerungen müsse die IG Metall 1982 einen Beitrag zur Sicherung vorhandener und zur Schaffung neuer Arbeitsplätze leisten. Die Unternehmen brauchten Gewinne durch eine Entlastung bei den Kosten, dann könne zugunsten der Beschäftigungslage investiert werden.

Janßen stellte die Richtigkeit dieser volkswirtschaftlichen Grunderkenntnis in Abrede. Langfristig habe sich gezeigt, daß steigende Gewinne »wenig mit steigenden Investitionen und nichts mit steigender Beschäftigung« zu tun hätten. Die Formel »Gewinn gleich Investitionen gleich Arbeitsplätze« sei falsch. Sinkende Reallöhne führten zu sinkender Beschäftigung....

Der vorstehende Presseartikel ist auszuwerten!

Arbeitnehmer und Arbeitgeber gehen bei ihren Überlegungen zur Bekämpfung der Arbeitslosigkeit von unterschiedlichen Standpunkten aus. Stellen Sie die Meinungen beider Seiten gegenüber!

3.7 Bekämpfung der Arbeitslosigkeit

Die Badische Zeitung schreibt:

pro. Ein Gespenst geht um in diesem Land, und Monat für Monat nimmt es häßlichere Formen an: Die Ausländer nehmen den Deutschen die Arbeit weg, die Ausländer nehmen den Deutschen die Wohnungen weg, die Ausländer müssen raus! Immer lauter werden diese Töne, und die Missionare des „sauberen Deutschtums" beginnen schon wieder, aus ihren Löchern zu kriechen. Wer ein wenig hinhört, was an Stammtischen heute wieder unwidersprochen die Runde macht, bekommt Herzklopfen: Da kommt etwas auf uns zu, nein, es ist schon da. Wie aber diesem alten/neuen Haß begegnen, der alles Fremde, nur weil es fremd ist, ächtet? Bleibt nur die ohnmächtige moralische Empörung? Es gibt, erfreulicherweise, mehr, nämlich Argumente. Und die hat jetzt die Bundeszentrale für politische Bildung vorgelegt: Ein Deutschland ohne Ausländer würde dieses Land in die wirtschaftlichen Verhältnisse der Nachkriegszeit zurückkatapultieren: Keine Züge mehr, keine Müllabfuhr, keine Restaurants, keine . . . Ein Zusammenbruch an allen Ecken und Enden. Im Detail wird das von der Zentrale vorgerechnet: Die Ausländer nehmen den Deutschen nicht die Arbeit weg, sondern geben ihnen gerade das, was man hierzulande gern als Lebensqualität bezeichnet. Selten hat die Zentrale für politische Bildung ihren Namen besser verdient als mit dieser Argumentationshilfe. Jetzt müßte sie sich aber nur noch um ein gutes Verteilersystem bemühen: An jedem Stammtisch in jeder bundesdeutschen Gaststätte sollte diese Broschüre ausgelegt werden, auf jeden Bierdeckel sollen diese Zahlen gedruckt werden. Auf jeden!

Es wird mitunter behauptet, die Ausländer nähmen den Deutschen die Arbeitsplätze weg. Ist dies richtig? Begründen Sie Ihre Antwort!

3.8 Produktionsfaktor Boden (Natur)

1. Nennen Sie Beispiele für den Produktionsfaktor Natur!

   . . . .

   . . . .

   . . . .

2. Man spricht häufig vom Produktionsfaktor „Boden" anstatt vom Produktionsfaktor Natur. Warum?

   . . . .

   . . . .

3. Nennen Sie die Funktionen des Bodens i. e. S.!

   . . . .

4. Von welchen Überlegungen hängt u.a. die Standortwahl eines Betriebes ab? (Gehen Sie von der Branche aus, in der Sie tätig sind!)

a) ....
b) ....
c) ....
d) ....
e) ....
f) ....

5. Die Bodenproduktivität (z.B. Ausbringung in dt je ha) ist in den letzten 100 Jahren ständig gestiegen. Nennen Sie mögliche Ursachen!

a) ....
b) ....
c) ....

3.9 Der Produktionsfaktor Kapital

1. In einem kleinen Agrarland ohne außenwirtschaftliche Beziehungen werden je Periode 400 000 t Reis (stellvertretend für Nahrungsmittel) von 100 000 Erwerbstätigen erzeugt. Der Geldbestand beträgt 20 Mio. Geldeinheiten (GE). Die Löhne werden einmal je Periode ausbezahlt und wieder für die erzeugten Nahrungsmittel ausgegeben.

Die Einkommen (E) betragen also ...... GE. Die Ersparnis (S) ist ...... GE.

1. Periode

Tragen Sie diese Werte im nachstehenden Kreislaufschema ein:

Eine Kapitalbildung findet .... statt (stationäre Wirtschaft). Die Landwirtschaft nimmt lediglich die .... (Reinvestition = I_R) vor (Saatgut, Ersatz der verbrauchten Werkzeuge).

2. Um die Nahrungsmittelproduktion zu steigern, müssen Düngemittelfabriken gebaut werden, die 4 Mio. GE kosten. Ferner werden zur Düngemittelfabrikation 20 000 Arbeitskräfte benötigt, die der Landwirtschaft entzogen werden müssen. Angenommen, die Verbraucher sparen (z.B. aufgrund von Zinserhöhungen) 4 Mio. GE, die zur Erstellung der Düngemittelfabriken verwendet werden (zusätzliche Investitionen = Nettoinvestitionen = I), dann ergibt sich in der Folgeperiode nachstehendes Bild:

2. Periode
Tragen Sie die neuen Werte im nachstehenden Kreislaufschema ein:

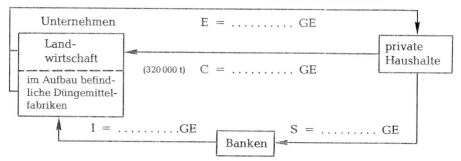

Die Haushalte haben durch ihre Ersparnis (durch ihren Konsum ....)
............kapital gebildet. Das Sparen führt dann zu Kapital im volkswirtschaftlichen Sinne (= ....), wenn .... wird. Durch das Sparen .... der Lebensstandard zunächst ...., weil die Wirkungen der Nettoinvestitionen erst in späteren Perioden spürbar werden.

3. Die in der 2. Periode erstellten Düngemittelfabriken liefern in der 3. Periode der Landwirtschaft Düngemittel, wodurch die Produktion um 100 000 t Reis gesteigert werden kann.

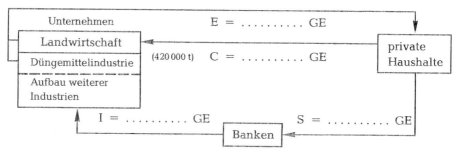

Anmerkung: Unter der Voraussetzung, daß die landwirtschaftliche Produktion vollständig verkauft werden soll, muß das Preisniveau ...., und zwar von bisher ...... GE je t auf .... GE je t. Soll das Preisniveau konstant bleiben, muß die Geldmenge .... werden, und zwar auf .... GE, falls die Sparquote nach wie vor 20 % beträgt.

Der **Produktionsumweg**, d.h. die ...., hat sich gelohnt – war .... –, weil sich das Verhältnis von volkswirtschaftlicher Ausbringung zum Arbeitseinsatz, also die ...., erhöht hat (sich entwickelnde = evolutorische Wirtschaft).

4.

	1978	1979	1980	1981	1982	1983
Veränderungen der Nettoinvestitionen (real)	+ 4,9 %	+ 7,3 %	+ 3,2 %	− 3,8 %	− 5,5 %	+ 4,8 %
Veränderungen der Zahl der Erwerbstätigen (in Tsd.)	+ 154	+ 342	+ 239	− 195	− 480	− 433

Aufgabe:

Erklären Sie obige Statistik!

....
....
....
....
....
....

3.10 Rationalisierungsinvestitionen

Werten Sie die folgende „Stellungnahme des wissenschaftlichen Beirats" aus (veröffentlicht im Bulletin der Bundesregierung vom 22.07.77 – Auszug):

Die Bedeutung von Rationalisierungsinvestitionen für Vollbeschäftigung und Wachstum

Rationalisierungsinvestitionen führen sicherlich in Einzelfällen zunächst zum Verlust von Arbeitsplätzen. Daraus dürfen Schlußfolgerungen auf die Auswirkungen solcher Investitionen auf den Beschäftigungsgrad in der Volkswirtschaft jedoch nicht gezogen werden. Will man diese gesamtwirtschaftlichen Auswirkungen ableiten, hat man zunächst zu bedenken, daß bei gleichbleibender Erwerbsbevölkerung und Arbeitszeit das Realeinkommen pro Kopf bei zunehmender Knappheit an erschöpfbaren Ressourcen[1] nur erhalten werden kann, wenn Rationalisierungsinvestitionen vorgenommen werden. Soll das reale Pro-Kopf-Einkommen gar steigen, so erfordert dies noch mehr Rationalisierungsinvestitionen. Ein solcher Anstieg der Rationalisierungsinvestitionen zur Sicherung des Pro-Kopf-Einkommens ist schließlich dann notwendig, wenn die Erwerbsbevölkerung abnimmt oder die durchschnittliche Wochen- oder die Lebensarbeitszeit verringert werden soll. Ohne Rationalisierungsinvestitionen sind Produktivitätssteigerungen, die die Vorbedingung für den Einkommensanstieg oder die Verringerung der Arbeitszeit bei vollem Lohnausgleich darstellen, auf Dauer nicht möglich. Auch beeinflussen die Rationalisierungsinvestitionen die Gewinnsituation der Unternehmungen in solcher Weise, daß die Voraussetzungen für eine stetige Investitionstätigkeit und damit für ein stetiges Wirtschaftswachstum und für die Erhaltung eines hohen Beschäftigungsgrades erfüllt bleiben.

Würde die Durchführung von Rationalisierungsinvestitionen behindert, so läge hierin auch eine Beschränkung des Wettbewerbs. Der Wettbewerb durch Verfahrens- und Produktinnovationen nähme ab, der technische Fortschritt würde verlangsamt, und zugleich unterbliebe teilweise der immer neue Abbau marktbeherrschender Positionen, wie ihn die Suche nach technischen Vorsprüngen erzwingt – ein unentbehrlicher Mechanismus unserer Wettbewerbsordnung.

---

1 Ressourcen = Hilfsquellen

3.11 Die Produktion als Kombinations- und Substitutionsprozeß

Die nebenstehende Abbildung zeigt die Ausbringungsmengen bei alternativem Faktoreinsatz bei konstantem (gleichbleibendem) technischen Stand. Man erkennt, daß jedoch eine bestimmte Produktionsmenge mit unterschiedlichen **Faktorkombinationen** erzeugt werden kann. Verbindet man die Punkte gleicher Ausbringung miteinander, erhält man sogenannte **Isoquanten**, d.h. Kurven gleicher Ausbringung.

1. Die Aufgabe besteht zunächst darin, in nachstehendes Raster die Isoquanten mit Hilfe der Angaben aus der Abbildung für die Ausbringungsmengen (Produktionsmengen) 25 kg, 40 kg, 50 kg, 66 kg und 74 kg zu zeichnen.

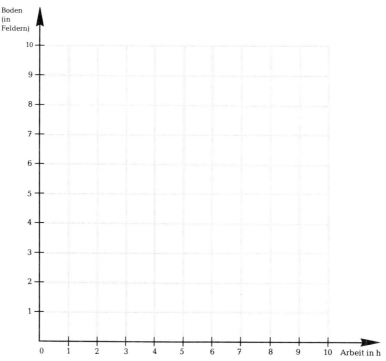

Einsatzmengen des Produktionsfaktors B (Anzahl der Felder)

B\A	1	2	3	4	5	6	7	8	9	10
10	25	40	50	58	66	74	81	89	95	100
9	24	39	49	56	63	70	78	84	90	95
8	23	38	48	53	60	68	74	80	85	89
7	22	37	46	50	57	64	70	74	75	81
6	21	35	43	47	54	60	66	70	72	74
5	20	33	40	44	50	55	59	63	65	66
4	18	29	36	40	44	50	52	54	57	58
3	16	25	30	33	37	40	43	46	48	50
2	13	20	23	25	28	30	33	36	38	40
1	10	13	15	17	19	21	22	23	24	25

Ausbringung (kg Spargel)

Einsatzmengen des Produktionsfaktors A (Arbeit in Stunden)

2. Angenommen, ein Landwirt plant eine Ausgabe in Höhe von 120 Geldeinheiten (GE). Die Pacht je Feld beträgt 12 GE, die Arbeitskosten belaufen sich auf 20 GE.
   a) Zeichnen Sie die Bilanzgerade in das Raster auf S. 28 ein! (Die Bilanzgerade zeigt alle möglichen Faktorkombinationen an, die mit dem gegebenen Budget (Ausgabensumme) bezahlt und damit eingesetzt werden können.)
   b) Durch welche Faktoreinsatzmengen ist in diesem Falle die Minimalkostenkombination gekennzeichnet? ..... Felder und ..... Arbeitsstunden.

3. Angenommen, die Löhne stiegen auf 25 GE und die Pacht auf 37,50 GE. Das Budget wird auf 250,— DM erhöht.
   a) Zeichnen Sie die neue Bilanzgerade (Isoquante) in das Raster auf dem vorigen Arbeitsblatt ein!
   b) Bei welcher Faktorkombination liegt die neue Minimalkostenkombination?
      Die neue Minimalkostenkombination liegt bei ..... Feldern und bei ..... Arbeitsstunden.
   c) Begründen Sie die Lage der Minimalkostenkombination!
      ....
      ....
      ....
   d) Warum wird in diesem Beispiel gegenüber dem vorigen Beispiel (Aufgabe 2) der Faktor Boden durch den Faktor Arbeit **substituiert**?
      ....
      ....
   e) Unter welcher Bedingung würde der Faktor Arbeit durch den Faktor Boden ersetzt werden?
      ....
      ....

4. Angenommen, unser Landwirt hat nur ein Feld und möchte seinen Ertrag durch zusätzlichen Arbeitseinsatz steigern.
   a) Wie steigt der Ertrag je zusätzliche Arbeitsstunde? Tragen Sie die Beträge (in kg) ein:

Arbeitsstunden	1	2	3	4	5	6	7	8	9	10
Erträge in kg										

   b) Warum steigt der Bodenertrag nicht proportional zum (im gleichen Verhältnis wie) Arbeitseinsatz („Gesetz vom abnehmenden Bodenertragszuwachs")?
      ....
      ....

5. Die Produktionsfaktoren Arbeit und Boden sind teilweise (nicht restlos) substituierbar (substitutionale Produktionsfaktoren). Es gibt aber auch Produktionsfaktoren, die in einem komplementären (sich gegenseitig ergänzenden) Verhältnis zueinander stehen müssen. Man spricht von komplementären oder limitationalen Produktionsfaktoren. Überlegen Sie sich Beispiele!

a) ....

b) ....

c) ....

Kapitel 4: Die Verteilung des Produktionsergebnisses

4.1 Die Entlohnung der Produktionsfaktoren

1. Tragen Sie in nachstehendes Begriffsschema die verschiedenen Einkommensarten ein!

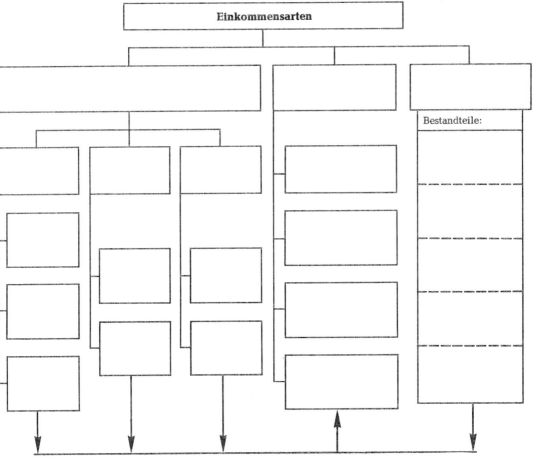

Steuern, Gebühren, Beiträge und Sozialabgaben

4.2 Lohnformen

Kreuzen Sie an, welche Lohnform Ihnen zutreffend erscheint:

	Zeit-lohn (a)	Akkord-lohn (b)	Prämien-lohn (c)	Ergebnis-lohn (d)
1. Ein Lagerarbeiter in einem Industriebetrieb erhält Wochenlohn.				
2. Ein Kreditinstitut zahlt an außertarifliche Angestellte „Dividende".				
3. Das Monatsgehalt wird an den Leiter eines Supermarktes überwiesen.				
4. Ein Dreher hat 680 Stücke gefertigt, die ihm in der Lohnabrechnung vergütet werden.				
5. Der Angestellte eines Buchklubs erhält für die Werbung neuer Kunden eine Vergütung.				

4.3 Streik und Aussperrung

Im Handelsblatt vom 06.04.1978 wurde folgende Karikatur veröffentlicht:

„Die Waffen sind gleich lang" Aus: Welt der Arbeit

Beschreiben Sie den Inhalt, und nehmen Sie zu der Aussage der Karikatur Stellung!

4.4 Preise, Nominal- und Reallöhne (Jahresdurchschnitt)[1]

Jahr	Preisindex für die Lebenshaltung[1]) 1980 = 100	Veränderung gegen Vorjahr in vH	Bruttostundenverdienst der Industriearbeiter nominal 1980 = 100	Veränderung gegen Vorjahr in vH
1975	82,6	+6,1	73,9	+7,9
1976	86,3	+4,4	78,6	+6,4
1977	89,3	+3,5	84,2	+7,1
1978	91,6	+2,5	88,7	+5,3
1979	95,0	+3,9	93,8	+5,7
1980	100,0	+5,3	100,0	+6,6
1981	106,3	+6,3	105,5	+5,5
1982	112,0	+5,4	110,5	+4,7
1983	115,6	+3,2	114,1	+3,3
1984	118,4	+2,4	116,8	+2,4
1985	120,9	+2,1	121,3	+3,9
1986	120,7	−0,2	125,6	+3,5
1987	120,8	+0,1	130,5	+3,9

[1]) 4-Personen-Arbeitnehmerhaushalt mit mittlerem Einkommen
Unter Ausschaltung von Preissteigerungen

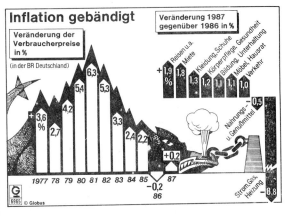

a) Erklären Sie die Begriffe Real- und Nominallohn!
b) Wie entwickelten sich gemäß obiger Statistik die Real- und die Nominallöhne in der Bundesrepublik Deutschland von 1975 bis 1987?
c) Suchen Sie nach Erklärungen für diese Entwicklung!

4.5 Unternehmerfunktion und Unternehmereinkommen

Der folgende Bericht aus dem Zeit-Magazin Nr. 43/Okt. 82 ist auszuwerten:

In die Freiheit investiert
Von Hans Otto Eglau

Eigentlich hätte sich Rolf Wagner kaum etwas Besseres wünschen können. Bei der Schwarzwälder Familienfirma Kienzle Apparate GmbH in Villingen-Schwenningen, einem der führenden deutschen EDV-Hersteller, unterstand dem promovierten Ingenieur der gesamte Bereich Entwicklung und Konstruktion mit 350 Beschäftigten. Als Technischer Direktor genoß er alle Privilegien eines hochrangigen Industriemanagers, erfreute sich bester Beziehungen zur Eigentümerfamilie Kienzle und vertrat sein Unternehmen auch nach außen, etwa bei den alljährlichen Bonner Verhandlungen um Fördermillionen, mit Erfolg.

Doch über das letzte Hindernis kam der heute 46jährige Elektronik-Ingenieur nicht hinweg. „Wenn man Ideen hat und etwas Neues aufbauen will, stößt man in einer abhängigen Position sehr schnell an irgendwelche Grenzen", erläutert Wagner seine Situation bei Kienzle, „vor allem in finanziellen Dingen muß man sich immer

1. Stellen Sie die Gründe zusammen, die für den „Sprung in die Selbständigkeit" genannt werden!

---

[1] Quelle: Leistung in Zahlen '87, hrsg. vom Referat Öffentlichkeitsarbeit des Bundesministeriums für Wirtschaft 1988, S. 19.

nach den Eigentümern richten." Mit diesem Handicap jedoch wollte sich der aus einer Winzerfamilie von der Mosel stammende Manager nicht länger abfinden. Als sich 1981 der Düsseldorfer Mannesmann-Konzern zur Hälfte an Kienzle beteiligte und das aus eigener Kraft gegen die internationale Konkurrenz kaum ausreichend gewappnete Familienunternehmen nach seinen Vorstellungen zu lenken begann, schien dem ehrgeizigen Entwicklungschef der rechte Zeitpunkt für den geplanten Sprung in die Selbständigkeit gekommen.

Seine unternehmerische Chance witterte Wagner in der Einrichtung eines als Dienstleistungs-Unternehmen arbeitenden Testzentrums für hochintegrierte elektronische Bauelemente und elektronische Schaltungen. Immer wieder hatte er von seiner Kienzle-Position aus beobachten können, wie junge Elektronikfirmen als Folge unvorhergesehener Qualitätsprobleme in Gefahr gerieten. Kaum eine dieser kleineren und mittleren Existenzen hatte das nötige Geld, um sich die teuren Prüfmaschinen anzuschaffen. Diesen Herstellern wollte er sich als Problemlöser anbieten. Bei der Verwirklichung seines Projekts kam ihm äußerst gelegen, daß sich ein guter Bekannter, der Rektor der nahegelegenen Fachhochschule Furtwangen, zur Hälfte an Wagners 1981 eingetragener Firma „Technolab" beteiligte.

2. Worin besteht die „unternehmerische Chance"?

Da sein im öffentlichen Dienst beschäftigter Partner jedoch nicht aktiv im Unternehmen mitarbeiten durfte, blieb Kienzles ehemaligem Chefentwickler die schwierige Aufgabe, die Firmengründung vorzubereiten, praktisch allein überlassen. Zum Glück hatte er bereits als Manager Erfahrungen mit der Aufstellung von Budgets gesammelt und sich durch die jährliche Präsentation der Kienzle-Bilanzen und Förderanträge im Bonner Forschungs- und Technologie-Ministerium betriebswirtschaftliches Grundwissen angeeignet.

3. Welche besonderen Fähigkeiten erforderte die Firmengründung?

Um die auf ihn entfallende Kapitaleinlage von 150 000,— DM leisten zu können, mußte der nach Unabhängigkeit strebende Zukunftsplaner Bausparverträge verkaufen. Selbst sein Einfamilienhaus mit Einliegerwohnung, das er vor acht Jahren erworben hatte, setzte er zur Absicherung seines Vorhabens aufs Spiel. Statt seine Ersparnisse in Aktien oder Pfandbriefen anzulegen, hatte er das Geld planmäßig zur Tilgung der auf dem Grundstück lastenden Hypotheken verwendet. „Bei der Firmengründung war das Haus nur noch sehr gering belastet, so daß ich sofort eine Grundschuld eintragen lassen konnte, um Kredit aufzunehmen", schildert Wagner seine privaten finanziellen Vorkehrungen für den Gründungsakt. Als zusätzliche Sicherheit für die seiner GmbH gewährten Bankkredite mußte er obendrein auch noch eine persönliche Bürgschaft übernehmen. Einschließlich zinsbegünstigter Unternehmens- und Eigenkapitaldarlehen ging die kleine Firma mit Krediten von fast einer Million Mark an den Start. Für ein in seinem Labor durchgeführtes neuartiges Testverfahren machte der im Umgang mit der staatlichen Forschungsbürokratie geübte Ex-Manager („Ich habe Kienzle über 60 Millionen Mark Fördermittel beschafft") dazu noch eine Dreiviertelmillion aus Bonn locker. Wagner: „Damit konnten wir in den ersten sechs Monaten schon einmal ruhig arbeiten."

4. Stellen Sie Finanzierungsquellen für die Unternehmensgründung zusammen!

Rolf Wagners größte Sorge ist, daß ihm in der Aufbauphase seiner Firma etwas zustoßen könnte. Um seine Frau und seine vier Kinder vor den Folgen eines in diesem Fall wohl kaum zu vermeidenden Zusammenbruchs zu schützen, deckte der Firmengründer sowohl die auf dem Haus lastende Grundschuld als auch die persönliche Bürgschaft durch eine auf fünf Jahre abgeschlossene Risikoversicherung ab. „In dieser Zeit ist die Gefahr, daß das Unternehmen Schiffbruch erleidet, wenn mir etwas passiert, am größten", erläutert Wagner seine Art der Risikovorsorge. Ohne die Gewißheit, auch im schlimmsten Fall ihr Haus nicht verkaufen zu müssen und von allzu drastischen Einschränkungen des Lebensstandards verschont zu bleiben, hätte Ehefrau Hannelore den Schritt in die Selbständigkeit wohl kaum unterstützt.

5. *Welche Risiken sind mit der Selbständigkeit verbunden? Notieren Sie dazu, ob und wie diese abgedeckt werden können!*

Natürlich hat der Technolab-Chef – zumindest theoretisch – auch die Möglichkeit einkalkuliert, seine Firma selber in eine Sackgasse zu manövrieren. Fast eine halbe Million Mark wären in diesem Fall dahin. „Ich müßte", wie Rolf Wagner sein unternehmerisches Risiko illusionslos ins Auge faßt, „im Grunde wieder bei Null anfangen." Auch wenn ihn dabei keine Versicherung auffangen würde, schrecken ihn die privaten Folgen einer selbst verschuldeten Pleite weitaus weniger: „Ich wäre ja noch da und könnte den Lebensunterhalt meiner Familie schon irgendwie sicherstellen." Um sein Unternehmen in der Startphase finanziell so weit wie möglich zu schonen, etablierte sich der Newcomer in fast spartanischen Verhältnissen. Seine bis heute elf Mitarbeiter quartierte er zur Miete in das winzige Verwaltungsgebäude einer liquidierten Kammgarnspinnerei im Villinger Industriegebiet ein. Sein karg eingerichtetes Chefzimmer, knapp vier Meter im Quadrat, erscheint ihm „im Augenblick völlig ausreichend". Die Büroräume staffierte er teilweise sogar mit gebrauchten Schreibtischen, Stühlen und Schränken aus. Briefe und Finanzpläne tippte der an einen perfekten Management-Apparat gewöhnte Umsteiger anfänglich selber. „Es war schon eine gewaltige Umstellung", blickt er auf seine ersten Gehversuche als Jungunternehmer zurück.

Auch seine finanzielle Lage verschlechterte sich zunächst einmal. Mit seinem Partner vereinbarte er für sich ein Geschäftsführergehalt, das 20 Prozent unter seinen letzten Kienzle-Bezügen liegt. „Sie müssen am Anfang einfach zurückstecken", bleibt der opferbereite Gründer seiner Durchhaltemoral treu, „wenn das Unternehmen wirklich in einer Krise geraten sollte, wäre ich auch bereit, für einige Monate auf mein Gehalt zu verzichten; ich müßte dann von meinen noch verbliebenen Ersparnissen leben oder durch weitere Einschränkungen über die Runden kommen." Gott sei Dank ist es dazu bis heute nicht gekommen. „Im Augenblick kann ich noch gut schlafen, obwohl es auch noch besser laufen könnte", kommentiert der Gründer ein Jahr nach dem Start seine Situation, „aber wenn man die konjunkturellen Probleme berücksichtigt, können wir uns eigentlich nicht beklagen."

Das Gefühl, es bereits geschafft zu haben, will sich allerdings bei dem vorsichtigen Elektroniker noch nicht einstellen. „Ist es vielleicht nur ein Zwischenhoch, was wir im Augenblick erleben?", grübelt er. „Und was mache ich mit den Leuten, wenn einmal ein Loch auftreten sollte?" Immerhin muß er jährlich fast eine Million Mark an Gehältern und Sozialabgaben abdecken. – Ansporn genug, um oft auch an den Wochenenden in der Firma zu sein, wenn es darum geht, eilige Aufträge pünktlich auszuführen. Als freier Unternehmer arbeitet Wagner heute 30 bis 40 Prozent mehr als früher bei Kienzle. An Urlaub ist so schnell nicht zu denken. „Vielleicht kann ich mit meiner Frau wenigstens für ein paar Tage zu Freunden fahren."

Für seine Freiheit zahlt Rolf Wagner einen hohen Preis. Allein um seine Ersparnisse rentierlich anzulegen, hätte er die Bürde einer Existenzgründung nicht auf sich genommen – „da gibt es Möglichkeiten, die sicherlich besser sind". Unabhängig von der Selbständigkeit, die er sich erkauft hat, glaubt er, auch einen Beitrag für das Gemeinwohl geleistet zu haben: „Wenn es keinen mehr gibt, der ein Risiko eingeht, sind wir bald ein unterentwickeltes Land."

6. Zusammenfassende Fragen zum Gesamttext:
   a) Stellen Sie die im Bericht erwähnten unternehmerischen Funktionen und die eingebrachten Produktionsfaktoren zusammen! Ordnen Sie ihnen die zugehörigen Teile des Unternehmereinkommens zu!
   b) Beurteilen Sie auf dem Hintergrund dieses Falles die Entstehung eines Residualeinkommens!

4.6 Sozialprodukt und Volkseinkommen I

Für die Bundesrepublik Deutschland weist das Statistische Bundesamt folgende gesamtwirtschaftliche Zahlen aus:

a)	Privater Verbrauch (C_{pr})	874,1 Mrd. DM
b)	Staatsverbrauch (C_{st})	319,8 Mrd. DM
c)	Bruttoinvestition (I_{br})	337,9 Mrd. DM
d)	Abschreibungen (Ab)	188,0 Mrd. DM
e)	Indirekte Steuern abzüglich Subventionen ($T_{ind} - Z$)	169,6 Mrd. DM
f)	Einkommen aus unselbständiger Arbeit (E_{nu})	880,8 Mrd. DM
g)	Einkommen aus Unternehmertätigkeit und Vermögen (E_u)	304,7 Mrd. DM
h)	Außenbeitrag (Ex – Im)	11,4 Mrd. DM

1. Erstellen Sie das nationale Produktionskonto nach folgendem Schema:

Ausgaben	(Zahlen in Tsd. DM)	Einnahmen

2. Berechnen Sie (in Symbolen und Zahlen):
   a) das BSP,
   b) das NSP zu Marktpreisen und
   c) das NSP zu Faktorkosten!

4.7 Sozialprodukt und Volkseinkommen II

In einer Volkswirtschaft ermittelte das Statistische Amt folgende gesamtwirtschaftliche Größen (in Mrd. GE):

a)	Wertschöpfung der Urproduktion	200	
b)	Wertschöpfung der weiterverarbeitenden Industrie	180	
c)	Wertschöpfung der sonstigen Wirtschaftsbereiche	<u>220</u>	600

Die gesamte Wertschöpfung verteilt sich auf die Nichtunternehmereinkommen (E_{nu}) und Unternehmereinkommen (E_u) wie 2 : 1.

d)	private und staatliche Konsumausgaben (C)	628
e)	Bruttoinvestition (I_{br})	125
f)	Reinvestition (= Abschreibung = Ab)	70
g)	Indirekte Steuern abzüglich Subventionen ($T_{ind} - Z$)	95
h)	Außenbeitrag (Exporte abzüglich Importe = Ex – Im)	+ 12

1. Tragen Sie die gegebenen Zahlen in das nachstehende Schema ein:

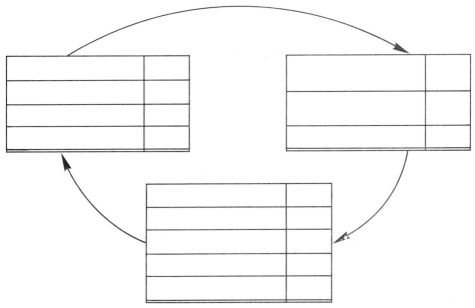

2. Berechnen Sie das Volkseinkommen nach der Entstehungs-, nach der Verteilungs- und nach der Verwendungsseite (jeweils in Symbolen und Zahlen)!

4.8 VGR: Entstehungsrechnung

Beispiel: Angenommen, eine kleine Volkswirtschaft besitzt nur drei Unternehmen, nämlich U_1 (stellvertretend für die Urproduktion), U_2 (stellvertretend für die weiterverarbeitende Industrie) und U_3 (stellvertretend für die Banken). Es handelt sich um eine offene Wirtschaft mit staatlicher Aktivität, d.h., 1. es bestehen Außenhandelsbeziehungen (Export und Import), und 2. der Staat erhebt Steuern und zahlt Subventionen (Zuschüsse).

In den Erfolgsrechnungen (Gewinn- und Verlustrechnungen) der Unternehmen erscheinen nur die indirekten Steuern, also die Steuern, die Kostenbestandteil sind (z.B. Kostensteuern wie Gewerbesteuer, Kraftfahrzeugsteuern für Betriebsfahrzeuge, Grundsteuer für Betriebsgrundstücke). Die direkten Steuern hingegen sind in den Einkommen enthalten. Sie werden im folgenden Beispiel nicht berücksichtigt.

Es werden folgende Transaktionen (= Geschäftsvorfälle, wirtschaftliche Vorgänge) erfaßt:

Geldeinheiten (GE)

1. U_1 kauft Materialien (Mt) von U_2 — 20 Mrd.
2. U_2 kauft Materialien (Mt) von U_1 — 175 Mrd.
3. U_2 verkauft Investitionsgüter (Anlageinvestition = AI) an U_1 — 140 Mrd.
4. U_2 verkauft Konsumgüter (C) an private (200 Mrd.) und öffentliche Haushalte (100 Mrd.) — 300 Mrd.
5. Abschreibungen (Ab) von U_1 — 30 Mrd.
6. Abschreibungen (Ab) von U_2 — 26 Mrd.
7. U_2 importiert Materialien (Im) — 12 Mrd.
8. a) Indirekte Steuern (T_{ind}) von U_1 — 16 Mrd.
   b) Indirekte Steuern (T_{ind}) von U_2 — 20 Mrd.
9. a) Zinszahlung (Zi) von U_1 an die Bank — 24 Mrd.
   b) Zinszahlung (Zi) von U_2 an die Bank — 16 Mrd.
10. U_1 zahlt Mieten und Pachten (Mi) an private Haushalte — 4 Mrd.
11. Lohn- und Gehaltszahlungen (= Nichtunternehmereinkommen = E_{nu})
    a) von U_1 — 70 Mrd.
    b) von U_2 — 180 Mrd.
    c) von U_3 — 8 Mrd.
12. U_2 exportiert (Ex) — 15 Mrd.
13. Staatliche Subventionen (Zuschüsse = Z) an U_1 — 5 Mrd.
14. Mehrbestände an Vorräten (Vorratsinvestitionen = VI) bei U_2. (Die Bestände bei U_1 sind unverändert.) — 6 Mrd.
15. Zinszahlung (Za) der Banken an private Haushalte — 25 Mrd.

Um die Buchungen zu vereinfachen, werden die Geschäftsvorfälle, die die Bilanzkonten (Bestandskonten) berühren, auf einem Vermögensänderungskonto erfaßt. Kauft z.B. U_1 von U_2 Investitionsgüter (Transaktion Nr. 3), nimmt bei U_1 das Anlagevermögen (AV) zu, während das Umlaufvermögen (Kasse, Bank, Postgiro) abnimmt. Im Sektor 2 (U_2) nimmt das Umlaufvermögen zu (Sollseite des Vermögensänderungskontos). Andererseits liegt ein Umsatzerlös vor, der auf der Habenseite des Erfolgskontos gebucht werden muß.

Die Schlußbilanzen der drei Sektoren ergeben sich aus den Eröffnungsbilanzen ± der Vermögensänderungen.

1. Konten der Urproduktion U_1

A	Eröffnungsbilanz	P

S	Vermögensänderung	H	S	GuV-Konto	H

A	Schlußbilanz	P

2. Konten der weiterverarbeitenden Industrie U_2

A	Eröffnungsbilanz	P

S	Vermögensänderung	H	S	GuV-Konto	H

A	Schlußbilanz	P

3. Konten der Banken U_3

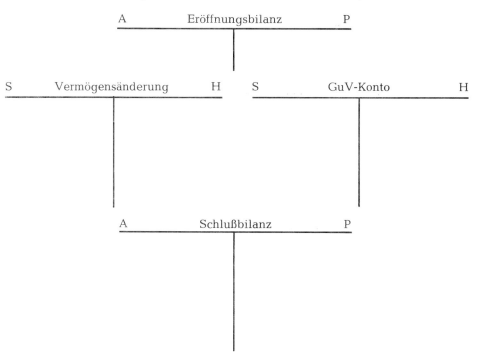

Errechnen Sie die Wertschöpfung:

U_1 / Urproduktion	=	$(Mi + E_{nu} + E_u)$ ....
U_2 / Weiterverarbeitende Industrie	=	$(E_{nu} + E_u)$ ....
U_3 / Banken	=	$(E_{nu} + Za + E_u)$ ....
Volkswirtschaftliche Wertschöpfung	=	

4.9 Problematik des BSP

1 In Oeventrop, einem Dorf im Sauerländischen, wäre jeder stolz, den Mitbürger Willy Stein* zum Freund zu haben: einen pflichtbewußten Familienvater, regelmäßigen Kirchgänger, treuen CDU-Wähler und gestandenen Handwerksmeister. Seine kleine Schreinerei floriert. Willy Stein verstößt nicht gegen den ländlichen Kodex, wenn er Geschäfte mit seinen zahlreichen guten Bekannten nicht über die Bücher laufen läßt.

2 Die Auftraggeber spielen mit. Sie verzichten auf geschriebene Rechnungen und zahlen bar. So umgeht Bundesbürger Stein mit einem Fünftel seines Umsatzes jegliche Wirtschaftsstatistik – sein stiller Beitrag zum Sozialprodukt.

3 Den Schwager Willy Steins, Paul Hofschmied*, Frührentner und ehemals Sachbearbeiter bei einem Sozialverband, suchen die Oeventroper, darunter der Dorfarzt, mit Rentenproblemen auf. Hofschmied hilft unentgeltlich. Die Beratenen zeigen sich erkenntlich, mal mit Obst oder Gemüse aus dem eigenen Garten, mal mit einer Gans oder einem Kaninchen aus eigener Zucht. Keine Wirtschaftsstatistik erfaßt Hofschmieds Dienste – sein stiller Beitrag zum Sozialprodukt.

4 Der Münchner Bestattungsunternehmer Franz Rummler*, ein überaus engagierter Bürger, drückt seinem Sarggroßhändler ab und zu für eine Lieferung ohne Rechnung und Quittung einige Tausender in die Hand. Die Särge sind für verstorbene Angehörige guter Bekannter bestimmt, die wiederum bar zahlen. Da Rummler diese Geschäftsvorgänge nicht verbucht, nimmt keine Wirtschaftsstatistik Notiz – sein stiller Beitrag zum Sozialprodukt. Die Firmenwagen läßt der Bestattungsunternehmer neuerdings nicht mehr in der Werkstatt reparieren und warten, das besorgt der Sohn seiner Haushälterin. Mit solchen Arbeiten nach Feierabend und an den Wochenenden verdient sich der Kraftfahrzeugmechaniker, Geselle in einer großen Kundendienstwerkstatt, ein ansehnliches Zubrot. Leistung und Einkommen bleiben der Wirtschaftsstatistik verborgen – sein stiller Beitrag zum Sozialprodukt.

5 Studienrat Michael Jaeger, seit kurzem stolzer Hausbesitzer mit einem großen Garten im oberbergischen Städtchen Wiehl, erntete in diesem Jahr erstmals Obst. Seine Frau kochte Marmelade und Gelees, auch aus selbst gesammelten Waldfrüchten. Soweit die Jaegers sich selbst versorgen, statt den süßen Brotaufstrich bei Aldi und Obst beim Edeka-Händler zu kaufen, sind sie kein Fall mehr für die Statistik.

6 So geringfügig sich die Beispiele im Einzelfall ausnehmen, so verweist die Vielzahl auf eine neue Qualität: die Schattenwirtschaft, auch als sekundäre, informelle oder unsichtbare Ökonomie bezeichnet. Zu ihr zählen die Bereiche Schwarzarbeit, Nachbarschaftshilfe, Eigenarbeit sowie der Tausch Ware gegen Ware.

7 Die Ergebnisse solcher Formen stillen Bürgerfleißes sind in den Rechenwerken des Statistischen Bundesamtes über die jährliche Leistung der Volkswirtschaft, dem Bruttosozialprodukt, nicht enthalten. Kein Wunder: Die Akteure der Schattenwirtschaft entziehen sich exakter statistischer Erfassung, teils bewußt wie die Schwarzarbeiter, teils läßt sich die Leistung nicht so ohne weiteres bewerten wie bei den Selbstversorgern, weil die Preise fehlen. Da Schätzungen nicht ins Konzept der amtlichen Rechercheure passen, klammern sie den Beitrag der Schattenwirtschaft zum Sozialprodukt einfach aus.

8 Anhand der Aufzeichnungen über Steuern, Produktion und Umsätze erfassen die Statistiker mithin nur die Ströme an Gütern und Diensten, die über den Markt oder vom Staat angeboten werden. Danach produzierten die Bundesbürger 1980 Güter und erbrachten Dienstleistungen im Wert von 1,5 Billionen Mark.

9 Das statistische Bild stimmt jedoch mit der ökonomischen Realität nicht überein. Denn die Bundesbürger und Gastarbeiter waren weitaus fleißiger, als die Wiesbadener Beamten ausweisen. Nach vorsichtigen Schätzungen von Experten produzierten die Deutschen in der Schattenwirtschaft zusätzlich Werte von gut 500 Millionen Mark.

10 In den kommenden Jahren dürfte der Beitrag der unsichtbaren Ökonomie überdurchschnittlich wachsen. Fachleute wie der Österreicher Dr. Jiri Alfred Skolka erkennen beispielsweise einen seit Mitte der siebziger Jahre bestehenden Trend zur „Selbstbedienungswirtschaft". Soll heißen: Die Haushalte gehen wieder dazu über, Güter und Dienstleistungen in eigener Regie zu produzieren. Dafür steht die rasche Zunahme der Heimwerkerzunft. Nach einer Untersuchung des Instituts für Freizeitwirtschaft in München gibt es derzeit bereits fast elf Millionen Feierabendhandwerker, bis 1985 sollen noch vier Millionen hinzukommen.

11 Schon jetzt reparieren und warten deutsche Autobesitzer in 27 Prozent aller Fälle ihren Wagen selber, vor fünf Jahren legten sie erst in 22 Prozent aller Fälle selber Hand an. Im gleichen Zeitraum hat unter den Möbelkäufern die Do-it-yourself-Methode auf Anhieb fünf Prozent Anhänger gefunden.

12 Und die Gartenbesitzer entdecken die Vorliebe für selbst Gezogenes und Geerntetes. Nach einer Studie der Gesellschaft für Konsum- und Absatzforschung in Nürnberg wuchsen 1974 in rund 60 Prozent der Gärten Apfelbäume oder wurden Tomaten gezogen. 1978 waren es zehn Prozent mehr. Seitdem dürften weitere Hausbesitzer ein Stück vom Rasen umgegraben haben:

* Name geändert.

Dafür spricht, daß die Firma Wolf-Geräte in Betzdorf, einer der größten Produzenten von Artikeln des Gartenbedarfs, künftig mehr Sämereien verkaufen will. Bislang setzte das Unternehmen mit seinen Produkten vornehmlich auf Ziergartenbesitzer.

13 Von dem Trend zu stärkerer Eigenarbeit im Haushalt verzeichnen die Fachleute nur zwei Ausnahmen. Beide gehen auf das Konto steigender Erwerbstätigkeit von Frauen. Um die Beanspruchung im Beruf zu kompensieren, setzen immer mehr Frauen auf Fertigkost statt Fisch und Fleisch selber zuzubereiten. Und mangels Zeit werden Kleinkinder, Kranke und Alte öfter in Heime und Krankenhäuser geschickt statt zu Hause gepflegt.

14 In der Sprache der Ökonomen: Aus unsichtbarer Wirtschaft wird sichtbare und damit steigt automatisch das Sozialprodukt. „Per Saldo überwiegt die Wiederbelebung von Produktionsfunktionen im Haushalt", bilanziert Dr. Friedhart Hegner vom Internationalen Institut für Management und Verwaltung in Berlin.

15 Der technische Fortschritt dürfte die Entzugserscheinungen für die Wirtschaftsstatistiker noch verschlimmern. So erwartet der amerikanische Futurologe Alvin Toffler von den Mikroprozessoren einen kräftigen Auftrieb für die Heimarbeit. Denn die elektronischen Winzlinge lassen riesige Anlagen zu leistungsfähigen Minimaschinen schrumpfen, die in Wohnungen Platz haben. Der Zwang zur Fabrikarbeit entfällt. Mit der Produktion in den eigenen vier Wänden wird es viel eher als in den quasi-öffentlichen Betrieben möglich sein, Geld zu verdienen, ohne Steuern und Sozialabgaben zahlen zu müssen.

15 Vorläufig eignen sich nur zehn bis zwölf Prozent der Berufe, urteilt Dr. Dieter Mertens, Direktor des Instituts für Arbeitsmarkt- und Berufsforschung in Nürnberg, zur Schwarzarbeit, vornehmlich Handwerker, Bauingenieure sowie einige Jobs im Dienstleistungsbereich wie Kellner und Taxifahrer, die nur eine geringe Qualifikation erfordern. Der heimliche Beitrag zum Bruttosozialprodukt ist dennoch beachtlich. Die graue Branche steuert sieben bis acht Prozent bei, schätzt Professor Bruno Frey von der Universität Zürich. Das ist immer noch merklich weniger, als das, was die Schwarzarbeiter in Belgien und den Niederlanden schaffen – nach Frey über zehn Prozent, gemessen an der gesamten Wirtschaftsleistung. Und für Italien kommt eine noch unveröffentlichte Untersuchung des Finanzwissenschaftlichen Seminars an der Universität Köln sogar auf 25 Prozent. Ein großer Teil ist jedoch in den amtlichen Angaben über die Wirtschaftsleistung enthalten. Die Staatsstatistiker in Rom schlagen den anhand der Aufzeichnungen errechneten Ergebnis jeweils pauschal zehn Prozent zu.

17 Die offizielle statistische Anerkennung ist den Schwarzarbeitern in der Bundesrepublik bisher versagt geblieben, obwohl sie im Bausektor sicherlich zehn Prozent an der Produktion beteiligt sind – wenn nicht mehr. Nach einer Faustformel bayerischer Landräte werden 25 Prozent der Einfamilienhäuser durch Freizeitarbeiter errichtet, weitere 50 Prozent in Nachbarschaftshilfe, wobei die Abgrenzung in der Praxis schwerfällt. Für Nachbarschaftshilfe zumindest durchbrechen die Bundesstatistiker ihr ehernes Prinzip, im Bruttosozialprodukt nur einzubeziehen, wofür Zahlen vorliegen. Gemäß der italienischen Methode erhöhen die Wiesbadener Beamten die ermittelte Bauproduktion um zehn Prozent.

18 Angesichts starken Abgabendrucks und überdurchschnittlich anziehender Preise für Dienstleistungen dürften Angebot und Nachfrage im Sektor Schwarzarbeit wachsen. So macht die Absicht der Bonner Regierung, künftig auch bei sehr geringem Verdienst Sozialversicherungsbeiträge zu kassieren, Schwarzarbeit auch für Arbeitgeber noch verlockender. Denn diese Maßnahme, so haben Kölner Taxiunternehmer errechnet, erhöht mit einem Schlag die Lohnkosten um 50 Prozent.

Schwarzfahren ist billiger.

Rainer Hübner

Quelle: Capital 11/1981

(Text zitiert nach: Nibbrig, Bernhard / Behrendt, Norbert / Decker, Petra: Ökonomische Aktivitäten jenseits und im Dunkel offizieller Märkte, Erziehungswissenschaft und Beruf 3/85)

Bearbeiten Sie die folgenden Aufgaben unter Benutzung des vorstehenden Textes.

Aufgaben:
1. Welche Wirtschaftsleistungen werden von den Statistikern im BSP erfaßt?
2. Schreiben Sie die Bereiche der „Schattenwirtschaft" heraus, die in Absatz 6 genannt werden.
   Wie schätzt der Autor des Aufsatzes die zukünftige Entwicklung der Bereiche ein? Welche Gründe nennt er für die vermutete Entwicklung?
3. Welche Bereiche der „Schattenwirtschaft" sind in den Abschnitten 1–5 beschrieben? Ordnen Sie die entsprechenden Begriffe zu!
   Unterscheiden Sie bei der Schattenwirtschaft auch zwischen „Aktivitäten in der Selbstversorgungswirtschaft" und „Aktivitäten in der Untergrundwirtschaft". Ordnen Sie – soweit möglich – die in den Abschnitten 1–5 genannten Beispiele entsprechend zu unter Benutzung der folgenden Übersicht.

Aktivitäten in der Untergrundwirtschaft

Untergrundwirtschaft Tunnelwirtschaft/Schwarzwirtschaft	
Versteckte erwerbswirtschaftliche Aktivitäten privater Haushalte	Versteckte erwerbswirtschaftliche Aktivitäten privater Unternehmen
Legale Aktivitäten mit Abgabenhinterziehung – Gelegentliche geringfügige, aber steuerpflichtige gewerbliche Tätigkeit (Vortrags- und Lehrtätigkeit; Schreib- und Büroarbeiten) – Steuerpflichtige Vermietung, Verpachtung und Kreditvergabe – Steuerpflichtige Annahme von Geldern; Miet- und Pachtverzichte – Naturaltausch	Legale Aktivitäten mit Abgabenhinterziehung – Legale, aber nicht verbuchte Umsätze (Verkauf ohne Rechnung, insbesondere im Handwerk, im Handel, im Gaststättengewerbe und bei freien Berufen) – Naturaltausch: Nicht verbuchte Gegengeschäfte im Handel, Handwerk usw. – Privater Eigenverbrauch und private Ausgaben, die als Betriebsaufwand verbucht sind (Reisespesen; private Nutzung des Firmenwagens)
Illegale Aktivitäten mit Abgabenhinterziehung – Schwarzarbeit: Teilnahme am Markt für entgeltliche Dienst- oder Werkleistungen ohne vollständige Übernahme der dabei öffentlich-rechtlich allen Wettbewerbern auferlegten Lasten – Organisiertes und nichtorganisiertes Verbrechen soweit dadurch unversteuertes Einkommen oder wertschöpfungsmindernde Vorleistungen entstehen (Firmendiebstahl; Schmuggel; Hehlerei; Drogenhandel; Wucher; illegale Glücksspiele und Wetten) – Prostitution; Zuhälterei	Illegale Aktivitäten mit Abgabenhinterziehung – Umsätze mit verbotenen oder illegal erworbenen Waren und Dienstleistungen (Drogen; Waffen; Schmuggel- und Hehlergut) – Nicht deklarierte Geschäfte aufgrund Beschäftigung von Schwarzarbeitern (illegale Leiharbeit; Heimarbeit) – Aktive Bestechung – Verlagerung von Einkommen in Steueroasen – Ausstellen und Absetzen fingierter oder überhöhter Rechnungen (Bewirtungskosten)

Quelle: Cassel (1982, S. 348); Zitat nach Nibbrig u. a., a. a. O., S. 267 ff.

4. In welchen Wirtschaftsbereichen müßten die in den Beispielen 1–5 genannten Tätigkeiten statistisch eigentlich erfaßt werden?
   Sektoren: Dienstleistungen/Handel, Verkehr/Industrie und Handwerk/Landwirtschaft/Staat u. a.

4.10 Einkommensumverteilung

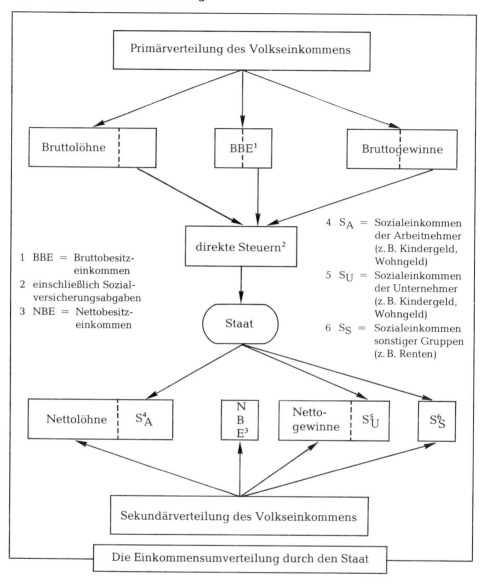

Werten Sie das Schaubild aus:
1. Wie erfolgt die Primärverteilung des Volkseinkommens?
2. Welche Faktorentgelte sind dem Bruttobesitzeinkommen zuzuordnen?
3. Kennzeichnen Sie den Begriff „Sekundärverteilung des Volkseinkommens"!
4. Welche Einkommen sind nach der Sekundärverteilung entstanden?
5. Wer bezieht Sozialeinkommen?

4.11 Einkommensverteilung

4.11.1 Probleme der Einkommensverteilung I

1. Berechnen Sie die Lohnquote:

Jahr	1	2	3	4	5	6
Volkseinkommen in Mrd. GE	900	920	930	940	935	1 000
Arbeitnehmer-einkommen	520	540	550	580	575	590
Lohnquote						

2. Berechnen Sie die Pro-Kopf-Lohnquote:

Jahr	1	2	3	4	5	6
Zahl der Beschäftigten in 1 000	2 200	2 250	2 280	2 190	2 170	2 230
abhängig Beschäftigte	1 540	1 620	1 660	1 640	1 650	1 750
Arbeitnehmerquote						
Pro-Kopf-Lohnquote						

3. Was bedeutet eine Pro-Kopf-Lohnquote von 80%?
4. Was bedeutet eine Pro-Kopf-Lohnquote von 100%?
5. Was bedeutet eine Pro-Kopf-Lohnquote von 110%?

4.11.2 Probleme der Einkommensverteilung II

1. In einem rein sozialistischen Land beträgt die Lohnquote 100%. Suchen Sie aus den nachstehenden Antworten die richtige heraus, und kreuzen Sie diese an!
   Die Lohnquote beträgt 100%, weil
   (a) die Löhne vollkommen nivelliert sind. ☐
   (b) Löhne und Unternehmereinkommen im Durchschnitt gleich hoch sind. ☐
   (c) es keine Unternehmer (Selbständige) gibt. ☐
   (d) das Volkseinkommen sehr niedrig ist. ☐
   (e) das Volkseinkommen sehr hoch ist. ☐

2. Warum sagt die Höhe der Lohnquote und der Pro-Kopf-Lohnquote kaum etwas über den Lebensstandard des einzelnen Arbeitnehmers aus? Suchen Sie aus den nachstehenden Antworten die zutreffenden aus!
   (a) In der Lohnquote sind nur die Einkommen aus unselbständiger Arbeit (die Löhne im weiteren Sinne) enthalten, nicht aber die Einkommen der Arbeitnehmer aus ihren Vermögen (z.B. Zinsen, Mieteinnahmen, Dividenden, Pachteinnahmen). ☐

(b) Lohnquote und Pro-Kopf-Lohnquote besagen nichts über die Kaufkraft der Arbeitnehmereinkommen. ☐

(c) Lohnquote und Pro-Kopf-Lohnquote sind Durchschnittswerte, hinter denen sich große Einkommensunterschiede verbergen können. ☐

4.11.3 Probleme der Einkommensverteilung III

Am Stammtisch des Gasthofs „Zum letzten Batzen" sitzen Herr Altmann, Schreinermeister, Herr Belau, kaufmännischer Angestellter, und Herr Chromer, Student der Soziologie. Herr Altmann ärgert sich über die Steuerprogression. Er hält sie für ungerecht, weil er meint, daß derjenige, der doppelt soviel (oder solang) wie ein anderer arbeitet, auch doppelt soviel von seinem Bruttoeinkommen behalten sollte. Herr Chromer widerspricht. Er meint, schon die Tatsache, daß die Menschen ungleiche Fähigkeiten hätten, sei ungerecht. Mancher wolle mehr arbeiten, könne es aber aufgrund mangelnder Fähigkeiten oder Möglichkeiten nicht. Deswegen müsse derjenige, der ein hohes Einkommen habe, für denjenigen mit gar keinem oder einem niedrigeren Einkommen mit aufkommen. Am besten wäre es, so meint Herr Chromer, wenn jeder das gleiche Einkommen hätte. Dann würde auch der Sozialneid unter den Menschen verschwinden. Herr Belau schließlich kommentiert, daß er schon für eine Unterstützung wirtschaftlich schwacher Personen sei, aber eine „Gleichmacherei" lehne er ab, weil sie jede Eigeninitiative lahmlege.

Von welchen Verteilungsprinzipien gehen die Stammtischbrüder aus?

Altmann	Chromer	Belau

4.11.4 Probleme der Einkommensverteilung IV

1. Nennen Sie den jeweiligen Hauptvorteil und -nachteil der einzelnen Verteilungsprinzipien!

Prinzip	Vorteil	Nachteil
Nivellierungsprinzip		
Bedarfsprinzip		
Leistungsprinzip		

2. Welche der nachstehenden staatlichen Maßnahmen sind Ihrer Ansicht nach vorwiegend auf das Nivellierungsprinzip (= **N**), das Bedarfsprinzip (= **B**) oder das Leistungsprinzip (= **L**) zurückzuführen? (Schreiben Sie die Buchstaben N, B oder L in das jeweilige Kästchen!)

(a) Zuteilungsscheine für die in der Volkswirtschaft erzeugten Güter ☐

(b) Abschaffung der direkten Steuern zugunsten der indirekten Steuern ☐

(c) Einführung von Kindergeld ☐

(d) Steuerliche Begünstigung von Ehegatten mit Kindern gegenüber Ehegatten ohne Kinder ☐

(e) Einführung einer Einheitsrente ☐

Kapitel 5: Wirtschaftskreislauf

5.1 Wirtschaftskreislauf I

Vervollständigen Sie die Tabelle!

Vorgang	1 → für abgebenden Sektor 2 → für empfangenden Sektor				Ankreuzen	
	Haushalt (H)	Unternehmen (U)	Banken (B)	Staat (St)	Geldstrom	Güterstrom
Beispiel: U zahlen Gehälter	2	1			x	
Lieferung eines Kühlschrankes						
Einzahlung auf ein Sparkonto						
Kreditinstitut führt Körperschaftsteuer ab						
Zahlung von Altersruhegeld						
Privater Grundstückseigentümer stellt verpachtetes Grundstück Unternehmen zur Verfügung						
Lieferung von Lastkraftwagen an Bundesstraßenverwaltung						
Zahlung von Beamtengehältern						
Der Bund zahlt Zinsen für Bundesanleihen an Kreditinstitute						
Kaufhaus verkauft Kleidung an Konsumenten						
Industrieunternehmen zahlt Zinsen für aufgenommenen Kredit						
Auslieferung einer gekauften EDV-Anlage an ein Kreditinstitut						
Kreditinstitute zahlen an private Sparer Zinsen						

5.2 Wirtschaftskreislauf II

1. Zeichnen Sie den Geldkreislauf mit den Sektoren private Haushalte, Staat, Unternehmen, Banken und Ausland! Benutzen Sie hierzu folgende Werte:

   a) Einkommen der privaten Haushalte vom Staat (Löhne, Gehälter, Sozialleistungen) — 300 Mrd. GE

   b) Von den Unternehmen bezogene Einkommen der privaten Haushalte — 700 Mrd. GE

   c) Ersparnis der privaten Haushalte — 200 Mrd. GE

   d) Von den privaten Haushalten an den Staat abgeführte Steuern, Abgaben und Gebühren — 250 Mrd. GE

   e) Von den Unternehmen an den Staat abgeführte Steuern, Abgaben und Gebühren — 150 Mrd. GE

   f) Vom Staat von den Unternehmen gekaufte Sachgüter und Dienstleistungen — 100 Mrd. GE

   g) Von den Unternehmen in Anspruch genommene Kredite der Banken für Investitionen — 200 Mrd. GE

   h) Die Ex- und Importe der Unternehmen gleichen sich aus und betragen je — 80 Mrd. GE

2. Berechnen Sie die Höhe der Konsumausgaben der privaten Haushalte und prüfen Sie, ob der Geldkreislauf geschlossen ist!

3. Sehen Sie sich das von Ihnen gezeichnete Kreislaufmodell nochmals genau an und überlegen Sie sodann, welche gesamtwirtschaftlichen Wirkungen folgende Ereignisse haben können:

   a) Der Staat erhöht die Steuern, ohne seine Ausgaben zu steigern.

   b) Die privaten Haushalte sparen erheblich mehr als in der Vorperiode.

   c) Die Exporte steigen schneller als die Importe.

   d) Die Nettoinvestitionen der Unternehmen steigen.

Kapitel 6: Grundlagen der Preisbildung

6.1 Angebot/Nachfrage

In einem kleinen Ort werden auf dem Wochenmarkt die ersten Erdbeeren angeboten. Den 15 Anbietern stehen viele Nachfrager gegenüber.

Preise je kg	Nachfrage	Angebot
5,50 DM	1 500 kg	750 kg
6,— DM	1 000 kg	750 kg
6,50 DM	750 kg	750 kg
7,— DM	500 kg	750 kg

a) Stellen Sie Angebot und Nachfrage grafisch dar!
b) Wie stellen Sie sich die Abwicklung des Erdbeerverkaufs vor?
   1. Prämisse: Alle Erdbeeren werden verkauft.
   2. Prämisse: Weder den Anbietern noch den Nachfragern sind die Angebots- und Nachfragemengen mit den jeweiligen Preisvorstellungen bekannt.
c) Welche Marktform liegt hier vor?

6.2 Vollkommener Markt

Für einen vollkommenen Markt müssen folgende Prämissen gegeben sein:
1. Gleichartigkeit der Güter;
2. keine persönlichen Präferenzen;
3. keine räumlichen Präferenzen;
4. keine zeitlichen Präferenzen;
5. Markttransparenz;
6. unendlich schnelle Reaktionsfähigkeit.

Stellen Sie fest, welche Prämissen in den Fällen a bis j (S. 50) nicht erfüllt sind (Mehrfachnennungen sind möglich)!

a) Eine Familie kauft ihre Schuhe bei einem befreundeten Schuhhändler.
b) Der bekannt gute Kundendienst eines in der Nähe liegenden Elektrofachgeschäftes veranlaßt einen Kunden, beim Kauf einer Waschmaschine eine dort angebotene Marke zu verlangen.
c) Die Dorfbewohner kaufen ihre Lebensmittel im einzigen in der Nähe liegenden Supermarkt.
d) Ein Metzger am Ort verkauft seine Fleischwaren teurer, da seine Ware von besserer Qualität ist als die von der Konkurrenz angebotene.
e) Eine Hausfrau kauft immer samstags auf dem Wochenmarkt Gemüse kurz vor Ende der Marktzeit ein, weil es dann i.d.R. billiger ist als am übrigen Vormittag.
f) Ein Busfahrer, der zur selben Zeit Dienst hat, kann das nicht tun.
g) Eine Bank führt ein Devisen-Differenzarbitragegeschäft durch.
h) Eine Handelskette wirbt mit Sonderangeboten.
i) Die „letzte Tankstelle vor der Autobahn" verkauft Markenbenzin.
j) In der Kantine eines Großbetriebes werden während der gesamten Arbeitszeit auch Tabakwaren, Süßwaren und Getränke verkauft.

Prämissen					
1	2	3	4	5	6

6.3 Elastizität von Angebot und Nachfrage

Stellen Sie fest, welches der nachstehenden Merkmale für die untenstehenden Aussagen zutrifft!

Merkmale:

Die Nachfrage kann sein: 1. elastisch; 2. unelastisch; 3. starr.
Das Angebot kann sein: 4. elastisch; 5. unelastisch; 6. starr.

Aussagen | Lösung

a) Trotz Erhöhung der Tabaksteuer hat die Nachfrage nach Zigaretten nicht nachgelassen.

b) Ein Unternehmen ist kapazitätsmäßig voll ausgelastet. Die Absatzpreise steigen.

c) In Erwartung höherer Absatzpreise halten die Händler ihr Warenangebot zurück.

d) Die Erhöhung der Mineralölsteuer läßt die Steuereinnahmen des Staates sinken.

e) Ein Handwerksbetrieb kann den Benzinverbrauch trotz gestiegener Benzinkosten nur unwesentlich einschränken.

f) Nach dem Preisrückgang für ein bestimmtes Gut um 20% bietet der Hersteller 8% weniger auf dem Markt an.

g) Bei Preiserhöhungen für Kraftfahrzeuge nimmt der Verkauf von Autoradios ab.

h) Die Preiserhöhungen bei Rindfleisch werden mit einem erhöhten Angebot von Schweinefleisch beantwortet.

i) Die starke Erhöhung der Butterpreise hat ein Anziehen der Margarinepreise zur Folge.

j) Ein unterbeschäftigtes Unternehmen erhöht trotz gestiegener Nachfrage seine Absatzpreise nicht.

6.4 Märkte

Kurt Wendt veröffentlichte in der WAZ vom 05.03.83 folgenden Bericht (Auszug), den Sie auswerten sollen:

Von der AEG-Hausse wurden selbst die Börsenprofis überrascht. Sie hielten AEG-Aktien mit einem Kurs von etwa 30 DM im Grunde für „ausgereizt". Denn schließlich befindet sich der Elektrokonzern in einem Vergleichsverfahren, in dem noch nicht feststeht, welche neuen Opfer die Eigentümer, also die Aktionäre, zu bringen haben werden. Die Kaufwelle brach los, als der beantragte Vergleich gesichert schien und gleichzeitig der AEG-Vorstand in seiner bekannt optimistischen Art davon zu sprechen begann, schon in diesem Jahr ein ausgeglichenes Ergebnis vorlegen zu wollen.

Die Banken wurden von einer Auftragsflut ihrer privaten Kundschaft förmlich überrollt. Verhängnisvoll war, daß die Kaufaufträge für die AEG-Aktien unlimitiert erteilt wurden, so daß sie zu jedem Kurs ausgeführt werden mußten. Böse überrascht waren die frischgebackenen AEG-Aktionäre, als sie erfuhren, wieviel ihre Papiere gekostet hatten. Nämlich statt der erwarteten 38 bis 39 DM waren es 60 DM und mehr geworden.

Die Börsenprofis – soweit sie überhaupt noch AEG-Aktien besaßen – nutzten die Gelegenheit, ihre ungeliebten Papiere abzustoßen. Dennoch blieb das Angebot ungenügend. Der Grund: Die Banken, die Großaktionäre bei AEG sind, haben sich verpflichtet, ihre Aktien vorerst nicht zu verkaufen.

Prozentual hohe Gewinne ließen sich in den letzten Tagen auch mit Aktien der Stahlgesellschaften erzielen. So zog der Klöckner-Kurs innerhalb weniger Tage um rund 10 DM an. Das entspricht einer Wertsteigerung um rund 30 v.H. Bei den Hoesch-Aktien war ähnlich viel zu verdienen. Die Käufe wurden in beiden Papieren in der Erwartung vorgenommen, daß die Bundesregierung sich letztlich bereit finden wird, die von den „Stahlmoderatoren" vorgeschlagene Neuordnung der deutschen Stahlindustrie mit Milliarden-Beträgen zu unterstützen.

Wesentlich zur Klöckner-Hausse beigetragen hat, daß der Klöckner-Vorstand nach einer Weile des Zögerns energisch allen Gerüchten über eine bevorstehende Insolvenz entgegengetreten ist. Die beträchtlichen Umsätze in Hoesch- und Klöckner-Aktien lassen erkennen, daß hier inzwischen Kursgewinne realisiert werden. Ein Teil des Börsenberufshandels, der mit seinen Aktivitäten Käufer angelockt hat, ist dabei, sich neue Spekulationsfelder zu suchen, auf denen sich „eine schnelle Mark" verdienen läßt.

1. Welcher Markt wird beschrieben?
2. Kennzeichnen Sie den Markt mit Ihnen bekannten Begriffen aus der Markt- und Preislehre!
3. Wie bezeichnet man den Preis auf diesem Markt?
4. Welche Faktoren der Preisbildung werden in der Beschreibung sichtbar?
5. Welche Marktform vermuten Sie?

6.5 Märkte/Marktformen

Ausländische Autohersteller fahren jetzt im Rückwärtsgang
Ihr Marktanteil rutschte 1982 von 27,4 auf 25 Prozent

FLENSBURG (rtr)

Mehr als die Hälfte der Zulassungsrückgänge bei neuen Personenwagen in der Bundesrepublik ging in den ersten elf Monaten dieses Jahres auf Kosten ausländischer Hersteller.

Während die gesamte Zulassungszahl nach Angaben des Kraftfahrt-Bundesamtes im Vergleich zum Vorjahr um knapp 170 000 auf 2,014 Mio. zurückging, sanken die Neuzulassungen bei Ausländern um fast 95 000 auf 503 000. Ihr Marktanteil verringerte sich gleichzeitig von 27,4 auf 25 v.H.

Dennoch weiteten die Japaner im Jahresverlauf ihren Marktanteil von 8 v.H. im Frühjahr wieder auf 9,8 v.H. im November aus, wenn sie auch ihren Vorjahresanteil von 10,1 v.H. nicht wieder erreichten.

In den Herbstmonaten steigerten sie ihre monatlichen Verkäufe in der Bundesrepublik vorübergehend von 16 000 im August auf 19 500 im Oktober und sanken erst im Flautemonat November wieder auf 15 000 ab. Von Januar bis November hatten sie 197 580 (Vorjahr 221 689) Personenwagen in der Bundesrepublik verkauft.

Unter den deutschen Herstellern gab es von Januar bis November gegenüber dem gleichen Zeitraum im Vorjahr nur eine unwesentliche Verschiebung: Als einziger Personenwagenproduzent weitete Opel seinen Anteil auf dem schrumpfenden Markt deutlich von 15,7 auf 18,1 v.H. aus und verkaufte 365 404 neue Wagen gegenüber 344 109.

Der Marktführer VW hatte Verringerungen seines Marktanteils um 0,1 auf 23,7 v.H. und seiner Verkaufszahl um knapp 43 000 auf 477 566 hinzunehmen.

Für Januar bis November 1982 ergaben sich bei den Neuzulassungen für Personenwagen folgende Marktanteile (Vorjahr in Klammern):

Volkswagen	23,7 (23,8)
Opel	18,1 (15,7)
Daimler-Benz	10,9 (10,5)
Ford	10,2 (10,0)
BMW	5,9 (5,7)
Audi/NSU	5,7 (6,6)
Japan	9,8 (10,1)
Frankreich	8,0 (8,5)
Italien	4,9 (4,8)

WAZ 28.12.82

Legen Sie zur Beantwortung folgender Fragen den abgedruckten Zeitungsartikel zugrunde:

1. Bezeichnen Sie die Art des Marktes!
2. Welche Marktform liegt vor?
3. Welche Ursachen könnte der Rückgang des Absatzes ausländischer Autohersteller haben?
4. Die Preise von (vergleichbaren) Mittelklasse-Autos bei VW, Opel und Ford liegen (bezogen auf den Gesamtpreis) nur geringfügig auseinander. Wie vollzieht sich der Wettbewerb auf diesem Teilmarkt?

5. Der stärkste Wettbewerber auf einem Markt in der gegebenen Marktform (der „Marktführer") übernimmt häufig auch die „Preisführerschaft". Versuchen Sie, den Begriff zu erläutern.

6.6 Marktformen/Monopol

Der folgende Textauszug wurde dem ZEIT-Magazin vom 31. Dezember 1982 (S. 20f.) entnommen.

Feuer frei
Nach über einem halben Jahrhundert ist das deutsche Streichholz frei.
Ein Staatsmonopol hat ausgespielt, der Markt ist offen für zündende Ideen zur Ablösung der Einheitsschachtel.

Das Streichholz ist eine geniale Erfindung ...
Ein so universales Ding mochten die Deutschen nicht einfach Zündholz nennen. ... So bekamen wir, wenn schon kein Weltreich, doch wenigstens „Welthölzer".
Damit soll es nun ein Ende haben: mit Markennamen samt staatlichem Zündwarenmonopol. Begonnen hatte es 1929, in der Weltwirtschaftskrise. Damals bot der schwedische Streichholz-König Ivar Kreuger dem Deutschen Reich einen Kredit von 125 Millionen Dollar an. Als Gegenleistung verpflichtete sich die Regierung, ein Ein- und Ausfuhrmonopol für Zündhölzer zu errichten, ihre Ausstattung zu standardisieren, und Kreuger bis zur Tilgung des Kredits mit 25 Prozent am Monopolgewinn zu beteiligen... Man muß sich das vorstellen: Es zahlte Weimar, es zahlt Bonn. Am 15. Januar nun wird der Bund die letzte Rate in Höhe von 275 724,44 Dollar an den Kreuger-Konzern zurückzahlen. Damit endet das Staatsmonopol, der Markt ist offen, die „Welthölzer" bekommen Konkurrenz.
Um den befürchteten Billigprodukten aus dem Ostblock und aus Asien zu begegnen, haben sich die „Deutschen Zündholzfabriken", weiterhin eine Tochter von „Swedish Match", etwas einfallen lassen. Als erstes einen neuen Markennamen: Die „Welthölzer"
sollen künftig nur noch „Zündis" heißen. Diese halb infantile, halb schwyzerische Bezeichnung werden Spontis und Multis schon mögen.
Zum modischen Image gehört natürlich auch eine attraktivere Verpackung als die alte blau-weiße Einheitsschachtel. Was lag näher, als Nachwuchsdesigner um zündende Ideen für ein neues Feuer-Marketing zu bitten? Schüler des Kölner Professors Hans Buschfeld schickten dem ZEITmagazin über 100 Entwürfe. „Anmacher" oder „Smokings" heißen die „Zündis" da, und sie präsentieren sich in Cola- und Sardinendose, in Filmspule, Wellpapprolle oder Klarsichtpackung. Da werden Streichholz-Schachteln spielerisch mit Dominostein-Mustern etikettiert oder makaber mit dem brennenden Paulinchen.
Sammler werden solche Feuer-Werke mögen. Aber die deutschen Zündholzmuffel, die mit dem weltweit niedrigsten Pro-Kopf-Verbrauch (eineinhalb Streichhölzer pro Tag)? Werden die neuen „Zündis" den Trend zum Plastik-Wegwerf-Feuerzeug stoppen? Oder werden die Grünen auf hölzerne Grundwerte pochen? Schließlich müssen rund 6 000 kerngesunde Pappeln jährlich dran glauben, nur damit wir 33 Milliarden Streichhölzer zünden können.

Peter Sager

1. Bezeichnen Sie die Art des Marktes!
2. Erläutern Sie den Begriff Staatsmonopol!
3. Um welche Art von Monopol handelt es sich?
4. Welche Marktform wird nach Aufhebung des Monopols möglicherweise entstehen?
5. Wie reagiert der alte Hersteller auf die veränderte Marktsituation?
6. Welche Faktoren werden im gegebenen Fall auf die Preisbildung einwirken?

6.7 Kreditmärkte

6.7.1

In den Monatsberichten der Deutschen Bundesbank findet sich folgender Text: „Das Kreditangebot war weiterhin reichlich, die Zinsen für Bankkredite gingen geringfügig zurück; in wichtigen Bereichen – z.B. bei den Hypothekenkrediten – waren sie Anfang 19.. niedriger als in allen Jahren seit Anfang des Jahrzehnts. Unternehmen und private Haushalte waren überdies weiterhin recht liquide... Die monetäre Expansion ist damit auf ein längerfristig vertretbares Maß zurückgeführt worden. Weiterhin basierte sie auf der kräftigen Ausweitung der Bankkredite, insbesondere an... Unternehmen und Privatpersonen".

a) Welche beiden Kreditarten (hinsichtlich ihrer Zielsetzung) werden in dem zitierten Text angesprochen?

b) Erörtern Sie die volkswirtschaftliche Bedeutung der von Ihnen unter a) vorgenommenen Unterscheidung der Kredite!

6.7.2

In einem Monatsbericht stellt die Deutsche Bundesbank fest, daß Unternehmen und Privatpersonen im Januar 19.. ihre kurzfristigen Verbindlichkeiten um 9,6 Mrd. DM zurückgenommen haben, daß hingegen die längerfristigen Bankkredite um 2,3 Mrd. DM gestiegen sind.

a) Nach welchem Gesichtspunkt werden hier die Kredite unterschieden?
b) Welche Rückschlüsse lassen sich aus obigen Angaben ziehen?

6.7.3

Die Struktur des Kreditmarkts zeigt, daß es in Wirklichkeit keinen vollkommenen Kreditmarkt gibt.

a) Welche Bedingungen (Prämissen) müßten für einen vollkommenen Kreditmarkt vorliegen?

b) Die organisierten Kapitalmärkte (die Wertpapierbörsen) sind Teilmärkte des „Kreditmarktes". Inwiefern nähern sich die Börsen weitgehend dem Modell des vollkommenen Marktes?

c) Da der Kreditmarkt kein vollkommener Markt ist, gibt es auch keinen Gleichgewichtszinssatz, wohl aber ein bestimmtes Zinsniveau, das sich ebenfalls nach den „Gesetzen" der Preisbildung einpendelt. Warum?

6.7.4

Skizzieren Sie eine normale Kreditangebotskurve und eine normale Kreditnachfragekurve!

a) Stellen Sie den Gleichgewichtszinssatz fest!
b) Begründen Sie, warum ein Gleichgewichtszinssatz zustande kommen muß! Gehen Sie hierzu a) von einem niedrigeren, b) von einem höheren Zinssatz als dem Gleichgewichtszinssatz aus!

6.7.5

Stellen Sie mit Hilfe einer Graphik dar, wie sich der Gleichgewichtszinssatz verändern muß, wenn das Kreditangebot bei gleichbleibender Kreditnachfrage
a) zunimmt, b) abnimmt!

6.7.6

Nennen Sie mindestens je zwei Einflußfaktoren, die zu
a) einer Zunahme bzw.
b) Abnahme des Kreditangebots führen!

6.7.7

Stellen Sie mit Hilfe einer Graphik dar, wie sich der Gleichgewichtszinssatz verändern muß, wenn die Kreditnachfrage bei gleichbleibendem Kreditangebot
a) zunimmt, b) abnimmt!

6.7.8

Nennen Sie mindestens je zwei Einflußfaktoren, die zu
a) einer Zunahme bzw.
b) Abnahme der Kreditnachfrage führen!

6.7.9

Formulieren Sie die „Preisgesetze" für den Zins!

6.8 Der Zins als Preis

1. Die großen Philosophen des Altertums und des Mittelalters waren sich mit den großen Religionen einig: „Geld wirft keine Jungen". Zinsnehmen ist unmoralisch. Es war dem Juden ebenso verboten wie dem Christen und Mohammedaner. Als Jesus die Wucherer aus dem Tempel vertrieb, setzte er damit kein neues religiöses Gebot ein; er versuchte nur, ein altes jüdisches Gebot durchzusetzen. Damit hatte er jedoch so wenig Erfolg wie vor ihm Moses und nach ihm Mohammed. Als Thomas von Aquin im Mittelalter das „kanonische Zinsverbot" begründete, war das Zinsnehmen in der jüdischen, christlichen und islamischen Welt gang und gäbe. Das Zinsverbot bewirkte nur, daß Zinsen nicht „Zinsen" genannt wurden.

2. Der Getreidehändler gab dem Bauern ein Darlehen zum Kauf von Saatgetreide und erhielt dafür im nächsten Jahr einen Teil der Ernte. Wenn ein Wald mit Darlehen gekauft wurde, dann blieb er formell bis zur Rückzahlung Eigentum des Darlehensgebers. Und der mußte dann bei Rückzahlung für den zwischenzeitlichen Holzzuwachs entschädigt werden. Der Kaufmann, der ein Schiff ausrüstete, erhielt nicht nur seinen Einsatz zurück, sondern außerdem einen Anteil am Gewinn der Reise. Die Wirtschaftsphilosophie des Mittelalters war bis weit in die Neuzeit hinein damit beschäftigt, gerechtfertigte Zinsen (z. B. Gewinnbeteiligungen) von ungerechtfertigten zu unterscheiden. Im Persien Chomeinis mit der Rückkehr zur orthodoxen Auslegung des Korans erleben wir heute dasselbe.

3. Im Sozialismus kehrt dieselbe Erfahrung wieder. Karl Marx hatte Zins und Gewinn (der auch eine Art Zins ist), hatte das „Mehrwert hekkende" Kapital verurteilt. Lenin schaffte nach der Revolution Geld, Zins und Gewinn ab. Das Geld existierte trotzdem weiter. Der Zins wurde in der Wirtschaftsreform von 1924 wieder entdeckt, der Gewinn wurde in den 50er Jahren als „sozialistisches Lenkungsinstrument" erkannt.

4. In den entwickelten sozialistischen Staaten werden heute Zinsen nicht nur formal verrechnet (sog. Schattenzinsen), sondern auch wirklich gezahlt – sei es, daß den Unternehmen für Bankkredite Zinsen berechnet werden, sei es, daß Zinsen auf Spareinlagen gezahlt werden. Wie im Mittelalter die christlichen Philosophen, so müssen sich heute die Theoretiker des Sozialismus Mühe geben, den Zins zu rechtfertigen.

Zeichnungen: Sepp Buchegger

Aufgabe der Zinsen

5. Mit dem Aufkommen der Volkswirtschaftslehre im 19. Jahrhundert entstanden Zinstheorien, die zunächst lediglich Rechtfertigungslehren für die bestehenden Vermögens- und Einkommensverhältnisse waren. Da gab es die „Warte-Theorie" und die „Abstinenz"-Theorie, N.W. Senior (1790–1864) betrachtete den Zins als Lohn für die Tugend, nicht das gesamte Einkommen gleich zu verbrauchen, also Abstinenz zu üben. Ferdinand Lassalle hat diesen Versuch, jede Art von arbeitslosem Einkommen sozialethisch so zu rechtfertigen, sarkastisch kommentiert: Wenn Zins der Lohn für Tugend sei, dann müsse der Baron Rothschild der tugendhafteste Mann Europas sein. Die Warte-Theorie hebt statt der Abstinenz die Geduld des Wartens als besondere Tugend hervor.

6. Die Grundlage der modernen Zinstheorie hat dann der Österreicher E. von Böhm-Bawerk (1851–1914) gelegt. Sein Beispiel ist der Angelfischer. Der schafft sich einen Nahrungsmittelvorrat, damit er eine Zeitlang nicht zu angeln braucht („Sparen"). Er benutzt die gewonnene Zeit, um ein Netz zu knüpfen, mit dem er viel mehr Fische fangen kann. Jetzt hat er mehr Fische, als er für die eigene Ernährung benötigt; er kann den Überschuß verkaufen, den Erlös wieder anlegen („Investieren") oder sein Angelwerkzeug gegen Gebühr („Zins") verleihen.

Was beim Fischer im eigenen Haushalt geschieht, gilt auch für die Volkswirtschaft als Ganzes. Der Wohlstand eines Volkes hängt – abgesehen vom technischen Wissen und von den natürlichen Gegebenheiten (z.B. Klima, Bodenschätze) – davon ab, über wieviel Kapital die Wirtschaft verfügt und in welcher Weise das Kapital verwandt wird. Der einzelne Arbeiter kann mehr erzeugen, wenn er mit mehr und besseren Menschen („Realkapital") ausgestattet ist. Die Vermehrung und Verbesserung des Kapitals kommt also nicht nur dem Kapitalisten zugute. Sie erhöht die Arbeitsproduktivität und mit ihr den Lohn. Gesamtwirtschaftlich durchgerechnet kommen $4/5$ der Arbeit und $1/5$ dem Kapital zugute.

7. Der Zins hat dabei zwei Lenkungsaufgaben: 1. Der Zins gibt einen Anreiz, auf heutigen Konsum zu verzichten und stattdessen einen Teil des Einkommens zu sparen. Dadurch wird die Kapitalknappheit gemindert und so das Volkseinkommen erhöht. 2. Der Zins lenkt das Kapital in die vorteilhafteste Verwendungsmöglichkeiten. Zu jedem Zeitpunkt gibt es ein begrenztes Kapitalangebot, aber viel mehr Investitionsmöglichkeiten. Der Marktzins soll dafür sorgen, daß die jeweils produktivsten (= rentabelsten) Investitionen realisiert werden, die unproduktiven dagegen unterbleiben. . . .

(Quelle: Auszug Zeitungskolleg: Geld u. Gold, 7. Folge, Prof. Dr. Wolfram Engels: „Auf großem Zinsfuß leben")

Aufgaben:

1. Werten Sie die Abschnitte 1–4 aus!
   a) Suchen Sie für die jeweils genannten Zeiträume die herrschende Meinung über den Zins heraus!
   b) Begründen Sie, weshalb sich in der „Wirtschaftspraxis" trotz aller Ablehnung die Zinszahlung durchsetzte!

2. Lesen Sie die Abschnitte 5–7!
   a) Wie wird in der neueren Theorie der Zins gerechtfertigt?
   b) Welche „Lenkungsaufgaben" hat der Zins?

6.9 Mindestpreis

Auf dem Markt für Milchprodukte kommen durch entsprechendes Verhalten der Anbieter und der Nachfrager untenstehende Angebots- und Nachfragekurven zustande. Da die Regierung die einheimische Landwirtschaft unterstützen will, schreibt sie einen Mindestpreis vor, der sich um 3 GE vom Gleichgewichtspreis unterscheidet.

a) Tragen Sie den Mindestpreis in die Zeichnung ein!
b) Berechnen Sie den Angebotsüberschuß in Mengeneinheiten!
c) Die Regierung kauft den Angebotsüberschuß auf, um ihn bedürftigen Ländern zu einem geringen Preis zur Verfügung zu stellen.
   c1) Wieviel GE muß die Regierung zum Ankauf des Überschusses aufwenden?
   c2) Wie hoch ist das finanzielle Opfer des Staates, wenn die bedürftigen Länder nur 20 % des Gleichgewichtspreises zu zahlen haben?
d) Wie hoch ist in diesem Fall der Mehrerlös der Landwirtschaft in GE durch das Vorgehen der Regierung?

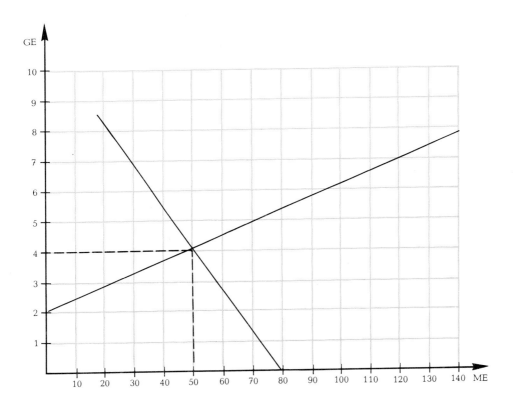

6.10 Staatliche Beeinflussung der Preisbildung

Stellen Sie fest, ob es sich bei den folgenden Aussagen a) um marktkonforme Eingriffe (k) oder b) um marktinkonforme (ik) Eingriffe des Staates in die Preisbildung handelt.

Kommen Sie zu dem Ergebnis b), stellen Sie außerdem fest, um welche Art Preis (M = Mindestpreis; H = Höchstpreis) es sich dabei handelt.

	k/ik	M/H

a) Dieser Preis ist nur möglich, weil der Staat Exportprämien zahlt.

b) Dieser Preis kann nur durch die Ausgabe von Bezugsscheinen gehalten werden.

c) Dieser Preis soll die Verbraucher vor Preisüberhöhungen schützen.

d) Dieser Preis kann nur gehalten werden, weil sich der Staat mit der Vergabe von Aufträgen zurückhält.

e) Dieser Preis führt oft zum „grauen" Markt.

f) Dieser Preis führt oft zum „schwarzen" Markt.

g) Dieser Preis ist die Folge von indirekten Subventionen.

h) Dieser Preis führt zu einem Nachfrageüberhang.

i) Diesen Preis stellt sich der Staat vor, weil er hofft, daß Steuervorteile für Produzenten an die Nachfrager weitergegeben werden.

j) Dieser Preis liegt i.d.R. über dem Gleichgewichtspreis.

k) Dieser Preis steht im Zusammenhang mit Produktionsbeschränkungen, die der Staat den Produzenten auferlegt.

l) Dieser Preis kann nur gehalten werden, weil der Staat einen Abnahmezwang eingeführt hat.

m) Dieser Preis wird oft als untaugliches Mittel zur Bekämpfung der Inflation eingesetzt.

n) Dieser Preis läßt eine Angebotslücke entstehen.

6.11 Konzentrationsformen

Stellen Sie fest, welche Konzentrationsform bei den folgenden Aussagen besteht. Sollte es sich dabei um ein Kartell handeln, so benennen Sie es und stellen Sie fest, ob es verboten, genehmigungspflichtig oder anmeldepflichtig ist.

1. Die Tiefbauunternehmer einer bestimmten Region beschließen, daß sie bei öffentlichen Ausschreibungen ihre Angebote so abfassen wollen, daß jeder von ihnen einmal die Möglichkeit hat, den Zuschlag zu erhalten.

2. Drei Unternehmen schließen sich zu einem neuen Unternehmen zusammen und geben dadurch jegliche Selbständigkeit auf.

3. Eine Kaufhaus-Kette erwirbt die Kapitalmehrheit an einer Maschinenfabrik, einer Bank und an einem Buchverlag.

4. Mehrere Unternehmen verschiedener Produktionsstufen schließen sich kapitalmäßig zusammen, behalten jedoch ihre rechtliche Selbständigkeit.

5. Die Manager von Unternehmen gleicher Produktionsstufe treffen sich, um die Absatzgebiete der einzelnen Unternehmen festzulegen.

6. Die Produzenten einer Branche beschließen die Vereinheitlichung ihrer Rabattgewährung an den Großhandel.
7. Die Stahlhandelsgesellschaften stellen einen Katalog von Erzeugnissen auf, die nicht mehr importiert werden sollen, da die auf schwachen Füßen stehende inländische Stahlindustrie diese Erzeugnisse produziert.
8. Als Folge einer Rezession hat die Nachfrage nach bestimmten Produkten nachgelassen. Die Produzenten dieser Branche beschließen für die einzelnen Unternehmen bestimmte Produktionsquoten, um sich dem verminderten Bedarf anzupassen.
9. Die Unternehmen einer Branche vereinbaren Mindest-Absatzpreise.
10. Die Nachfrage nach einem bestimmten Gut ist gestiegen. Die Produzenten legen den Umfang der Produktionserhöhung für jedes einzelne Unternehmen fest.

Kreuzen Sie zutreffendes an!

Nr.	Kein Kartell	Kartell	verboten	anmelde-pflichtig	genehmigungs-pflichtig
1					
2					
3					
4					
5					
6					
7					
8					
9					
10					

6.12 Unternehmenskonzentration

Nebenstehende Abbildung zeigt die Konzentration mehrerer Unternehmen.

a) Welche Konzentrationsform liegt vor? Warum?
b) In welchen Fällen handelt es sich um ein „Mutter-Tochter-Verhältnis"?
c) In welchen Fällen handelt es sich um Schwestergesellschaften?
d) Welche Unternehmen bilden einen
   da) organischen,
   db) anorganischen,
   dc) horizontalen und
   dd) vertikalen Zusammenschluß?

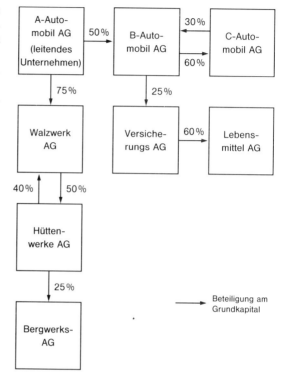

Kapitel 7: Das Geld

7.1 Entstehung, Formen und Funktionen des Geldes

Bearbeiten Sie den folgenden Text von Michael Jungblut aus dem ZEIT-Magazin Nr. 43/Oktober 1982:

Über den goldenen Mittelweg

Die Rede ist hier vom Geld. Erfunden wurde es etwa dreitausend Jahre vor Christi Geburt von den Sumerern. Dieses große Kulturvolk, das auch ein Schrift- und Rechensystem erfand, ist längst untergegangen. Von seinen großartigen Tempelanlagen, seinen künstlerischen und wissenschaftlichen Leistungen sind nur noch Fragmente erhalten. Seine größte Erfindung aber spielt noch heute im Leben der Völker eine wichtige Rolle. Und innerhalb von fünf Jahrtausenden wurde auch nicht allzuviel Neues hinzu erfunden – auch wenn das Geldwesen beträchtlich verfeinert wurde.

Die Sumerer haben zunächst entdeckt, um wieviel einfacher Geschäfte zu machen sind, wenn nicht mehr Ware gegen Ware getauscht wird, der Besitzer eines Ochsen also nicht erst nach jemandem Ausschau halten muß, der ein solches Tier haben will – und außerdem noch genau die Ware (zum Beispiel Weizen) zum Tausch anbietet, die der Besitzer des Ochsen sucht. Was ist, wenn der schließlich gefundene Handelspartner zwar Weizen hat, aber nur halb soviel, wie der Ochse wert ist? Einen halben Ochsen kann sein Besitzer schlecht verkaufen.

Die Sumerer lösten alle diese Probleme, indem sie ein allgemeines Tauschmittel erfanden, das von jedermann gern akzeptiert wird, nicht verdirbt und außerdem noch in kleine Einheiten teilbar ist. Sie fanden heraus, daß sich Gold, Silber und Kupfer besonders gut dazu eignen.

Sie erkannten auch schon bald, daß Geld mehr sein kann als nur ein universelles Tauschmittel. Ochsen, Hühner, Tomaten und andere austauschbare Ware verdirbt bald, muß genutzt oder konsumiert werden. Geld kann man sparen für einen späteren Zeitpunkt. Man kann es so lange ansammeln, bis man damit einen größeren Kauf bezahlen kann. Und während beispielsweise Hühner in der kurzen Zeit, um die man ihren Verkauf hinausschieben kann, auch noch Futter brauchen, kostet die Aufbewahrung von Geld nichts – im Gegenteil: Richtig angelegt kann es in der Zwischenzeit noch ganz schön was einbringen.

Den Sumerern ist auch dies schon sehr früh klargeworden. Sie entdeckten, daß es unwirtschaftlich ist, Geld nur einfach so lange zu vergraben, bis man es braucht. Da es immer Leute gibt, die jetzt gerade Geld brauchen, kann man es ihnen für eine gewisse Zeit borgen – und sich für den Verzicht auf sofortigen Konsum angemessen entschädigen lassen. So haben die an Euphrat und Tigris beheimateten Sumerer auch den Kredit und die Zinsen entdeckt.

Gleichzeitig mußten sie allerdings auch entdecken, daß die Suche nach der richtigen Geldanlage auch ganz schöne Kopfschmerzen bereiten kann – und das gilt bis heute. Denn eine der Grundregeln der Geldanlage hat sich in den letzten fünftausend Jahren nicht verändert: Wer kein Risiko eingehen will, kann mit seinem Geld

1. Wer gilt als „Erfinder" des Geldes?
2. Wann wurde das Geld erfunden?
3. Welche Nachteile des direkten Tausches werden genannt?
4. Nennen Sie Gründe, die Gold, Silber und Kupfer als „universelles Tauschmittel" besonders geeignet erscheinen lassen!
5. Welche Geldformen können vorliegen?
6. Welche Geldfunktionen werden angeführt?
7. Welche Erklärung für den Zins wird gegeben?
8. Schreiben Sie aus dem folgenden Text schlagwortartig die Grundprobleme der Geldanlage heraus!

nicht viel Geld verdienen. Wer es vergräbt, dem kann es zwar kaum genommen werden, aber der Zinsertrag ist Null. Im übrigen bietet auch das tiefste Loch in der Erde, die geheimste Höhle oder der dickste Tresor keinen Schutz gegen ein Nagetier, das seit der Erfindung des Geldes immer wieder seinen Wert angefressen hat: die Inflation. Je länger Geld unberührt liegenbleibt, desto größer ist die Gefahr, daß es in der Zwischenzeit einen Teil seiner Kaufkraft einbüßt. Das ist dann besonders bitter, wenn jemand ein langes, hartes Arbeitsleben lang Geld zurücklegt, um im Alter sorgenlos leben zu können, und dann später feststellen muß, daß seine Ersparnisse nur noch die halbe Kaufkraft von einst besitzen.

Ebenso wie die Angst vor Verlusten ist aber auch die Versuchung, die Ersparnisse durch risikoreiche Anlage und gewagte Spekulation rasch zu vermehren, so alt wie das Geld selbst. Fünftausend Jahre Erfahrung mit Leuten, die erst goldene Berge versprechen und dann mit dem Geld der Sparer über alle Berge verschwinden, haben nichts daran ändern können, daß die Geld-Gurus immer wieder Scharen gläubiger Jünger um sich versammeln können. Mal riskieren sie ihr Geld, um Karawanen zu finanzieren, die in monate- und jahrelangen Reisen die Reichtümer ferner Länder herbeischaffen sollen, mal setzen sie ihre Ersparnisse beim spekulativen Kauf von Tulpen und Schweinehälften aufs Spiel, mal gehen sie dubiosen Anlageexperten auf den Leim, die mit hohen Steuerersparnissen locken. Wer weder sein Geld vergraben, noch bei heißen Spekulationen verbrennen will, für den empfiehlt es sich, die alte Weisheit zu beherzigen, daß der goldene Mittelweg immer noch der beste ist: Nie alles auf eine Karte setzen, leichte Risiken mit soliden Anlagen mischen, den Rat der Experten hören, ohne ihnen blind zu vertrauen. Mag unser Geld- und Währungssystem auch immer komplizierter werden – an dieser Maxime wird sich auch in den nächsten fünftausend Jahren nichts ändern.

7.2 Funktionen des Geldes

Kennzeichnen Sie, ob die in der Tabelle aufgeführten „Gegenstände" die Geldfunktionen eher (+) angemessen, (++) gut oder (−) schlecht erfüllen!

Geldfunktionen

	Tausch-mittel	Geb. Zahlungs-mittel	Wertaufbewah-rungsmittel	Rechen-einheit	Wertübertra-gungsmittel
Vieh					
Edelmetalle					
Metallbarren					
Münzen				*	
Banknoten				*	
Giroguthaben				*	

* stabiler Geldwert unterstellt

Kapitel 8: Die Ordnung des Geldwesens

8.1 Währungssysteme

Die Geldformen entwickelten sich im Laufe der Zeit vom reinen **stoffgebundenen Geld** wie .... und .... zum bequemen ...., das jedoch zunächst durch .... gedeckt war.

Edelmetalle wurden jedoch als Münzgrundlage allmählich ...., so daß eine ausreichende .... des steigenden Geldbedarfs nicht mehr gewährleistet war. Daher wurde das **Geldsystem**, bei dem Kurantmünzen aus Edelmetallen zirkulierten – Papiergeld war jederzeit .... – d.h. die ....-währung, abgelöst durch eine Währung, bei der ....münzen und .... zirkulierten, die nur noch zu einem Teil durch .... gedeckt waren, d.h. die ....währung. Unter **gebundener Währung** versteht man daher die vollständige oder teilweise Bindung der zirkulierenden Geldmenge an .... Die Vermehrung der Geldmenge ist also ....

Die **freie Währung** kennt keine ....bindung. Hier besteht die Gefahr, daß die Menge des Geldumlaufs durch Druck von .... und durch .... -schöpfung zu stark ausgeweitet, d.h. manipuliert wird. Man spricht daher von einer ....währung, deren Wertbeständigkeit allein auf einer vernünftigen ....politik und dem .... der Bevölkerung in die .... des Geldes beruht.

Verantwortlich dafür ist vor allem die autonome **Notenbank** des betreffenden Staates, die ....

Quelle: Thiel/Hartmann: Arbeitsblätter für den volkswirtschaftlichen Unterricht.

Kapitel 9: Der Wert des Geldes

9.1 Geldmengen – Begriffe

Kreuzen Sie an!

	M_1	M_2	M_3	Zentralbankgeldmenge
1. Bargeldumlauf				
2. Sichteinlagen inländischer Nichtbanken				
3. Mindestreservesoll auf Inlandsverbindlichkeiten (konstante Reservesätze)				
4. Quasigeld				
5. Spareinlagen inländischer Nichtbanken mit gesetzlicher Kündigungsfrist				

9.2 Umlaufgeschwindigkeit des Geldes

Die nachfragewirksame Geldmenge besteht aus Bargeld und Buchgeld. Die giralen Verfügungen (Belastungen auf Konten von Nichtbanken aus Überweisungen, Lastschriften und Scheckverrechnungen; vgl. Monatsberichte der Deutschen Bundesbank) beliefen sich auf:

Mio. DM Juni 19..: 1 173 996;   Juli 19..: 1 216 119;   August 19..: 1 181 417

Die Sichteinlagen aller Bankengruppen von Nichtbanken betrugen:

Mio. DM Juni 19..: 192 118;   Juli 19..: 190 939;   August 19..: 186 942

Stellen Sie fest, wie sich die Umlaufgeschwindigkeit des Buchgeldes (U') von Juni bis August von Monat zu Monat verändert hat!

Wie verändert sich die Kaufkraft, wenn alle übrigen Einflußgrößen unverändert bleiben?

9.3 Geldmenge M_1 / M_2 / M_3

Die folgenden Zahlen wurden dem Monatsbericht 11/84 der Deutschen Bundesbank entnommen. Sie sollen als Grundlage für die Berechnung der Geldmengen M_1, M_2 und M_3 dienen (Zahlen in Mrd. DM)!

Bargeldumlauf
(ohne Kassenbestände
der Kreditinstitute)   97,366

Sichteinlagen
inländischer Nichtbanken   184,089

Termingelder
inländischer Nichtbanken
  bis unter 4 Jahren   228,332
  von 4 Jahren und darüber   282,293

Spareinlagen mit
gesetzlicher Kündigungsfrist   355,468
vereinbarter Kündigungsfrist   182,583

Sparbriefe   148,431

9.4 Geldwert

9.4.1
Berechnen Sie die fehlenden Größen!

Veränderungsrate des Preisniveaus (Preissteigerungs- bzw. -senkungsrate)	+ 4%		+ 7%	− 1%	
Kaufkraftzu- bzw. -abnahme		− 5%			+ 2%

9.4.2
Nach einer Meldung der Neuen Züricher Zeitung vom 12.01.1979 nahm in der Schweiz die Umlaufgeschwindigkeit des Geldes im Jahre 1978 stark ab. Zahlreiche Eigentümer von Frankenguthaben legten diese auf die „hohe Kante" und entzogen sie dadurch dem Geldkreislauf.

a) Wirkt sich die Zunahme der Ersparnis als Verringerung der Geldumlaufgeschwindigkeit aus? Wenn ja, warum? Wenn nein, warum nicht?

b) Wie hätte sich 1978 die Verringerung der Geldumlaufgeschwindigkeit auf die Entwicklung des Preisniveaus in der Schweiz auswirken müssen? Begründen Sie Ihre Antwort!

9.4.3
Berechnen Sie in nachstehender Tabelle die fehlenden Werte!

Jahr	Handelsvolumen (in Preisen des Jahres 1)	nachfragewirksame Geldmenge (G · U)	Veränderungsfaktor des Preisniveaus gegenüber Jahr 1	Handelsvolumen zu tatsächlichen Preisen	Preisindex	Preissteigerungsrate
1	100 000,00 DM	100 000,00 DM	--	100 000,00 DM	100	--
2	120 000,00 DM	120 000,00 DM				
3	140 000,00 DM	154 000,00 DM				
4	140 000,00 DM	168 000,00 DM				
5	130 000,00 DM	162 500,00 DM				
6	150 000,00 DM	200 000,00 DM				

9.4.4
Berechnen Sie mit Hilfe der in Aufgabe 9.4.3 angegebenen Zahlen
a) den jährlichen Kaufkraftverlust gegenüber Jahr 1 und
b) den jährlichen Kaufkraftverlust gegenüber dem jeweiligen Vorjahr!

Geben Sie die Bedingungen an, unter denen die Reallöhne steigen, gleichbleiben oder sinken!

9.5 Geldmengenänderungen

1. Die folgende Skizze soll Ihnen eine Hilfe zur Lösung der nachfolgenden Aufgabe geben.

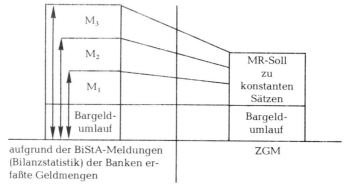

Tragen Sie in die Tabelle die Veränderungen ein! Gehen Sie von der vereinfachten Annahme aus, daß das MR-Soll für Sichteinlagen 15%, für Termineinlagen 10% und für Spareinlagen 5% beträgt.

Vorgang	Geldmengenänderung			
	M_1	M_2	M_3	ZGM
Sparbriefe mit einer Laufzeit von 5 Jahren sind fällig; der Gegenwert wird auf laufenden Konten gutgeschrieben.				
Spareinlagen mit gesetzlicher Kündigungsfrist werden umgewandelt in: a) Spareinlagen mit einjähriger Kündigungsfrist b) Festgelder mit einjähriger Laufzeit				
Die Deutsche Bundesbank verkauft Bundesschatzbriefe; der Gegenwert wird überwiesen				
Sichteinlagen werden in Spareinlagen mit gesetzlicher Kündigung umgewandelt				
Die Deutsche Bundesbank kauft Staatsanleihen an. Der Gegenwert wird auf laufende Konten überwiesen				
Sparguthaben (2jährige Kündigungsfrist) werden zum Erwerb von Sparbriefen mit 5-jähriger Laufzeit benutzt				

2. Die folgende Grafik zeigt das Wachstum der Zentralbankgeldmenge. Zielvorgabe und tatsächliche ZGM weichen voneinander ab. Erläutern Sie exemplarisch an Hand einer Maßnahme, was zur Annäherung an die Zielvorgabe unternommen werden kann!

(Vgl. auch die folgende Aufgabe!)

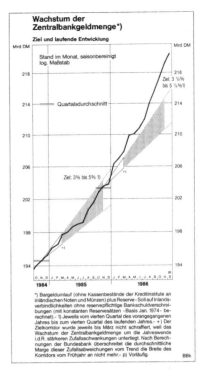

(Quelle: Monatsberichte der Deutschen Bundesbank, Jan. 1987, S. 6)

9.6 Wachstum des Geldvolumens

Interview mit Bundesbankvizepräsident Prof. Dr. Helmut Schlesinger
in der Sendereihe „Frankfurter Gespräch" des Hessischen Rundfunks, 1. Programm, am 24.1.1988, 11.30 Uhr

Von Christoph Wehnelt und Wolfgang Grün
– nach Bandaufnahme –

Frage: Die sogenannte Geldmenge soll in diesem Jahr wieder um 3 bis 6 % wachsen. Welche konjunkturellen Erwartungen Ihres Hauses stehen dahinter, und warum hat die Bundesbank jetzt das äußerst weit gefaßte Geldmengenaggregat M3 zugrunde gelegt und nicht mehr wie bisher die sogenannte Zentralbankgeldmenge?

Prof. Schlesinger: Vielleicht darf ich die zweite Frage zuerst beantworten. Es gibt eine Reihe von Geldmengendefinitionen. Wir selbst verwenden in unseren Analysen und Berichten auch verschiedene Geldmengendefinitionen: solche, die eine ganz enge Geldmenge umfassen – die nennt man M1 – und solche, die eine ganz weite Geldmenge umfassen – die nennt man M3. In M3 sind enthalten der Bargeldumlauf, außerdem die Sichteinlagen, mit denen der Zahlungsverkehr über die Banken läuft, und schließlich die Termineinlagen unter 4 Jahren und Spareinlagen mit gesetzlicher Kündigungsfrist. Das ist ein Aggregat, von dem man sich vorstellt, daß es ungefähr das wiedergibt, was man als eine relevante Geldmenge bezeichnen könnte. Wir haben bisher einen anderen Begriff bei unserer Zielsetzung, bei unserem Zwischenziel, das wir jährlich verkünden, verwendet, nämlich die Zentralbankgeldmenge. Diese Zentralbankgeldmenge unterscheidet sich längerfristig im Verlauf nicht von dem der Geldmenge M3. Über 10, 15 Jahre hinweg steigen beide nahezu auf das Komma genau um denselben Prozentsatz. Aber im kürzerfristigen Verlauf, besonders bei so extremen Ereignissen wie in den Jahren 1986 und 1987, hat sich herausgestellt, daß die Zentralbankgeldmenge dazu tendiert, die tatsächliche monetäre Expansion zu überzeichnen, und zwar kommt das daher, daß in dieser Zentralbankgeldmenge der Bargeldumlauf ein großes Gewicht hat. Der Bargeldumlauf wächst relativ stark, wenn die Zinsen besonders niedrig sind, weil es dann nicht viel kostet, sich liquide zu halten, der Zinsverlust ist gering. Eine solche Situation mit sehr niedrigen Zinsen geht in der Regel auch einher mit einer Aufwertung der D-Mark bzw. einer Aufwer-

67

tungserwartung. Unter solchen Umständen nimmt auch das Horten von DM-Banknoten im Ausland zu. Das sind die Gründe, die uns bewogen haben, auf dieses starke Gewicht des Banknotenumlaufs zu verzichten und überzugehen zu der Geldmenge M3.

Frage: Daß das Bargeld in der Zentralbankmenge stärker gewichtet ist als andere Geldarten hat man doch auch vorher gewußt, als man diese Entscheidung für die Zentralbankgeldmenge in den 70er Jahren getroffen hat. Warum hatte man sich denn damals für die Zentralbankgeldmenge entschieden, welche Vorteile hat sie?

Prof. Schlesinger: Der Nachteil der Zentralbankgeldmenge hat sich in jener Zeit nicht so deutlich abgezeichnet, weil wir so starke Zins- und Wechselkurseinflüsse, wie ich sie gerade genannt habe, damals nicht gehabt haben. Wir haben noch nie ein so niedriges kurzfristiges Zinsniveau gehabt wie gegenwärtig, und was die Entwicklung des Dollars gegenüber der D-Mark angeht, so haben wir keine Periode mit einem so schnellen und starken Kursrückgang gehabt. Das sind Gründe, die diese „Anfälligkeit" der Zentralbankgeldmenge verstärkt haben. Übrigens, auch M3 hat Nachteile. Es gilt immer abzuwägen, was man nun für das Bessere hält. In dieser Abwägung sind wir unter den jetzigen Umständen zu diesem Entschluß gekommen. Sie haben mich auch gefragt, wie das mit der konjunkturellen Entwicklung zusammenpaßt. Wir leiten diese Zwischenzielgröße für die Geldmenge von dem obersten Ziel ab, das unsere Politik bestimmt, nämlich einerseits den Geldwert stabil zu halten und andererseits auch ein kräftiges Wachstum der Wirtschaft zuzulassen. Dieses Geldmengenziel, das eine Ausweitung der Geldmenge bis zu 6 % vorsieht (nach einer kräftigen Expansion in den beiden vorangegangenen Jahren), bedeutet, daß von der monetären Seite her dem Wachstum der Wirtschaft und der konjunkturellen Aufwärtsentwicklung keine Grenzen gesetzt sind, insbesondere nicht im Hinblick auf das, was sich tatsächlich abzeichnet.

(Quelle: Deutsche Bundesbank, Auszüge aus Presseartikeln, Nr. 6, 26. Jan. 1988, S. 1.)

Aufgaben:

1. Das vorstehende Interview ist auszuwerten! Erläutern Sie stichwortartig die Begründung von Prof. Schlesinger für den Wechsel von der ZGM zum Geldmengenaggregat M3!

2. Nehmen Sie – unter Bezugnahme auf die Darlegungen im Interview – Stellung zu der Grafik „Wachstum des Geldvolumens M3 und der Zentralbankgeldmenge"!

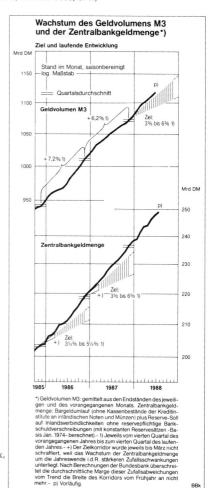

(Quelle: Monatsberichte der Deutschen Bundesbank, August 1988, S. 6)

9.7 Geldmenge M1 / ZGM

Der Kunde eines Kreditinstituts hat eine Steuerzahlung in Höhe von 12 000,00 DM zu leisten!

Die mögliche Wirkung der Steuerzahlung auf die Zentralbankgeldmenge (in der Abgrenzung der Deutschen Bundesbank) und die Geldmenge M1 sollen anhand der folgenden Tabelle zusammengestellt werden (vgl. Wisu 7/85, S. 372)!

Wirkung der Steuerzahlung auf die Zentralbankgeldmenge

	Der Steuerschuldner zahlt aus				
	Barbeständen	Sicht-einlagen	Termin-einlagen	Spar-einlagen	Kredit-aufnahme
Die Steuerzahlung erfolgt auf ein Konto bei: a) der Bundesbank					
b) der Landesbank / Sparkasse					

Wirkung der Steuerzahlung auf die Geldmenge M1

	Der Steuerschuldner zahlt aus				
	Barbeständen	Sicht-einlagen	Termin-einlagen	Spar-einlagen	Kredit-aufnahme
Die Steuerzahlung erfolgt auf ein Konto bei: a) der Bundesbank					
b) der Landesbank / Sparkasse					

9.8 Wechselkurse I

Um welches Wechselkurssystem handelt es sich bei den nachfolgenden Aussagen (1 = völlig flexible, 2 = stabile, 3 = starre Wechselkurse)?

	1	2	3
a) Die Notenbanken verpflichten sich, Devisen in jeder Menge zum Paritätskurs zu kaufen.			
b) Bei diesem Wechselkurs kommt das sog. „Floating" vor.			
c) Dieser Wechselkurs verhindert am ehesten eine importierte Inflation.			
d) Bei diesem Wechselkurssystem ist die Notenbank vertraglich verpflichtet, in bestimmten Situationen Devisen zu kaufen.			
e) Dieses Wechselkurssystem schaltet Kursschwankungen aus.			
f) Bei diesem Wechselkurssystem bestimmen Angebot und Nachfrage völlig frei die Kurshöhe.			
g) Dieses Wechselkurssystem ist typisch für das EWS.			
h) Die Staaten, die diesem Währungssystem angehören, haben beschlossen, sich gegenseitig zu helfen, daß ihre Kurse ein bestimmtes Niveau nicht unterschreiten.			
i) Dieses Wechselkurssystem erleichtert die Kalkulation bei Export und Import.			

9.9 Wechselkurse II

9.9.1

Wie wirkt sich nebenstehende Situation auf das Außenhandelsvolumen (Export und Import) aus?

Begründen Sie Ihre Antwort!

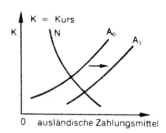

9.9.2

Welche Gründe könnten zur Verschiebung der Angebotskurve für ausländische Zahlungsmittel geführt haben?

9.9.3

Wir wirkt sich nebenstehende Situation auf das Außenhandelsvolumen (Export und Import) aus?

Begründen Sie Ihre Antwort!

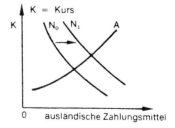

9.9.4

Welche Gründe könnten zur Verschiebung der Nachfragekurve für ausländische Zahlungsmittel geführt haben?

9.9.5

Nebenstehende Abbildung zeigt die Situation auf einem Devisenmarkt bei begrenzt flexiblen Wechselkursen.
a) Wie werden die Kurse K_0, K_1, K_2 und K_3 bezeichnet?
b) Muß die Zentralbank (Notenbank) eingreifen? Begründen Sie Ihre Antwort!

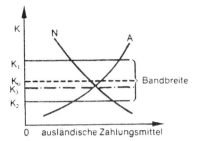

9.9.6

Nebenstehende Abbildung zeigt die Situation auf einem Devisenmarkt bei begrenzt flexiblen Wechselkursen.
a) Wie werden die Kurse K_0, K_1, K_2 und K_3 bezeichnet?
b) Muß die Zentralbank (Notenbank) eingreifen? Wenn ja, warum?
c) Welche Folgen ergeben sich langfristig für die Binnenwirtschaft? Warum?

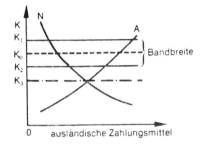

9.9.7

Nebenstehende Abbildung zeigt die Situation auf einem Devisenmarkt bei begrenzt flexiblen Wechselkursen.
a) Wie werden die Kurse K_0, K_1, K_2 und K_3 bezeichnet?
b) Muß die Zentralbank (Notenbank) eingreifen? Wenn ja, warum?
c) Welche Folgen ergeben sich langfristig für die Binnenwirtschaft? Warum?

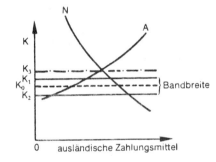

9.9.8

Im Jahre 1978 fiel der Kurs des US-$ ständig. Dennoch nahm der Export der Bundesrepublik Deutschland nach den USA nicht ab. Können Sie das erklären?

9.9.9

Kann die Zentralbank (Notenbank) auch beim System freier Wechselkurse Kurssicherungspolitik betreiben? Oder ist diese Politik auf das System fester Wechselkurse beschränkt? Begründen Sie Ihre Antwort!

9.9.10

Nennen und begründen Sie unmittelbare außenwirtschaftspolitische Maßnahmen der Regierung und der Notenbank zur Beeinflussung der Zahlungsbilanz
a) beim System freier Wechselkurse,
b) beim System begrenzt flexibler (stabiler) Wechselkurse,

wenn ein langfristiges Zahlungsbilanzdefizit vorliegt!

9.9.11

Nennen und begründen Sie unmittelbare außenwirtschaftspolitische Maßnahmen der Regierung und der Notenbank zur Beeinflussung der Zahlungsbilanz
a) beim System freier Wechselkurse,
b) beim System begrenzt flexibler (stabiler) Wechselkurse,

wenn ein langfristiger Zahlungsbilanzüberschuß besteht!

9.10 Devisenrestriktionen

Text 1

Italien hebt einige Devisenrestriktionen auf
VWD Finanz- und Wirtschaftsspiegel, Eschborn, vom 17. Februar 1987

fb/rs Rom – Die italienische Regierung hat am 13. Februar 1987 ein Dekret erlassen, mit dem eine Reihe von Devisenkontrollen aufgehoben wird. Die neuen Regelungen sollen gemäß einer Forderung der EG-Kommission nach einem freien Kapitalverkehr bis zum Monatsende in Kraft treten. Mit dem Dekret wird italienischen Staatsbürgern künftig erlaubt, auch nicht an der Börse notierte Aktien aus anderen EG-Ländern zu kaufen. Außerdem wird die Kreditfinanzierung für geschäftliche Transaktionen mit Laufzeiten von mehr als fünf Jahren liberalisiert.

Schließlich können italienische Unternehmen ohne besondere Genehmigung die Börseneinführung ihrer Aktien an anderen Plätzen innerhalb der EG beantragen und umgekehrt Gesellschaften aus anderen EG-Ländern die Einführung an der Mailänder Börse realisieren. Eine Beschränkung bleibt allerdings zunächst noch erhalten: Bei der Anlage von Geldern im Ausland müssen Italiener 15 Prozent des Transaktionswertes bei der Notenbank zinsfrei anlegen. Diese Beschränkung soll gemäß den EG-Forderungen allerdings ebenfalls im Laufe dieses Jahres aufgehoben werden.

(Quelle: DEUTSCHE BUNDESBANK / AUSZÜGE AUS PRESSEARTIKELN, Nr. 13/18. Februar 1987, S. 9)

Text 2

Österreich lockert Devisenbestimmungen
Presseerklärung der Oesterreichischen Nationalbank, Wien, vom 10. Oktober 1986

Die Oesterreichische Nationalbank hat mit Wirkung vom 1. November 1986 eine Reihe von Maßnahmen zur weiteren Lockerung der Devisenbestimmungen und zur Vereinfachung ihrer Anwendung verfügt. Mit diesen Maßnahmen wird auch einer Empfehlung der OECD gefolgt, die Österreich anläßlich der Länderprüfung 1985 eine Fortsetzung der Liberalisierungsbestrebungen im Devisenbereich nahegelegt hatte.

Die Bestimmungen über den Erwerb von Devisen und Valuten bei Auslandsreisen werden vereinfacht. Mußten österreichische Touristen bisher bei Umwechslung von Beträgen über S 26 000,00 pro Person und Reise einen eigenen Antrag bei der Oesterreichischen Nationalbank stellen, so genügt in Hinkunft eine Meldung der Bank über Name, Adresse und Reiseziel des Reisenden bei Umwechslung von über S 50 000,00 pro Person und Reise – womit der aus dem Jahre 1964 stammende Grenzbetrag valorisiert wird. Die Verwendung der so angeschafften Zahlungsmittel wird – ebenso wie die Verwendung von Euroschecks und Kreditkarten über die angegebene Wertgrenze hinaus – von der Nationalbank stichprobenweise überprüft werden. Gleichzeitig wird der Betrag, den Reisende in Schillingbanknoten ins Ausland mitnehmen dürfen, von S 15 000,00 auf S 50 000,00 erhöht.

Größere österreichische Banken werden in Hinkunft ohne besondere Bewilligung im Ausland lang- und mittelfristige Kredite aufnehmen dürfen. Notare und Rechtsanwälte brauchen nunmehr keine gesonderte Bewilligung, um ausländischen Erben ihre

Ansprüche aus österreichischen Verlassenschaften bzw. ausländischen Verkäufern von inländischen Liegenschaften ihre Verkaufserlöse zu überweisen.

Die Freigrenze, bis zu der Überweisungen ins Ausland ohne besondere Angaben von Gründen gestattet sind, wird von S 2 000,00 auf S 10 000,00 angehoben.

Österreichische Unternehmen, die Tochtergesellschaften im Ausland besitzen, werden in Hinkunft die Bilanzen dieser Töchter nur über Anforderung und nicht automatisch der Nationalbank vorlegen müssen.

Schließlich werden die Banken generell ermächtigt, eine ganze Reihe von Krediten an Außenhandelsunternehmen und Ausländer zu gewähren, die bisher in jedem einzelnen Fall von der Nationalbank genehmigt werden mußten.

(Quelle: DEUTSCHE BUNDESBANK / AUSZÜGE AUS PRESSEARTIKELN, Nr. 70/16. Oktober 1986)

Aufgaben:

1. Erläutern Sie den Begriff Devisenrestriktionen (Text 1)!
2. Schreiben Sie in Stichworten die in den Texten angeführten „Devisenbestimmungen" heraus und geben Sie an, in welchen Teilbilanzen der Zahlungsbilanz der genannten Länder sich die genannten Lockerung niederschlagen werden!
3. Welche Umstände werden ein Land generell zum Erlaß von Devisenbestimmungen veranlassen?

9.11 Wechselkurse und Zinsen

Schnäppchen bei der Bank (Auszug)

Wenigstens Orientierungshilfen bietet immerhin Claus Köhler, Direktoriumsmitglied der Deutschen Bundesbank und Kapitalmarktexperte. „Für die weitere Zinsentwicklung", sagt er, „sind drei Dinge wichtig: die Entwicklungen der Geldmenge und der Wechselkurse sowie die Konjunktur." ...

„Unser Problem", erklärt Köhler, „sind die Wechselkurse. Bis vor wenigen Tagen lief die Geschichte zwar bestens, aber nun zieht der Dollarkurs wieder kräftig an." Den entscheidenden Grund für den ansteigenden Dollarkurs, genauer: für den wieder schwächer werdenden Wechselkurs der Mark, sieht der Bundesbankier in der sich wieder vergrößernden Zinsdifferenz zwischen den USA und der Bundesrepublik. Die längerfristige Rendite am amerikanischen Kapitalmarkt liegt gegenwärtig bei 10,5 Prozent, am deutschen Kapitalmarkt werden rund 6,4 Prozent geboten.

„Eine Zinsdifferenz von rund vier Prozent", so Köhler, „scheint irgendwie eine kritische Grenze zu sein. Ist sie größer, gerät die Mark unter Druck, und dieses Spannungsfeld wird im Moment wieder etwas spürbarer." Dennoch, versicherte Köhler, werde die Bundesbank die weiteren Zinssenkungsmöglichkeiten ausnutzen: „Soweit wir können, obwohl uns der Dollarkurs nicht ganz gleichgültig sein kann." ...

(Quelle: DIE ZEIT, Nr. 39 vom 20. Sept. 1985)

Werten Sie den Text aus!

Aufgaben:

1. Welche wichtigen Faktoren bestimmen die Zinsentwicklung?
2. Das hohe Zinsniveau auf dem amerikanischen Kapitalmarkt veranlaßt inländische Anleger, festverzinsliche Wertpapiere in den USA zu kaufen. Sie beauftragen damit ihre inländische Bank.
   (Vereinfachte) Abwicklung: Belastung des inländischen Kunden durch das Kreditinstitut in DM. Kauf von US-$ auf dem inländischen Devisenmarkt. Kauf der US-Anleihe und Bezahlung in US-$.
   Erläutern Sie, wie sich der Kurs (bei gleichbleibenden sonstigen Bedingungen) entwickeln wird!

9.12 SZR / ECU

Entscheiden Sie, ob die nachstehenden Aussagen zu den Sonderziehungsrechten (SZR) und der europäischen Währungseinheit (ECU) richtig (r) oder falsch (f) sind!

		r	f
a)	SZR werden angekauft, um Zahlungsbilanzdefizite auszugleichen.		
b)	Der Wert eines ECU wird börsentäglich festgestellt.		
c)	Der Wert eines ECU ist an den Preis für 1 Unze Feingold gebunden.		
d)	Der Wert eines SZR wird nach der Währungskorbmethode berechnet.		
e)	Wenn sich der Wert eines SZR um ± 2,25 % vom Mittelkurs entfernt, müssen die Mitgliedsstaaten intervenieren.		
f)	SZR verändern die Währungsreserven der Mitgliedsländer.		
g)	SZR werden oft bei anhaltenden Importüberschüssen benötigt.		
h)	Der ECU ist ein offizielles Zahlungsmittel im Außenhandel innerhalb der EG.		
i)	In ECU werden die Leitkurse der einzelnen Währungen im EWS ausgedrückt.		
j)	Der ECU ist eine Rechengröße im EWS.		
k)	Der ECU setzt stabile Wechselkurse voraus.		
l)	SZR können beim IWF angekauft werden.		
m)	Der Währungskorb für die Berechnung eines SZR setzt sich aus den 5 Währungen: US-$, £, sfr, Yen und DM zusammen.		
n)	Jedes IWF-Mitglied muß SZR in jeder Höhe in Zahlung nehmen.		
o)	In Anspruch genommene SZR müssen in derselben Währung wieder zurückgekauft werden, in die sie umgetauscht wurden.		

9.13 Sonderziehungsrechte

Angenommen, dem Land A werden Sonderziehungsrechte (SZR) in Höhe von 1 000 Mio. GE zugeteilt. Der Banknotenumlauf betrug 30 000 Mio. GE, das Vermögen der Zentralbank des Landes A 40 000 Mio. GE.

a) Stellen Sie die vereinfachte Zentralbankbilanz des Landes A **vor** der Zuteilung der SZR auf!

b) Stellen Sie die Zentralbankbilanz des Landes A **nach** der Zuteilung der SZR dar!

c) Angenommen, die Zentralbank des Landes A kauft SZR in Höhe von 500 Mio. GE gegen Inlandswährung (bar).
   ca) Welches ist der wirtschaftliche Hintergrund des Kaufs von SZR?
   cb) Erstellen Sie die Zentralbankbilanz **nach** dem Kauf der SZR!
   cc) Welche gesamtwirtschaftlichen Folgen können sich durch den Kauf von SZR ergeben?

d) Angenommen, die Zentralbank verkauft SZR in Höhe von 800 Mio. GE gegen Inlandswährung (bar).
   da) Welches ist der wirtschaftliche Hintergrund?
   db) Erstellen Sie die Zentralbankbilanz unter Berücksichtigung der Transaktion lt. Aufgabe c)!
   dc) Wie kann sich der Verkauf von SZR auf die Gesamtwirtschaft auswirken?

9.14 EWS / ECU

Der Prozentanteil der EWS-Währungen sowie ihr fester Währungsbetrag seien wie folgt festgelegt:

Währungen	Prozent- anteil an der ECU	fester Währungs- betrag
Belgischer Franc	7,6 %	3,301
Dänische Krone	2,45%	0,1976
Deutsche Mark	30,1 %	0,6242
Französischer Franc	19,0 %	1,332
Griechische Drachme	0,8 %	1,44
Irisches Pfund	1,1 %	0,008552
Italienische Lira	10,15%	151,8
Luxemburgischer Franc	0,3 %	0,130
Niederländischer Gulden	9,4 %	0,2198
Pfund Sterling	13,0 %	0,08784
Portugiesischer Escudo	0,8 %	1,393
Spanische Peseta	5,3 %	6,885

Aufgaben:

1. Berechnen Sie den Wert der ECU in der jeweiligen Währung!

   Lösungshinweis:
   fester Währungsbetrag für den FF: 1,332 FF
   Korbgewicht des FF: 19%

   ECU-Leitkurs:
   19% $\hat{=}$ 1,332
   100% $\hat{=}$ x $x = \dfrac{1{,}332 \cdot 100}{19} = \underline{\underline{7{,}0105263 \text{ FF}}}$

2. Berechnen Sie die Leitkurse der Deutschen Mark
   a) zum französischen Franc und
   b) zur dänischen Krone!

3. Angenommen, die Deutsche Mark wird zu Lasten des Pfund Sterlings und der Drachme aufgewertet, so daß der Prozentanteil der DM um 4 Prozentpunkte steigt, der des Pfund um 3,7 Prozentpunkte und der der Drachme um 0,3 Prozentpunkte sinkt.
   a) Wie hoch ist nunmehr der Wert der ECU in DM, Drachmen und in englischen Pfund?
   b) Wie ändert sich der Leitkurs der DM zum französischen Franc?

9.15 Kursbeeinflussende Faktoren

Leiten Sie aus der Grafik (Die Zeit – 3. März 1978) die Einflußfaktoren auf die Kursentwicklung ab, und belegen Sie diese mit Beispielen aus der Grafik!

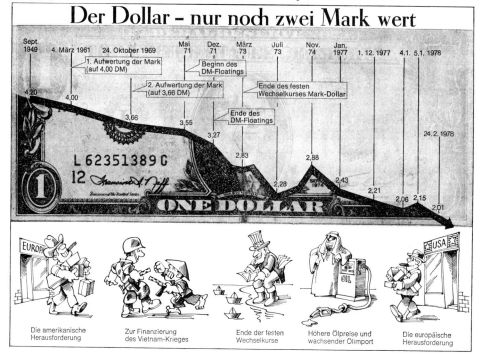

9.16 Abwertung / Aufwertung

Unterscheiden Sie, ob es sich bei den nachfolgend aufgeführten Tatbeständen um die Folgen einer Aufwertung (Auf) oder einer Abwertung (Ab) handelt oder ob sie weder mit Aufwertung noch mit Abwertung zu tun haben (x)!

Die Tatbestände sind immer von dem Land aus zu sehen, das auf- oder abgewertet hat.

	Auf	Ab	×
a) Warenimporte werden teurer.			
b) Für Urlauber wird der Auslandsurlaub billiger.			
c) Für Urlauber wird der Auslandsurlaub teurer.			
d) Anstieg des Wechselkurses der eigenen Währung.			
e) Rückgang von Importen.			
f) Unsere Exporte werden teurer.			
g) Viele andere Länder werteten ab.			
h) Die ausländische Währung wird teurer.			
i) Die Importe werden teurer.			
j) Der Zentralbankrat stellt fest, daß er mit seiner Entscheidung, den Kapitalexport zu fördern, richtig lag.			
k) Ausgleich der aktiven Zahlungsbilanz.			
l) Im Inland herrscht Unterbeschäftigung.			
m) Exporteure erhalten auf dem Weltmarkt einen Wettbewerbsvorsprung.			

9.17 Leistungsbilanz

Ermitteln Sie den Saldo der Leistungsbilanz!

Vorgang	Leistungsbilanz					
	Handelsbilanz		Dienstleistungsbilanz		Übertragungsbilanz	
	Export	Import	Einnahmen	Ausgaben	Einnahmen	Ausgaben
1. Zahlung an UNO 2 Mrd.						2 Mrd.
2. Frachteinnahmen 5 Mrd.			5 Mrd.			
3. Import von Rohstoffen 6 Mrd.		6 Mrd.				
4. Export von Fertigwaren 15 Mrd.	15 Mrd.					
5. Ausländische Touristen gaben im Inland aus 4 Mrd.			4 Mrd.			
6. Überweisung von Patentgebühren an das Ausland 3 Mrd.				3 Mrd.		
7. Heimatüberweisungen ausländischer Arbeitnehmer 6 Mrd.						6 Mrd.
8. Import von Fertigwaren 8 Mrd.		8 Mrd.				
9. Export von Nahrungs- und Genußmitteln 4 Mrd.	4 Mrd.					
10. Leistungen an EG-Haushalt (Zölle) 2 Mrd.						2 Mrd.
11. Leistungen aus dem EG-Haushalt (Agrarmarkt) 3 Mrd. 3 Mrd.					3 Mrd.	
12. Montagen und Reparaturen im Ausland ausgeführt 3 Mrd.			3 Mrd.			
13. Vom Ausland erhaltene Zinsen für Kredite und Darlehen 2 Mrd.			2 Mrd.			
14. Inländische Touristen geben im Ausland aus 12 Mrd.				12 Mrd.		

9.18 Kapitalbilanz

Die Beziehungen eines Landes zum Ausland sind durch nachstehende Transaktionen gekennzeichnet:

a)	Import von Waren und Diensten bar,	50 Mrd. GE
b)	Export von Waren und Diensten bar,	60 Mrd. GE
c)	Import gegen Kredit,	15 Mrd. GE
d)	Export gegen Kredit,	8 Mrd. GE
e)	Unentgeltliche Leistungen an das Ausland,	5 Mrd. GE
f)	Unentgeltliche Leistungen des Auslands,	4 Mrd. GE
g)	Kredite an das Ausland bar,	7 Mrd. GE
h)	Kredite des Auslands bar.	10 Mrd. GE

Buchen Sie die einzelnen Vorgänge in den einzelnen Teilbilanzen! Stellen Sie fest, welche Teilbilanzen aktiv oder passiv sind, und errechnen Sie, wieviel Mrd. Geldeinheiten (GE) der Saldo der Kapitalbilanz beträgt!

9.19 Zahlungsbilanz

Erstellen Sie die Zahlungsbilanz anhand der folgenden Tabelle, und buchen Sie folgende Transaktionen!

1.	Das Land B exportiert Waren bar	40 Mrd. GE
2.	Die Exporterlöse werden teilweise bei der Zentralbank gegen Inlandswährung eingetauscht	36 Mrd. GE
3.	Das Land B exportiert Dienstleistungen bar	15 Mrd. GE
4.	Die Exporterlöse werden teilweise bei der Zentralbank gegen Inlandswährung eingetauscht	13 Mrd. GE
5.	Das Land B importiert Waren bar	50 Mrd. GE
6.	Erforderliche Devisen werden bei der Zentralbank gekauft	46 Mrd. GE
7.	Das Land B importiert Dienstleistungen bar	10 Mrd. GE
8.	Erforderliche Devisen werden bei der Zentralbank gekauft	8 Mrd. GE
9.	Warenimport gegen langfristigen Kredit	15 Mrd. GE
10.	Warenexport gegen langfristigen Kredit	14 Mrd. GE
11.	Unentgeltliche Leistungen des Auslands bar (bei der Zentralbank einbezahlt)	5 Mrd. GE
12.	Unentgeltliche Leistungen an das Ausland bar (bei der Zentralbank abgerufen)	4 Mrd. GE
13.	Langfristige Kredite des Auslands bar (bei der Zentralbank einbezahlt)	6 Mrd. GE
14.	Langfristige Kredite an das Ausland bar (bei der Zentralbank abgerufen)	5 Mrd. GE
15.	Wertverlust der Auslandsaktiva der Zentralbank durch Aufwertung der Inlandswährung	2 Mrd. GE

Aufgabe:

Beantworten Sie folgende Fragen:
a) Welche Unterbilanzen der Leistungsbilanz sind aktiv bzw. passiv? Warum?
b) Die Zahlungsbilanz ist defizitär. Warum?
c) Auf welche Ursache(n) läßt sich das Zahlungsbilanzdefizit zurückführen?
d) Welche Maßnahmen können Regierung und Zentralbank ergreifen, um die Zahlungsbilanz ins Gleichgewicht zu bringen?

Zahlungsbilanz

Transaktionen	Summe	Leistungsbilanz							Kapitalbilanz							ungeklärte[1] Beträge (Restposten)	
		Handelsbilanz		Dienstleistungsbilanz		Bilanz der Übertragungen		langfristiger Kapitalverkehr		kurzfristiger Kapitalverkehr		Veränderung der Auslandsaktiva			
		Export	Import	Export	Import	Einnahmen	Ausgaben	Schulden*	Forderungen**	Schulden*	Forderungen**	Ausgaben	Einnahmen	−	+
1															
2															
3															
4															
5															
6															
7															
8															
9															
10															
11															
12															
13															
14															
15															
Summen															
Salden															

* Schuldenzugang und Forderungsabgang
** Forderungszugang und Schuldenabgang

1 einschließlich Währungsgewinnen und -verlusten.

9.20 Terms of Trade

Unter Terms of Trade[1] versteht man das Austauschverhältnis der vom Inland exportierten Waren zu den importierten Waren. Um die Veränderungen der Terms of Trade erfassen zu können, setzt man für ein bestimmtes Ausgangsjahr (Basisjahr) einen Exportwarenkorb einem Importwarenkorb bei gegebenen Wechselkursen gleich. Im Basisjahr betragen also die Terms of Trade 1 : 1. Steigt z.B. der Wechselkurs einer Auslandswährung um 10% bei gleichbleibendem Preisniveau im In- und Ausland, verändern sich die Terms of Trade zuungunsten des Inlands, denn nunmehr muß für das gleiche wertmäßige Importvolumen 10% mehr aufgewendet werden. Die Terms of Trade betragen nunmehr 1 : 1,1.

Beispiel: Betrug das Importvolumen im Basisjahr 1985 z.B. 400 inländische Geldeinheiten (iGE) und das Exportvolumen 450 iGE, so belaufen sich unter sonst gleichbleibenden Bedingungen die Importe im Folgejahr nominell auf 440 iGE bei gleichbleibenden Exporten.

Aufgaben:

1. Angenommen, 1987 steigen die Preise im Inland um 10% und die Preise im Ausland um 5%. Wie verändern sich unter sonst gleichbleibenden Bedingungen die Terms of Trade?

2. Wie nachstehende Statistik[2] zeigt, kann man die Veränderungen der Terms of Trade auch auf zwei Güterarten beschränken, um die Veränderungen von Tauschverhältnissen beispielhaft herauszustellen.

   Die Aufgabe besteht darin, das Tauschverhältnis zwischen Mineralöl einerseits und Automobilen andererseits a) aus der Sicht des Auslands und b) aus der Sicht des Inlands für das Basisjahr 1973 mit 1 : 1 (100) festzusetzen und dann die Veränderungen der Verhältnis- bzw. der Indexzahlen für die Folgejahre zu ermitteln!

   Für 1 000 Tonnen importiertes Öl mußten von der Bundesrepublik Deutschland so viele Mittelklassewagen exportiert werden:

Jahr	1973	1974	1975	1976	1977	1978	1979	1980	1981	1982	1983	1984	1985	1986
Autos	8,7	22,4	20,5	20,6	20,0	16,6	21,0	32,9	42,6	40,3	37,0	38,6	37,1	23,5

   [1] Quelle: Institut der Deutschen Wirtschaft, Deutscher Institut Verlag 11/1986.

3. Analysieren Sie die in der vorangegangenen Aufgabe gezeigte Entwicklung der Terms of Trade, und nennen Sie Gründe für diese Entwicklung!

---

[1] Terms of Trade (engl.) = Bedingungen des Handels.
[2] Quelle: Institut der Deutschen Wirtschaft, Deutscher Instituts Verlag 11/1986.

9.21 Inflation

Inflation

1. Die Entwertung der Mark hatte bereits im 1. Weltkrieg mit der durch Kredite getragenen Kriegsfinanzierung begonnen. Sie setzte sich verstärkt nach Kriegsende durch die hohen Kriegsfolgelasten (Umstellung von Kriegs- auf Friedensproduktion, Wiedereingliederung der Soldaten, Unterstützung der Arbeitslosen, der Kriegsgeschädigten, Flüchtlinge und Verwundeten) sowie durch Demontagen und Reparationsverpflichtungen fort. Während die Gold- und Devisenbestände des Reiches mehr und mehr dahinschwanden, ergab sich infolge des fortwährenden überhöhten Banknotendrucks zur Befriedigung des Devisenbedarfs ein bald unübersehbarer Geldüberhang, durch den Warenknappheit, Preistreibereien, Spekulationen und Kapitalflucht ins Ausland ausgelöst wurden. Die finanzielle Unterstützung der im Ruhrkampf passiven Widerstand leistenden Bevölkerung beschleunigte die Inflation noch zusätzlich, der Wert der Mark sank nun rapide in eine bodenlose Tiefe.

2. Hatte ein US-Dollar im Juli 1914 4,20 Mark und im Juli 1919 bereits 14 Mark gekostet, so mußten im Januar 1922 schon 191,80 Mark für einen Dollar bezahlt werden. Im Januar 1923 kostete der Dollar bereits 17 972 Mark, im August 1923 war die Talfahrt der Mark bei 4 620 455 Mark pro Dollar angekommen und endete am 15. November 1923 mit der Notierung: 1 Dollar = 4,2 Billionen Mark.

3. Die Besitzer von Sachwerten wurden von der Inflation kaum betroffen. Da die Reichsbank nicht nur dem Staat, sondern auch der Industrie laufend kurzfristige Kredite aus der vermehrten Banknotenausgabe gab, konnten viele Unternehmer ihren Besitz beliebig ausbauen und erweitern und ihre Schuldverpflichtungen mit dem inzwischen weiter entwerteten Geld bezahlen, so daß ihre Neuerwerbungen praktisch nur geringfügige Kosten verursacht hatten. Einige Unternehmer wie der Großindustrielle Hugo Stinnes bauten sich so mit Hilfe der Inflation ein riesiges Wirtschaftsimperium auf. Auf der anderen Seite wurde der gesamte Mittelstand, der keine Sachwerte, sondern nur Geldersparnisse besaß, durch die völlige Entwertung der gesamten Sparguthaben besonders betroffen und verarmte. ...

Rentenmark

4. Nach dem Abbruch des Ruhrwiderstandes gelang es der Regierung der Großen Koalition unter Reichskanzler Gustav Stresemann, mit der Währungsreform im November 1923 die Talfahrt der deutschen Mark zu beenden, ohne ausländische Kapitalhilfe in Anspruch zu nehmen. Auf Grund eines Ermächtigungsgesetzes wurde durch Regierungsverordnung eine Rentenbank errichtet, die ab 15. November 1923 als neues Zahlungsmittel die Rentenmark (= 1 Billion Papiermark) herausgab. Da das Reich nicht genügend Goldvorräte besaß, wurde zur Deckung der neuen stabilen Währung der industrielle und landwirtschaftliche Grundbesitz herangezogen. Grundbesitz, Handel, Banken und Industrie wurden mit einer Hypothek im Werte von 3,2 Milliarden Rentenmark belastet. Dafür gab die Rentenbank 2,4 Milliarden Rentenmarknoten aus, die zur Hälfte an die Reichsregierung und zur Hälfte an die Reichsbank und andere Banken flossen, von denen die Wirtschaft Kredite erhielt.

5. Das Experiment glückte, die Staatsausgaben wurden gleichzeitig erheblich gedrosselt. Durch Sparmaßnahmen (u. a. durch Gehaltskürzungen) und Steuererhöhungen füllten sich die Staatskassen rasch wieder; auch die Wirtschaft erholte sich schnell. Man sprach vom „Wunder der Rentenmark". Die Voraussetzungen für die Wiederaufnahme von Verhandlungen, die das Problem der *Reparationen* neu und konstruktiver als bisher regeln konnten, waren nun geschaffen. Im Oktober 1924 wurde die endgültige Währung, die Reichsmark, eingeführt.

(Auszug aus: Schlaglichter der deutschen Geschichte, Bundeszentrale für politische Bildung; S. 242 f.)

Aufgaben:

1. Nennen Sie aus Abschnitt 1 die politisch/sozialen Ursachen für die Inflation, und begründen Sie, weshalb die einzelne Ursache zur Inflation geführt hat!

2. Nennen Sie die beschriebenen Arten der Inflation unter Angabe der Belegstellen, und entscheiden Sie, ob es sich bei den vorgefundenen Arten um eine angebots- oder eine nachfrageinduzierte Inflation handelt!

3. Welche Auswirkungen der Inflation beschreibt Absatz 3?

4. a) Beschreiben Sie die Maßnahmen der Währungsreform!
   b) Geben Sie an, durch welche Maßnahmen der Geldwert stabilisiert wurde!

9.22 Inflationsarten

Im folgenden werden Inflationsursachen beschrieben. Kennzeichnen Sie die durch sie ausgelöste Inflationsart (Begriff). Geben Sie auch an, ob es sich um eine nachfrageinduzierte (ni) oder angebotsinduzierte (ai) Inflation handelt:

a) Die Handelsbilanz ist andauernd aktiv, das Warenangebot im Inland wird nicht erhöht.
b) Erweiterungsinvestitionen werden im Stadium der Vollbeschäftigung über Kredite finanziert.
c) Die ausgehandelten Lohnerhöhungen übersteigen den Produktivitätszuwachs.
d) Die ausgehandelten Lohnerhöhungen bewirken einen Nachfrageschub.
e) Viele Unternehmen nutzen ihre großen Marktanteile aus und nehmen Preiserhöhungen vor.
f) Die Preise für wichtige Rohstoffe steigen für ein Land durch boykottierende Maßnahmen der Nachbarländer.
g) Der Staat startet in einer Vollbeschäftigungsphase ein Sonderprogramm für den Bau von Hallenbädern.
h) Trotz Vollbeschäftigung nimmt die Sparquote rapide ab.
i) Seit längerer Zeit liegt das Zinsniveau im Inland bedeutend höher als im Ausland.
j) Steigende Einkommen der privaten Haushalte führen zu einer Güterlücke.

Aufgabe	Inflationsart	ni	ai
a)			
b)			
c)			
d)			
e)			
f)			
g)			
h)			
i)			
j)			

9.23 Binnenwert / Außenwert der Währung

Stellen Sie fest, ob es sich bei den folgenden Aussagen um die Umschreibung einer Inflation, Deflation, Abwertung oder Aufwertung handelt.

a) Mit sinkenden Preisen steigt die Kaufkraft des Geldes.
b) Es ist eine Nachfragelücke entstanden.
c) Durch ein Herabsetzen der Wechselkurse wird der Import gefördert und der Export erschwert.
d) Die Gütermenge steigt weniger schnell als die Geldmenge.
e) Die Gläubiger verlieren.
f) Die privaten Haushalte stehen schlechter da als die Unternehmungen.
g) Bei schrumpfender Güter- und Geldmenge schrumpft die Geldmenge schneller.
h) Steigende Wechselkurse führen dazu, daß man für eine inländische Geldeinheit weniger ausländisches Geld erhält.
i) Es entstehen Nachteile für die Geld-Besitzer.
j) Es ist eine sinkende Umlaufgeschwindigkeit des Geldes festzustellen (andere Faktoren unverändert!).
k) Es besteht eine Angebotslücke.
l) Das starke Einfließen von Importgütern wird von der Bundesregierung zugunsten der einheimischen Wirtschaft bekämpft.
m) Es findet eine Produktionsausweitung statt (andere Faktoren unverändert!).
n) Die Wirtschaft verzeichnet eine Unterbeschäftigung.
o) Es findet eine Flucht in die Sachwerte statt.

Kapitel 10: Konjunkturschwankungen und Ziele der Wirtschaftspolitik

10.1 Konjunkturbeeinflussung

„...wichtig ist, daß wir den Pessimismus beseitigen" (Lambsdorff)

tz. München

Nehmen Sie zu den Aussagen der Karikatur Stellung!

10.2 Konjunkturphasen / Konjunkturindikatoren

In den folgenden **Aufgaben** sind mit Hilfe wichtiger Konjunkturindikatoren (Preise, Zinsen, Beschäftigung, Nachfrage, Angebot, Wertpapierkurse, Einkommen) bestimmte konjunkturelle Situationen beschrieben. Ordnen Sie diese Situationen den entsprechenden Konjunkturphasen zu!

a) „Der Preisindex für die Lebenshaltung ist im vergangenen Halbjahr um knapp 3 Punkte angestiegen. Das reale Nettosozialprodukt (Volkseinkommen) nahm um 0,5 % ab. Zugleich stieg die Arbeitslosenquote von 4,5 auf 4,8 % an. Die Kreditinstitute waren flüssig, das Zinsniveau demzufolge niedrig..."

b) „Aufgrund zunehmender Exportüberschüsse stieg im vergangenen Halbjahr das reale Nettosozialprodukt zu Faktorkosten (Volkseinkommen) um 2 %, während sich die Zahl der Arbeitslosen kaum veränderte. Die Zahl der Kurzarbeiter nahm sogar noch zu, obwohl die Nettoinvestitionen um 3 % stiegen. Die Preissteigerungsraten hielten sich in Grenzen (+ 2,8 %). Die Einkommen der Unselbständigen erhöhten sich nominell um 5 %..."

c) „Obwohl immer noch eine Arbeitslosenquote von knapp 4 % bestand, erhöhte die Deutsche Bundesbank ihren Diskontsatz von 3 auf 3,5 %. Die Inflationsrate hat die 3-%-Grenze überschritten. Die Einkommen aus unselbständiger Arbeit nahmen um 8 %, die Gewinne um 5 % zu. Auf den Kreditmärkten zeigten sich erste Verknappungserscheinungen. Für Grundkredite müssen bereits durchschnittlich 8 % Zinsen bei allerdings 100 %iger Auszahlung bezahlt werden. Die Kurse festverzinslicher Wertpapiere sind um durchschnittlich 1,5 % zurückgegangen. Die Binnennachfrage nach vor allem langlebigen Konsumgütern stieg um rund 4 %..."

10.3 Auswertung von wirtschaftlichen Daten

10.3.1 Grunddaten der Wirtschaftsentwicklung

Werten Sie die im Geschäftsbericht der Deutschen Bundesbank für das Jahr 19.. veröffentlichten „Grunddaten zur Wirtschaftsentwicklung in der Bundesrepublik Deutschland" aus (Auszug):

1. Berechnen Sie die Bruttoinvestitionen in Mrd. DM im lfd. Jahr!
   Wieviel % beträgt die Veränderung gegenüber dem Vorjahr?
2. Errechnen Sie die Lohnquote des lfd. Jahres!
3. Wieviel % des Volkseinkommens betragen die Einkommen aus Unternehmertätigkeit und Vermögen?
4. Berechnen Sie die Arbeitslosenquote für das lfd. Jahr!
5. Stellen Sie die reale Veränderung des BSP für das lfd. Jahr fest!
6. Kennzeichnen Sie die konjunkturelle Struktur des lfd. Jahres!
7. Welches Ziel des „Magischen Vierecks" ist in besonderem Maße gefährdet?

Grunddaten zur Wirtschaftsentwicklung in der Bundesrepublik Deutschland

Position	Einheit	Vorjahr	lfd. Jahr
Gesamtwirtschaftliche Nachfrage			
Privater Verbrauch	Mrd. DM	899,4	935,1
Staatsverbrauch	Mrd. DM	325,3	333,5
Anlageinvestitionen	Mrd. DM	329,1	344,4
Ausrüstungen	Mrd. DM	125,2	135,4
Bauten	Mrd. DM	203,9	209,0
Vorratsinvestitionen	Mrd. DM	6,6	18,7
Inländische Verwendung	Mrd. DM	1 560,4	1 631,7
Außenbeitrag[1]	Mrd. DM	+ 38,4	+ 39,6
Ausfuhr	Mrd. DM	535,9	538,6
Einfuhr	Mrd. DM	497,5	499,1
Bruttosozialprodukt in jeweiligen Preisen	Mrd. DM	1 598,8	1 671,2
Einkommensverteilung			
Einkommen aus unselbständiger Arbeit	Mrd. DM	900,2	915,3
Einkommen aus Unternehmertätigkeit und Vermögen	Mrd. DM	325,7	362,2
Volkseinkommen	Mrd. DM	1 225,9	1 277,5
Produktion			
Bruttosozialprodukt in Preisen von 19.. (Basisjahr)	Mrd. DM	1 247,5	1 263,2
Beschäftigung			
Erwerbstätige	Mio.	25,6	25,2
Abhängig Beschäftigte	Mio.	22,4	22,0
Arbeitslose	Tsd.	1 833	2 258

10.3.2 Reallohnentwicklung

In einem Land entwickelten sich Löhne und Preise wie folgt:

Jahre	1980	1981	1982	1983	1984	1985	1986	1987	1988	2000*
Preisindex	100	105	108	115	116	120	126	133	140	150
Lohnindex	100	108	111	117	118	118	129	148	170	300

Berechnen Sie die Reallohnentwicklung im Vergleich zum Jahr 1980! Erläutern Sie die von Ihnen gefundenen Werte für 1981 und 1985!

* Schätzung

---

1 Saldo des Waren- und Dienstleistungsverkehrs mit dem Ausland (einschl. DDR).

10.3.3 Erwerbsquote / Arbeitslosenquote

Folgende statistische Zahlen sind gegeben (Zahlen in 1 000):

Bevölkerung insgesamt	Erwerbspersonen	Erwerbstätige	abhängig Beschäftigte
61 171	28 200	25 971	22 707

(Quelle: Zahlen für die Bundesrepublik Deutschland (1987) lt. Leistung in Zahlen '87, a.a.O., S. 10f.)

Berechnen Sie
a) die Erwerbsquote und
b) die Arbeitslosenquote (Anteil der Arbeitslosen an den abhängig Beschäftigten)!

10.3.4 Lohnquote

Angenommen, in einer kleinen Modellwirtschaft leben 100 000 Menschen. Die Erwerbsquote beträgt 50%. Arbeitslose gibt es keine. Die Arbeitnehmerquote (prozentualer Anteil der Unselbständigen an der Zahl der Erwerbspersonen) beträgt 80%.

Das Volkseinkommen beträgt im Jahr 01 2,5 Mrd. GE. Die Lohnquote beläuft sich auf 60%.

Die Sparquote ist – so sei vereinfachend angenommen – null.

a) Angenommen, im Jahr 02 nimmt die Produktivität um 10% zu. Die Gewerkschaften setzen Lohnerhöhungen um ebenfalls 10% durch. Wie verändert sich das Volkseinkommen unter sonst gleichen Bedingungen real und nominell?
b) Angenommen, im Jahr 02 nimmt die Produktivität um 5% zu. Die Gewerkschaften setzen Lohnerhöhungen um 10% durch. Wie verändert sich das Volkseinkommen unter sonst gleichen Bedingungen real und nominell, wenn die Unternehmen die Lohnkostensteigerungen vollständig auf die Preise abwälzen können? (Die Lohnquote soll konstant bleiben.)
c) Angenommen, die Unternehmen können die Lohnkostensteigerungen nicht oder nicht vollständig auf die Preise abwälzen.
  ca) Nennen Sie Gründe hierfür!
  cb) Welche gesamtwirtschaftlichen Folgen können eintreten?
d) Angenommen, im Jahr 02 nimmt die Produktivität schneller zu als die Löhne. Welche gesamtwirtschaftlichen Folgen können eintreten?
e) Erläutern Sie allgemein, unter welcher Bedingung die Lohnquote erhöht werden kann!

10.3.5 Berechnung von Lohnquote / Gewinnquote / Investitionsquote / Sparquote / Konsumquote

Berechnen Sie mit Hilfe der nachstehenden Statistik für 1977 und 1987 die
a) Lohnquote,
b) Gewinnquote,
c) Investitionsquote (prozentualer Anteil der Nettoinvestitionen am Bruttosozialprodukt),
d) Sparquote (prozentualer Anteil der Ersparnis am Volkseinkommen) und die
e) Konsumquote (prozentualer Anteil des Konsums am Volkseinkommen)!

Zahlen in Mrd. DM

Jahr	Bruttosozialprodukt zu Marktpreisen (Sozialprodukt)	Abschreibungen	Nettosozialprodukt zu Marktpreisen	Indirekte Steuern	Subventionen	Nettosozialprodukt zu Faktorkosten (Volkseinkommen)	Bruttoeinkommen aus unselbständiger Arbeit	Bruttoinvestitionen	Ersparnis
1976	1 126,2	124,3	1 001,9	141,9	22,1	882,2	631,3	242,9	127,4
1977	1 199,2	133,0	1 066,2	152,5	24,6	938,3	676,0	251,9	127,3
1978	1 291,6	143,5	1 148,1	167,6	29,7	1 010,2	721,6	272,4	145,7
1979	1 396,6	156,6	1 240,0	183,2	31,1	1 087,9	777,9	326,9	157,0
1980	1 485,2	173,7	1 311,5	193,4	30,5	1 148,6	844,4	349,6	145,2
1981	1 545,1	188,6	1 356,5	198,3	29,1	1 187,3	883,0	323,8	120,3
1982	1 597,1	201,1	1 396,0	201,9	29,4	1 223,5	902,5	315,4	120,2
1983	1 680,4	211,4	1 469,0	214,5	31,8	1 286,2	921,0	342,0	139,3
1984	1 769,9	222,0	1 547,9	226,5	36,2	1 357,9	954,0	361,2	158,9
1985	1 845,6	231,6	1 613,8	230,3	37,8	1 421,3	991,1	359,4	171,2
1986	1 948,8	240,2	1 708,6	236,4	41,2	1 513,4	1 041,3	374,7	213,1
1987	2 023,2	249,7	1 773,5	245,7	43,6	1 571,4	1 080,7	397,0	223,2

(Quelle: Leistung in Zahlen '87, hrsg. vom Referat Öffentlichkeitsarbeit des Bundesministeriums für Wirtschaft 1988, S. 14, 15 und 34.)

10.3.6 Tarifrunden und Preise

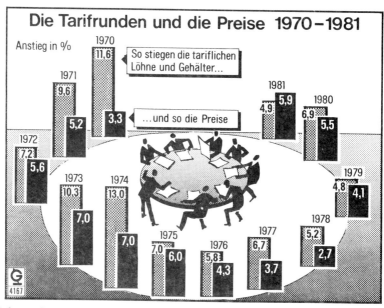

Kennzeichnen Sie die Entwicklung der Realeinkommen:

a) in den Jahren 1970–1974, b) in den Jahren 1975–1980, c) im Jahr 1981!

10.4 Grenzen des Wachstums

Weltkollaps oder Wachstumsstop?
Amerikanische Untersuchung stellt fest: Gefahr für das „System Erde"

Machen die Menschen die Erde sich zum tödlichen Gefängnis? Wissenschaftlich-technischer Fortschritt und wirtschaftliches Wachstum werden in wenigen Jahrzehnten zu einer globalen Katastrophe führen, wenn sie in dem Maße und in der Art wie in den letzten 250 Jahren weiter betrieben werden: Das „System Erde" bricht wegen Überfüllung, Verschmutzung und Erschöpfung der Rohstoffquellen zusammen. Diese Warnung sprechen nicht weltfremde und technikfeindliche Naturapostel aus, sondern Mathematiker, Ingenieur- und Wirtschaftswissenschaftler. Sie sehen nur einen Ausweg: Die Menschen müssen diese Gefahr erkennen und gründlich umdenken, dem materiellen Wachstum Einhalt gebieten.

Denn bei der bisherigen jährlichen Zuwachsrate von zwei Prozent wird sich die Weltbevölkerung innerhalb von 35 Jahren verdoppeln. Beträgt das mittlere reale Wirtschaftswachstum weiterhin 3,3 Prozent jährlich, werden die nächsten 16 Jahre dieselben Umweltveränderungen bringen wie die vergangenen 40 Jahre. In den letzten 80 Jahren wurden bei einem jährlichen Anstieg der Erdölproduktion von 6,9 Prozent rund vier Prozent der Ölvorräte aufgebraucht; hält dieses Wachstum an, werden die restlichen 96 Prozent in 47 Jahren auch ausgeschöpft sein...

Rohstoffvorräte nehmen ab

Computerrechnungen haben folgendes gezeigt: Geht die Entwicklung so wie bisher weiter, nehmen die Rohstoffvorräte rasch ab, als Folge davon geht auch die Bevölkerungszahl, die in etwa 50 Jahren mit nahezu sechs Milliarden (heute: 3,5 Milliarden) ihren Höhepunkt erreicht, zurück – durch Hunger, Seuchen, Kriege in den am meisten überfüllten Gebieten wie heute auf dem indischen Subkontinent –, die Verschmutzung der Umwelt wird größer. Die Lebensqualität aber – und das ist das bestürzendste Ergebnis – hat schon 1960 ihren Höhepunkt erreicht.

Wenn man nun zum Beispiel die Ausbeutung der Rohstoffquellen drastisch reduziert, aber die Lücken mit technologischen Maßnahmen zu füllen versucht, nimmt die Verschmutzung der Umwelt derart zu, daß in 70 bis 90 Jahren der Zusammenbruch noch katastrophaler sein wird. Die noch stärker wachsende Bevölkerung würde infolge dieser lebensbedrohenden Verschmutzung auf ein Sechstel reduziert.

Alle „Computer-runs" mit dem Forrester-Weltmodell zeigen, daß Maßnahmen auf einzelnen Gebieten – auch etwa die Geburtenbeschränkung – für sich allein das Gleichgewicht innerhalb des höchst komplizierten Systems Erde nicht wieder herstellen können.

Allerdings sollte die Abstraktheit des Modells und seiner Computer-Simulation kein Alibi dafür sein, daß man nun eben überhaupt nichts tut, sondern im gewohnten Schema der Wachstumsideologie weitermacht und damit die Katastrophe immer näher heranholt.

Georg Hartmut Altenmüller
(Aus: Der Tagesspiegel, 03.06.1972)

Quelle: Czada, Peter: Wirtschaft – Aktuelle Probleme des Wachstums und der Konjunktur, Opladen 1980

1. Fassen Sie die Grundaussagen des Forrester-Weltmodells zusammen!
2. Nehmen Sie zum Modell und seiner Computer-Simulation Stellung!

10.5 Phasen des Wirtschaftswandels

Das folgende Interview (Auszug) mit Prof. Gerhard O. Mensch (bild der wissenschaft 1/1985) ist auszuwerten:

... **Mensch:** Kondratjews Wellenmodell[1] hat hohen didaktischen Wert, um überhaupt mal eine Vorstellung vom langfristigen Wandel in der Wirtschaft zu vermitteln. Aber über die Ursachen weckt dieses Wellenmodell falsche Vorstellungen. Die regelmäßige Abfolge von langanhaltenden Wirtschaftsaufschwüngen und Krisen, als sei dies eben vom Schicksal verordnet, wirkt fatalistisch. Was kann man da eigentlich noch tun? Die Karten legen, einigeln und zuwarten, oder? ...

bild der wissenschaft: Und was ist die bessere Alternative?

Mensch: Die bessere Lösung bietet eine umfassendere Theorie, die zwar Kondratjews lange Trendperioden zuläßt, aber auch schnelle Trendumbrüche einschließt – vor allem aber die Ursachen dafür aufdeckt.
Nur aus deren Analyse lassen sich Möglichkeiten zum innovativen Handeln ableiten. Deshalb werde ich nicht müde zu betonen, daß es die Innovationsschübe sind, welche die äußere Erscheinung der langen Wellen verursachen – nicht etwa umgekehrt.

bild der wissenschaft: Deshalb muß wohl jetzt der Ansatz eines Innovationsschubes im Brennpunkt der Betrachtung stehen. Letztlich werden die Basis-Innovationen von Menschen gemacht ...

bild der wissenschaft: Mit Sicherheit ist es aber Außenstehenden nicht ohne weiteres verständlich, wie wirtschaftliche Abläufe mit mathematischen Methoden der Gasdynamik plötzlich erfaßbar werden sollen.

Mensch: Im Grunde ist das sogar recht plausibel. Wir übernehmen ja nicht die Gastheorie, sondern ein von den Thermodynamikern entwickelte Mathematik; also Technologie-Transfer, nicht Theorien-Transfer. In der Ökonomie hat man erkannt, daß es in den Industrien zeitweise zu Gleichgewichtszuständen, etwa zwischen Produktionsrichtung und Nachfrageentwicklung, Investitionsraten und Erträgen, kommt. In solchen Phasen ist das System stabil. Störungen werden absorbiert.

Nehmen sie aber überhand, zum Beispiel durch umfassende Sättigungserscheinungen, wird ein anderer Gleichgewichtszustand erforderlich – es kommt zu einem Phasenübergang, in dem die Systeme äußerst empfindlich sind. Sie kippen dann leicht in eine neue Gleichgewichtslage, und die ist meist ungünstig, wenn der Wandel nicht gesteuert erfolgt. Die Phasenübergänge in den Wirtschaftssystemen kann man mit Formeln beschreiben, die ähnlich strukturiert sind wie in der Physik, Biologie und in der quantitativen Soziologie. Diese Mathematik ist allgemeingültig.

bild der wissenschaft: Dies vermittelt den Eindruck, daß „Wirtschaft" gar keine geschlossene Wissenschaft ist, sondern der Versuch, an Hand von dokumentierten Zahlen menschliches Verhalten insgesamt zu erfassen.

Mensch: Dies ist kein Eindruck. So ist es tatsächlich. Die Wirtschaft entwickelt sich nicht aus sich selbst heraus, wie das in ruhigen Zeiten oft aussieht. Alle wirtschaftlichen Entwicklungen spiegeln menschliches Verhalten wider und unterliegen deshalb auch immer wieder Einflüssen aus der Gesellschaft heraus.

Ohne nüchterne Soziologie, physikalische Erkenntnisse, selbst Biologie und Errungenschaften der mathematischen Systemdynamik kämen wir wohl schwerlich weiter. Information ist zum wichtigsten Produktionsfaktor geworden.

Je umfassender die aus anderen Disziplinen stammenden Faktoren mißerfaßt werden, um so besser – wobei im wirtschaftlichen Sektor immer die praktische Nutzbarkeit den Ausschlag gibt.

---

1 Anmerkung: Das Modell beschreibt langfristige Wirtschaftsschwankungen, die durch Innovationen bedingt sind.

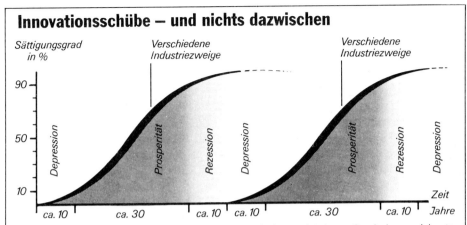

Innovationsschübe – und nichts dazwischen

Der langfristige Wirtschaftsablauf zeigt, daß grundsätzlich Neuerungen – Basis-Innovationen – immer bündelweise fast gleichzeitig entstehen und die neuartigen Produkte dann in Form logistischer Kurven allmählich den Markt erobern. Dabei verursachen sie einen langjährigen Wirtschaftsaufschwung – der aber bereits den Keim einer künftigen Krise in sich trägt. Er verhindert nämlich weitgehend weitere Basisinnovationen: In Wachstumsphasen braucht man sie nicht. Deshalb gibts zunächst nichts mehr zu entwickeln, wenn ein Innovationsbündel seine höchstmögliche Entwicklung erreicht hat; eine längere Krisenperiode beginnt, in der sich erst wieder die Bereitschaft entwickeln muß, wiederum riskante Neuerungen zu wagen.
Die S-förmige logistische Entwicklungskurve, nach der sich Güter und Produkte auszubreiten pflegen, gehört bereits zum gesicherten Wissensbestand von Marketing-Spezialisten. „Die wirtschaftlichen Entwicklungskurven gleichen eher denjenigen Wachstumskurven, mit denen auch Bakterien wachsen", sagte bereits 1972 der damalige Vorstandsvorsitzende der Firma Bosch, Prof. Hans Merkle, und meinte schon damals, die Wirtschaft müsse sich auf eine Phase abnehmender Zuwachsraten, ja sogar auf eine „Periode des Nullwachstums einstellen".

1. a) Welche Ursachen für langfristige Wirtschaftsschwankungen werden angeführt?
   b) Welchen Hauptkritikpunkt führt Prof. Mensch gegenüber dem Wellenmodell von Kondratjew an?

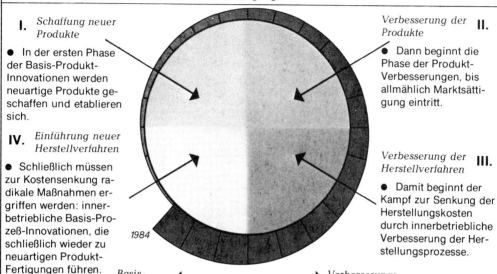

Uhr zur innerbetrieblichen Nabelschau[1]

Die „Innovationsuhr" ist die Basis der praktischen Nutzung der Theorie der Wechsellagen, denn an ihr läßt sich ablesen, in welchem Entwicklungsstadium sich der jeweilige Industriezweig gerade befindet.

Die Analyse der verschiedenen Phasen, die Industriebetriebe im Verlauf eines Innovationsschubs durchschreiten, ergibt eine Kreisbewegung:

I. *Schaffung neuer Produkte*

- In der ersten Phase der Basis-Produkt-Innovationen werden neuartige Produkte geschaffen und etablieren sich.

IV. *Einführung neuer Herstellverfahren*

- Schließlich müssen zur Kostensenkung radikale Maßnahmen ergriffen werden: innerbetriebliche Basis-Prozeß-Innovationen, die schließlich wieder zu neuartigen Produkt-Fertigungen führen.

Verbesserung der Produkte **II.**

- Dann beginnt die Phase der Produkt-Verbesserungen, bis allmählich Marktsättigung eintritt.

Verbesserung der Herstellverfahren **III.**

- Damit beginnt der Kampf zur Senkung der Herstellungskosten durch innerbetriebliche Verbesserung der Herstellungsprozesse.

1984

Basisinnovationen ←————→ Verbesserungsinnovationen

Kritisch ist die Phase IV für viele Industriezweige deshalb, weil sich in ihr entscheidet, ob und wann das jeweilige Unternehmen mit Produkten in der Sättigung die Phase der Basis-Innovationen wieder erreicht. Die dann von der Betriebsleitung zu stellenden Fragen lauten unter anderem:

- Sollen wir den Sprung auf das unbekannte Gelände einer neuartigen Industrie für ungewöhnliche Produkte wagen?
Welche Voraussetzungen besitzen wir dafür?
- Welche erkennbaren neuen Technologien passen zu unserer Firmenstruktur?
Was sind unsere Stärken und Schwächen im Wettbewerb?
- Wie sind die Chancen einer uns machbar erscheinenden neuen Technologie einzuschätzen? Welche realen Gefahren schafft sie?
- Wie können wir unsere geistige und organisatorische Bereitschaft aktivieren, wenn neuartige Warenmärkte erkennbar sind?

2. Ordnen Sie die folgenden Texte (S. 93) richtig den Phasen der „Innovationsuhr" zu (Mehrfach-Zuordnungen):

Phase:	I.	II.	III.	IV.
Text:				

---

[1] Quelle: bild der wissenschaft 1/1985.

A. Zunächst bemühen sich junge Unternehmenszweige, neuartige Produkte in nutzbarer Form anzubieten und in steigenden Stückzahlen im Gleichschritt mit dem sich langsam entwickelnden Bedarf zu produzieren: die Phase der Basis-Produkt-Innovation. Dabei ist die Aufmerksamkeit nach außen, auf den Markt, gerichtet.

B. Weiter anhaltender Kostendruck bei schwindenden Aufträgen nötigt schließlich zu massiven, grundsätzlichen Umstellungen der Produktionsprozesse. Die Phase der Basis-Prozeß-Innovationen beginnt: Jetzt werden entschlossen Computer installiert; Roboter übernehmen programmgesteuerte Montagearbeiten. Große Zweigwerke werden geschlossen – meist für immer. Es kommt zu Massenentlassungen.

C. Die Industrie muß sich auf eine verringerte Produktion – nur zum Ersatz des Verschleißes – einrichten.

Dies erfolgt keineswegs zufällig gerade dann, wenn die Hersteller gelernt haben, das Produkt so funktionssicher, preiswert und mit immer geringerem Aufwand an Arbeitskraft herzustellen, daß weitere Verbesserungen dem Benutzer einen immer geringeren Grenznutzen, dem Hersteller einen schwindenden Grenzertrag bringen.

D. Unter Konkurrenzdruck werden die Produkte zunehmend verbessert, umgestaltet und weiteren Nutzungsmöglichkeiten angepaßt. Diese Phase der Produkt-Verbesserungs-Innovationen führt dazu, daß zum Beispiel aus einem einfachen Dampfradio ein Stereoturm wird. Aber immer noch raffiniertere Konstruktionen bringen schließlich dem Verbraucher keine echten Vorteile mehr.

E. Die stagnierenden Verkaufszahlen können nur durch Senkung der Herstellungskosten ausgeglichen werden. Zwangsläufig richten die Unternehmensleitungen jetzt ihren Blick nach innen, auf ihre Herstellungsprozesse: Produktionsvorgänge werden gestrafft, nicht voll ausgelastete Produktionsstraßen stillgelegt, unrentable Beteiligungen abgestoßen, Lagerbestände abgebaut.

F. . . . die betreffende Industrie zunehmend „statt Gewinnen Menschen auszuschütten", so Gerhard O. Mensch: Rationalisierung und Automatisierung sind unmittelbare Folge des Lernprozesses zu immer rationellerer Herstellung.

Da diesen Entwicklungsstand fast alle Industriezweige eines Innovationsbündels nahezu gleichzeitig erreichen und jahrzehntelang praktisch keine neuen Basis-Innovationen vorgenommen wurden, fehlt es an noch weiter entwickelbaren Industrien: Es entsteht eine technologische Patt-Situation.

G. Die ersehnte Anschaffung des ersten kleinen Autos war vor zwei bis drei Jahrzehnten für unzählige Familien ein epochemachendes Ereignis, das ihr Leben veränderte. Es machte plötzlich weite Urlaubsreisen möglich und das Wohnen draußen vor den Stadtgrenzen. Für die Miniaturisierung von Großrechenanlagen als Mikrocomputer interessierten sie sich jedoch nicht – war nicht vorstellbar. Der Kauf eines Zweitwagens Jahre danach konnte das Leben nicht mehr entscheidend bereichern, sondern war eher eine schlichte Notwendigkeit für die sogenannten grünen Witwen.

Der Grenznutzen, also der zusätzliche Nutzen des Industrieprodukts „Auto", hatte deutlich abgenommen. Was soll die Durchschnitts-Familie mit einem dritten oder gar vierten Pkw anfangen oder mit vier Farbfernsehern in der Dreizimmerwohnung?

10.6 Magisches Viereck

Magisches Viereck

	1.	2.	3.	4.
Ausgangssituation	Arbeitslosigkeit	Inflation	Zu geringes Wirtschaftswachstum	Starke Devisenzuflüsse
Ziel	Vollbeschäftigung	Preisniveaustabilität	Wachstumssteigerung	Außenwirtschaftl. Gleichgewicht
Maßnahmen	Staatsausgaben + Geldmenge +	Staatsausgaben − Geldmenge −	Höhere investive Staatsausgaben	Aufwertung
Folgen für: Wirtschaftswachstum				
Preisniveaustabilität				
Außenwirtschaftliches Gleichgewicht				
Vollbeschäftigung				

Begründen Sie Ihre Lösungen zu den 4 Situationen!

Kapitel 11: Träger und Instrumente der Wirtschaftspolitik

11.1 Träger konjunkturpolitischer Maßnahmen

Kreuzen Sie an, welche Institution zuständig ist.

Maßnahmen	Bundesbank (BBK)	Bundesregierung (BR)
1. Senkung der Mindestreservesätze um 10 %		
2. Beschluß eines „Programms zur Stärkung von Bau- und anderen Investitionen"		
3. Aufwertung der DM		
4. Erhöhung des Lombardsatzes auf 8 %		
5. Gewährung einer befristeten Investitionszulage		
6. Senkung der Einkommen- und Körperschaftsteuer		
7. Senkung des Diskontsatzes von 7 % auf 6 %		
8. Erhöhung von Einfuhrzöllen		
9. Förderung der Kapitalausfuhr (Swapsatzpolitik)		

11.2 Wirkungen geldpolitischer Maßnahmen

Maßnahmen	Unmittelbare Auswirkungen auf		Konjunktur- belebung	Konjunktur- dämpfung
	Bankenliquidität	Zinsniveau		
1. Erhöhung der Mindestreserven um 10 %				
2. Senkung des Diskontsatzes von 6 % auf 5 %				
3. Erhöhung des Lombardsatzes auf 7 %				
4. Verringerung der Rediskont- kontingente				
5. Angebot von Offenmarktpapieren zu „hohen" Sätzen				
6. Erhöhung der Rediskontkontingente				

11.3 Rediskont und Geldschöpfung

Diese **Primärgeldschöpfung** besteht in der Versorgung der Wirtschaft mit ......geld und ......geld. Eine Quelle der Primärgeldschöpfung ist daher die **Refinanzierung der Geschäftsbanken**.

Beispiel: Produktion von Skianzügen im Sommer und Lieferung mit Ausgangsrechnung vom 30.09., Ziel 90 Tage; Wechselfinanzierung.

Problem: Der Produzent hat Produktionskosten vorgeleistet; er benötigt daher .... Mittel. Der Einzelhändler hat Lieferantenschulden aus dem Sommergeschäft bezahlt; er ist daher ...... liquide. Neu produzierte Güter treffen auf fehlende .... Wie kann die .... überbrückt werden?

Aufgabe: Ergänzen Sie folgendes Schema (Wechselweg und Geldströme)!

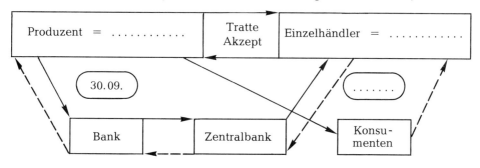

Mit Hilfe des .... wird zusätzliche .... geschaffen, die so lange auf dem Markt bleibt, wie sich das dafür gekaufte .... auf ihm befindet.

Eine derartige zeitweilige .... ist ungefährlich und hat keinerlei .... Wirkung, wenn der Wechselaussteller Lieferer von ..... produzierten Gütern ist.

Das zusätzlich geschöpfte .... muß also aus .... wechseln bestehen.

Finanzwechsel dagegen, denen keine .... leistung gegenübersteht, wirken ...., d.h. der Geldwert ...., weil die Geldmenge ...., ohne daß gleichzeitig die .... vermehrt wird.

Die Geschäftsbanken refinanzieren sich durch .... bestimmter .... wechsel bei der ....

Quelle: Hartmann/Thiel, Arbeitsblätter zur Volkswirtschaftslehre, Teil II, A/2

11.4 Lombardpolitik

Zurück zu „normalen" Lombard-Zeiten:

Bundesbank läßt Leine

Wenn die Bundesbank, wie schon lange gemunkelt wird, heute den Sonderlombardsatz abschaffen sollte, dann gratuliert sie damit der Wirtschaft. Sie scheint die ihr vor einem Jahr verordnete „Gewaltkur" mehr oder weniger erfolgreich überstanden zu haben. Belohnt wird sie dafür mit sinkenden Zinsen: Es soll wieder so werden wie früher, als die D-Mark in der Welt noch etwas darstellte.

Die Kreditwirtschaft soll jetzt wieder die Möglichkeit erhalten, sich zu einem erträglichen „normalen" Lombard-Zinssatz von 9 v.H. bei der Bundesbank Geld zu beschaffen – indem sie ihre festverzinslichen Wertpapiere dort beleiht. Denn der Sonderlombard, der am 19. Februar 1981 vom Zentralbankrat ins Leben gerufen wurde, machte es den Kreditinstituten nicht nur durch die höheren Zinsen schwer.

Die Bundesbank behielt es sich im letzten Jahr vor, den Sonderlombardsatz täglich zu ändern. Wenn es sein mußte, wurde er sogar ganz gesperrt. Die Folge: Die Banken hatten nur wenig an die Privatleute weiterzugeben, das knappe Geld wurde dementsprechend teuer.

Diese Kur aber war in den Augen der Währungshüter unerläßlich, sah sie doch den Wert der D-Mark gegenüber dem Dollar tagtäglich schwinden. Anfang 1981 fiel alles zusammen – durch hohe Ölimporte ging die Leistungsbilanz in den Keller, die Inflationsrate wollte immer höher hinaus. Ausländern wurde es zu riskant, ihr Geld in der Bundesrepublik anzulegen. Für die Bundesbank gab es nur einen Weg, das Weltvertrauen in die Mark wieder zu stärken: hohe Zinsen mußten her.

Das Bundesbank-Konzept scheint aufgegangen zu sein. Heute ist die deutsche Leistungsbilanz fast ausgeglichen, die Inflationsrate liegt bei erträglichen 5,2 v. H. und die D-Mark hat im Vergleich zum Dollar wieder aufgeholt.

Fraglich bleibt, ob das alles allein der Gewaltkur der Zentralbank zu verdanken ist. Folge der schwachen D-Mark waren wohl auch steigende Exporte der deutschen Wirtschaft, die sich oft nur mit Hilfe des Auslands über Wasser halten konnte. Es kam wohl alles zusammen.

Jetzt heißt es, in der richtigen Richtung weiterzumachen – bis die niedrigeren Zinsen Boden unter den Füßen haben.

Isa Heusmann

(Aus: WAZ vom 6. Mai 1982)

1. Wann nehmen Kreditinstitute Lombardkredite bei der Deutschen Bundesbank auf?
2. Kennzeichnen Sie die Stellung der DM gegenüber dem US-$ Anfang 1981!
3. Erklären Sie, warum die Deutsche Bundesbank am 19.02.1981 die normale Lombardkreditaufnahme abschaffte und den Sonderlombard einführte!
4. Welches Ziel verfolgt die Deutsche Bundesbank mit der im Mai 1982 eingeleiteten Geldpolitik? Wie wird dieser Schritt von der Bundesbank begründet?

11.5 Wertpapier-Pensionsgeschäfte

In der Zeitung „DIE WELT" stand folgende Notiz:

Im Rahmen der als Mengentender ausgeschriebenen 35tägigen Wertpapier-Pensionsgeschäfte teilte die Bundesbank 18,3 Mrd. DM zum Satz von 4,25% zu.

(DIE WELT vom 09.09.88)

Aufgaben:

1. Erklären Sie die Begriffe Wertpapier-Pensionsgeschäft, Mengentender und Zuteilung!
2. Welchem Teilbereich des währungspolitischen Instrumentariums sind die Wertpapier-Pensionsgeschäfte zuzuordnen?
3. Kennzeichnen Sie die Möglichkeiten, die ein solches Geschäft einem Kreditinstitut bietet!

11.6 Geldpolitische Maßnahmen

11.6.1

Geldpolitische Maßnahmen

1. Der Zentralbankrat hat folgende zins- und liquiditätspolitische Beschlüsse gefaßt:
   1. Die Rediskont-Kontingente der Kreditinstitute (einschl. einiger kleinerer Sonderkreditlinien) sind ab 2. Februar 1987 um rd. 8 Mrd. DM gekürzt worden.
   2. Die Mindestreservesätze für Inlands- und Auslandsverbindlichkeiten der Kreditinstitute sind ab 1. Februar 1987 linear um 10% ihres bisherigen Standes heraufgesetzt worden.
   3. Der Diskontsatz und der Lombardsatz der Deutschen Bundesbank wurden mit Wirkung vom 23. Januar 1987 um jeweils $^1/_2$% auf 3% bzw. 5% herabgesetzt.

2. Mit diesen Maßnahmen werden die im Januar aus Interventionen am Devisenmarkt, insbesondere auf Grund der Verpflichtungen aus dem EWS, zugeflossenen Gelder in Höhe von 17 Mrd. DM zum größten Teil neutralisiert. Sie stellen zugleich die Voraussetzungen wieder her, die für die weitere Steuerung des Geldmarktes durch Wertpapierpensionsgeschäfte nötig sind. Mit der Senkung des Diskont- und Lombardsatzes sowie der Geldmarktsätze will die Bundesbank zu einer Beruhigung der Devisenmärkte und zu einer Stabilisierung des Europäischen Währungssystems beitragen.

(Quelle: KREDITWESEN 4/87, S. 23 / 159)

Aufgaben:

1. Kennzeichnen Sie die Situation, die den Zentralbankrat zu seinen Beschlüssen veranlaßt hat! (Absatz 2)
2. Welche generelle Zielsetzung wird mit den getroffenen Maßnahmen angestrebt?
3. Beschreiben Sie die Wirkung jeder einzelnen Maßnahme, auch im Hinblick auf das Gesamtziel!

11.6.2

1. Nebenstehende Statistik gibt einen Überblick über die Entwicklung der Diskont- und Lombardsätze während der letzten 10 Jahre. Können Sie hieraus Rückschlüsse über die jeweilige wirtschaftliche Situation ziehen?
2. Angenommen, eine Volkswirtschaft befindet sich im Zustand der Unterbeschäftigung (Arbeitslosigkeit). Die Inflationsraten sind gering. Welche Maßnahmenkombination sollte die Notenbank ihrer Ansicht nach ergreifen? Begründen Sie Ihre Antwort!
3. Angenommen, eine Volkswirtschaft befindet sich im Zustand der Überbeschäftigung mit hohen Preissteigerungsraten. Welche Maßnahmen sollte die Notenbank Ihrer Ansicht nach ergreifen? Begründen Sie Ihre Antwort!
4. Beurteilen Sie folgende Situation aus der Sicht einer Zentralbank: die betreffende Volkswirtschaft ist unterbeschäftigt, dennoch steigen die Preise (Stagflation). Die Ursachen: steigende Rohstoffpreise (vor allem Erdöl) sowie steigende Löhne.
   Kann die Zentralbank in diesem Falle ihre traditionellen währungs- und kreditpolitischen Instrumente einsetzen? Begründen Sie Ihre Aussage!

Gültig ab	Diskontsatz 1) % p.a.	Lombardsatz % p.a.
1974 25. Okt.	6½	8½
20. Dez.	6	8
1975 7. Febr.	5½	7½
7. März	5	6½
25. April	5	6
23. Mai	4½	5½
15. Aug.	4	5
12. Sept.	3½	4½
1977 15. Juli	3½	4
16. Dez.	3	3½
1979 19. Jan.	3	4
30. März	4	5
1. Juni	4	5½
13. Juli	5	6
1. Nov.	6	7
1980 29. Febr.	7	8½
2. Mai	7½	9½
19. Sept.	7½	9
1982 27. Aug.	7	8
22. Okt.	6	7
3. Dez.	5	6
1983 18. März	4	5
9. Sept.	4	5½

Quelle: Monatsberichte der Deutschen Bundesbank, 39. Jg., H. 7, Sept. 89, S. 49*.

11.7 Staatshaushalt

Im jährlichen Haushaltsplan des Staates (Bund, Länder) werden geschätzte .... und .... gegenübergestellt. Der .... Haushalt enthält alle .... vorgeschriebenen, laufend wiederkehrenden .... Die Einnahmen bestehen in .... und .... Der .... Haushalt umfaßt Ausgaben zu .... Zwecken (z. B. ....investitionen). Er wird „gedeckt" durch ....aufnahmen. Unaufschiebbare ....ausgaben werden im ....haushalt erfaßt.

11.8 Steuerarten

Ordnen Sie zu!

Steuer		① Verkehrsteuern	② Verbrauchsteuern	③ Besitzsteuern
a)	Wechselsteuer			
b)	Erbschaftsteuer			
c)	Grunderwerbsteuer			
d)	Umsatzsteuer			
e)	Lohnsteuer			
f)	Tabaksteuer			
g)	Kraftfahrzeugsteuer			
h)	Körperschaftsteuer			
i)	Gewerbesteuer			
j)	Kapitalertragsteuer			

11.9 Staatsverschuldung

Irland trägt die schwerste Last. Bei Staaten ist es nicht anders als bei Privatpersonen: Je höher das Einkommen, desto höher dürfen die Schulden sein. Denn hohes Einkommen sichert die Zahlung von Zinsen und Tilgungen. Bei Staaten heißt die Bezugsgröße für die Verschuldung freilich nicht Einkommen, sondern Bruttosozialprodukt, also wirtschaftliche Gesamtleistung. Aus ihr fließen die Steuern, die wiederum Grundlage für die Zahlung von Zinsen und Tilgungen auf die Staatsschulden sind. Daran gemessen, steht es um den irischen Staat am bedenklichsten. Die Iren müßten anderthalb Jahre nur für die Rückzahlung der Staatsschulden arbeiten. Die Luxemburger am anderen Ende der Skala hätten das schon in weniger als zwei Monaten geschafft. Auch die Staatsverschuldung der Bundesrepublik – so bedrohlich sie sich mit ihren vielen hundert Milliarden DM auch ausnehmen mag – wiegt vergleichsweise leicht; sie entspricht der Wirtschaftsleistung, die in nicht einmal einem halben Jahr hervorgebracht wird. Die meisten anderen westlichen Industrieländer tragen schwerer an den Schulden ihres Staates (Statistische Angaben: Finanzbericht 1989).

1. Stellen Sie eine Rangfolge der Länder der „Öffentlichen Verschuldung" in Prozent der Wirtschaftsleistung auf!

   1. Luxemburg
   2. ....
   3. ....
   4. ....
   5. ....
   6. ....
   7. ....
   8. ....
   9. ....
   10. ....
   11. ....
   12. ....
   13. ....

2. Welche Gesichtspunkte zur Bewertung der Schuldenhöhe nennt der Text?

11.10 Konjunkturpolitische Maßnahmen I

Maßnahme	Geldpolitik (G) Finanzpolitik (F)	Beabsichtigte Wirkungen
Die Bundesbank senkt die Mindestreservesätze mit Wirkung vom 1. September um 10 Prozent.	G	Liquidität der Kreditinstitute ↑; (Zinsen ↓) Kreditaufnahme ↑; Investitionen ↑; Beschäftigung ↑.
Das Bundeskabinett beschließt ein „Programm zur Förderung von Beschäftigung und Wachstum bei Stabilität" im Gesamtvolumen von 1,73 Milliarden DM. Es umfaßt u. a. zusätzliche Ausgaben zur Stärkung der Investitionen (1,13 Milliarden DM). Für Anlageinvestitionen wird eine befristete Investitionszulage von 7,5 Prozent der Anschaffungs- oder Herstellungskosten gewährt.		
Die Bundesbank senkt den Diskontsatz auf 6,5 Prozent und den Lombardsatz auf 8,5 Prozent. Die Rediskontkontingente wurden am 1. November um 2,5 Milliarden DM erhöht.		
Die Bundesbank senkt die Rediskontkontingente der Kreditinstitute um rund 2,5 Milliarden DM.		
Das Bundeskabinett beschließt ein „Programm zur Stärkung von Bau- und anderen Investitionen" mit einem Volumen von 5,8 Milliarden DM.		
Im Zuge dieser Politik wird ein „Sonderprogramm für Gebiete mit speziellen Strukturproblemen" beschlossen, das Ausgaben der Gebietskörperschaften von fast 1 Milliarde DM umfaßt.		

11.11 Konjunkturpolitische Maßnahmen II

11.11.1

Welche Möglichkeit staatlicher Konjunkturpolitik wird in nebenstehender Abbildung veranschaulicht?

Begründen Sie Ihre Feststellung!

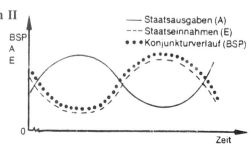

11.11.2

Mitunter versuchen die Regierungen, das konjunkturelle Auf und Ab durch psychologische Beeinflussung zu steuern.

a) In welcher konjunkturellen Situation sind „Maßhalteappelle" angebracht? Warum?

b) In welcher konjunkturellen Situation ist es sinnvoll, zu „mehr Konsum", zum „Mut zu investieren" oder zum „Mut zum Schuldenmachen" aufzurufen?

c) Wie beurteilen Sie die Wirksamkeit solcher Appelle? Begründen Sie Ihre Ansicht!

11.12 Konjunktur und Beschäftigung

Bearbeiten Sie die folgenden Texte:

a) Der Inhalt der einzelnen Abschnitte ist knapp anzugeben!

b) Von welcher Theorie gehen die beiden Texte aus?

Text 1   **Geldpolitik – Konjunktur – Beschäftigung**

Vortrag von Dr. Leonhard Gleske, Mitglied des Direktoriums der Deutschen Bundesbank, im Hause der Industrie- und Handelskammer Reutlingen am 20. September 1983

VII.

(1) Diese Analyse der Ursachen für die gesunkene Realkapitalbildung in unserer Volkswirtschaft und ihr Niederschlag in Wachstumsschwäche und Arbeitslosigkeit macht deutlich, daß jede Therapie, die direkt oder indirekt die Kostenbelastung der Unternehmen weiter erhöht, kontraproduktiv ist. Die meisten Formen der Arbeitszeitverkürzung, die vielen sogar als ein Patentrezept zur Überwindung der Arbeitslosigkeit erscheinen, haben solche Konsequenzen. Das gilt für die Verkürzung der Wochenarbeitszeit ebenso wie den früheren Eintritt in den Ruhestand, wenn damit keine entsprechende Kürzung des aktiven bzw. des Ruhestandseinkommens verbunden ist. Die Arbeitszeitverkürzung, die in der Vergangenheit in großem Umfang stattgefunden hat, vollzog sich auf dem Hintergrund eines auf kräftigen Produktivitätsfortschritten beruhenden Wachstums. Angesichts einer stagnierenden oder nur noch schwach wachsenden Wirtschaft bedeutet Arbeitszeitverkürzung, wenn sie nicht kostensteigernd wirken soll, Verzicht auf aktives oder auch auf Alterseinkommen. Ich bezweifle, ob das politisch durchsetzbar wäre.

(2) Ebenso wäre – wenn überhaupt – etwas damit gewonnen, wenn man versuchen wollte, die derzeitigen Probleme in unserer Volkswirtschaft durch nachfragestimulierende Maßnahmen zu lösen. Sie verursachen natürlich auch Kosten, und sei es auch nur in Form von hoch bleibenden Zinsen für die Finanzierung wieder wachsender öffentlicher Defizite, ganz abgesehen davon, daß wieder wachsende öffentliche Defizite das Vertrauen in eine solide Finanzgebarung der öffentlichen Hand weiter schädigen würden. Derzeit würde der Rückgriff auf alte Konjunkturankurbelungsrezepte die Bedingungen für eine Wiederbelebung der wirtschaftlichen Aktivität eher beeinträchtigen. Unter den bisherigen Umständen ist der Raum für staatliche konjunkturanregende Ausgabeprogramme nach traditionellem Muster sehr klein geworden, wenn er überhaupt noch vorhanden ist.

(3) Auch die mancherorts wieder ins Feld geführte Kaufkrafttheorie steigender Löhne als konjunkturstabilisierendes Mittel führt uns nicht weiter. Niemand wird bestreiten, daß die Absatzchancen der Wirtschaft von der Gesamtnachfrage abhängen und diese auch von der Summe der ausgezahlten Löhne mitbestimmt wird. Es ist aber für die Gewinnaussichten in der Wirtschaft und damit für die Beschäftigung nicht gleichgültig, ob die Lohnsätze der im Arbeitsprozeß Stehenden steigen – steigende Lohnkosten pro Arbeitsplatz sind heute gewiß kein Anreiz zur Schaffung zusätzlicher Arbeitsplätze, eher ist das Gegenteil der Fall –, oder ob die Lohnsumme und damit die Gesamtnachfrage bei kaum oder nur moderat steigenden Lohnsätzen, aber wachsender Beschäftigung zunimmt. Konjunkturanregende und nachfragestützende Maßnahmen hätten wohl erst bei einer so gesicherten Kostenstabilität Aussicht auf Erfolg und würden auch das Vertrauen bei Konsumenten und Investoren auf künftig wieder steigende Einkommen stützen.

101

(4) Bei der Lohnentwicklung begann man den Folgen stark gestiegener, vor allem in Anbetracht der erhöhten Energiekostenbelastung zu stark gestiegener Reallöhne inzwischen Rechnung zu tragen. In einer Reihe von Ländern ist dieser Prozeß früher in Gang gekommen, in anderen später. Die Lohnabschlüsse des letzten Jahres weisen schließlich auch in der Bundesrepublik in diese Richtung, und auch die Lohnabschlüsse für dieses Jahr sind von einer stärkeren Einsicht in zwingende ökonomische Zusammenhänge bestimmt. Viel wird für die Beschäftigung davon abhängen, daß die Lohnentwicklung auch künftig moderat verläuft. Auch die diskutierte Arbeitszeitverkürzung ist unter diesem Aspekt zu sehen und zu beurteilen. Auf die Beschäftigung und damit die Arbeitslosigkeit wird eine lohnbedingte Kosten- und Ertragsverbesserung aber nur durchschlagen, wenn sie von einiger Dauer ist und die Unternehmen sie auch als dauerhaft in Rechnung stellen können.

(5) Bessere Erträge und eine reichliche Ausstattung der Unternehmen mit Eigenmitteln sind wohl unerläßlich, um auf die Dauer wieder ein angemessenes Wirtschaftswachstum und einen höheren Beschäftigungsstand erreichen zu können. Dieses Ziel läßt sich nur allmählich und nicht auf einem einzigen Wege ansteuern. Die Lohnentwicklung und die auf die Lohnnebenkosten Einfluß nehmende Sozialpolitik sind in dieser Hinsicht zwei sehr wesentliche Faktoren. Im ganzen wird es darauf ankommen, den konsumtiven Anteil an den Staatsausgaben wieder zurückzuführen, möglichst verbunden mit Umschichtungen im Steuersystem, durch die Leistungswillen, Leistungsbereitschaft und Eigenverantwortung wieder gestärkt werden. In diesem Zusammenhang ist es aber nicht minder wichtig, die Rahmenbedingungen für die Bereitstellung von mehr Eigenkapital über den Markt zu stärken.

Text 2 **Stolpersteine des Aufschwungs**
Frankfurter Rundschau, Frankfurt am Main, vom 20. September 1983

(1) rb — Es fällt den Volkswirten der Bundesbank sichtlich schwer, die inzwischen fast überall rasch steigenden Gewinne der Unternehmen zu rechtfertigen. Im jüngsten Monatsbericht werden die bekannten Legitimations-Register gezogen: Es sei ein erheblicher Nachholbedarf zu befriedigen, obwohl doch die Lohnquote seit Mitte der 70er Jahre gesunken ist, oder es müsse die Eigenkapitalbildung gefördert werden. Daß jüngere Untersuchungen einen engen Zusammenhang zwischen Eigenkapitaldecke und Investitionsverhalten widerlegen, scheinen die Bundesbanker nicht zur Kenntnis genommen zu haben. Schließlich wird auf die Unterschiede zwischen den einzelnen Branchen verwiesen, was zweifellos schon immer so war.

(2) Nachdem alle Rahmenbedingungen im Sinne der Angebotstheoretiker stimmen — niedrige Zinsen und Löhne, staatlicher Sparkurs und günstige Wechselkurse für den Export —, muß der „wirtschaftliche Erholungsprozeß in der Bundesrepublik" einfach „Fortschritte gemacht" haben. Im Monatsbericht wird denn auch kräftig nach Indizien gesucht, um die eigene These zu erhärten. Allerdings kommt die Analyse auch nicht an den dicken Stolpersteinen vorbei, die dem Aufschwung dauernd die Beine wegziehen: Insbesondere von den öffentlichen Investitionen und vom privaten Verbrauch droht konjunkturelles Unheil. Der Prozeß des Entsparens beim Verbraucher stößt langsam an seine Grenzen, weite Teile der Konsumgüterindustrie und des Dienstleistungsgewerbes haben ohnehin noch nicht sehr viel von der angeblichen Konsumbelebung zu spüren bekommen. Die hohe Arbeitslosigkeit, die sinkenden Reallöhne und die reduzierten staatlichen Sozial-Transfers reißen dicke Löcher in die Geldbeutel.

(3) Was aber passiert, wenn die Nachfrage der privaten Haushalte und des Staates ins Stocken gerät? Die angehäuften Gewinne werden mangels Absatzerwartungen zu ausländischen Finanzanlagen oder höchstens zu Rationalisierungsinvestitionen verwendet. Doch von den neuen Techniken ist wenig zu erhoffen. Auf fünf vernichtete Arbeitsplätze kommt nur ein durch Computer- und Roboterproduktion neu geschaffener, hat die Bundesanstalt für Arbeit in einer Studie jetzt festgestellt. Noch auf lange Sicht wird die Arbeitslosigkeit weiter steigen. Und daran ändern auch die stimmenden Angebotsbedingungen nicht das Geringste.

Quelle: Deutsche Bundesbank, Auszüge aus Presseartikeln, Nr. 86 / 21. September 1983

11.13 Außenhandel

Handel wie in der Steinzeit

Der Kölner Stahlhändler Otto Wolff nennt es einen „Rückfall in die Steinzeit" – weltweite Wirtschaftsflaute und knappe Devisen haben dazu geführt, daß immer mehr Ware gegen Ware gehandelt wird. Was im Ost-West-Geschäft schon lange gang und gäbe ist, wird nun auch zwischen Industriestaaten und Entwicklungsländern immer häufiger praktiziert. Rund 17 Prozent des Welthandels, schätzen US-Experten, werden als Tauschhandel abgewickelt. Jamaika beispielsweise schloß mit den USA ein Abkommen über Bauxit-Lieferungen gegen Autos. McDonnel Douglas verkauft Jugoslawien Flugzeuge und nimmt dafür Textilien und Agrarprodukte. Auch die durch den Rückgang der Öleinnahmen gebeutelten Förderländer wie Libyen, Nigeria und Iran bevorzugen Tauschgeschäfte. So bezahlten die Perser Stahl- und Maschineneinfuhren aus Japan mit Öl.

Quelle: Der Spiegel, 14. März 1983, S. 125

Welche Probleme erwachsen für die Weltwirtschaft aus der Zunahme des internationalen Tauschhandels?

11.14 Probleme staatlicher Wirtschaftspolitik

Auszug aus ZEIT-Gespräch mit Karl Schiller über das Versagen der Wirtschaftspolitik
Von Michael Jungblut (Die Zeit, Nr. 52, Dezember 1978)

Schiller: Wenn das alles zusammentrifft, helfen die Mittel der einfachen Nachfrageexpansion durch fiskalische und monetäre Maßnahmen nicht viel. Vor allem helfen staatliche Mehrausgabenprogramme nicht, weil der Staat in einer solchen Situation beschleunigten Strukturwandels gar nicht weiß, welche Zweige der Volkswirtschaft er eigentlich zu alimentieren hat. In einer normalen Rezession mit ziemlich gleichmäßiger Unterauslastung der Kapazitäten wie 1967 genügt es, wenn die Wirtschaftspolitik die Nachfrage anregt – etwa durch zusätzliche Bauaufträge – und das übrige dann dem Multiplikatoreffekt und den Folgeinvestitionen überläßt. Eine solche Situation war nach 1974 nicht gegeben. Dann sollte man besser nicht Mehrausgabenprogramme verabschieden, sondern müßte das Umgekehrte tun: Steuersenkungen. Denn Steuersenkungen führen dazu, daß die private Nachfrage viel gezielter dahin geht, wo die neuen Wachstumsmöglichkeiten sind. Dazu ist – wie Hayek es ausgedrückt hat – der Markt als Entdeckungsverfahren in einer sich sehr schnell ändernden Umwelt sehr viel geeigneter als staatliche Ausgabenprogramme.	1. In welcher Situation sind „staatliche Mehrausgabenprogramme" nicht geeignet? Was ist zu empfehlen? 2. Was bezeichnete Prof. Schiller als „normale Rezession"? 3. Welche Maßnahmen staatlicher Wirtschaftspolitik sind in einer normalen Rezession z.B. angemessen?
Schiller: In einer solchen Situation greifen die einfachen Maßnahmen der Nachfrageexpansion mit öffentlichen Mitteln in der Tat nicht. Sie gehen dann letztlich an dem, was wirklich notwendig ist, vorbei. Ein zu weit getriebener Keynesianismus beschwört die Gefahr herauf, daß die Politik sich selbst überfordert. Das ist also die Tendenz zu einem Zuviel an Politik. Das führt zu einer stop-and-go-policy, zu einer Hektik in dem Bemühen, auf jede Situation zu reagieren. Wenn die Politik auf diese Bahn gerät, dann kommt sie nach einer gewissen Zeit schließlich in die Lage, durch zu heftige kompensatorische Maßnahmen, mal auf der einen, mal auf der anderen Seite, das System insgesamt zu destabilisieren.	4. Was versteht man unter „stop-and-go policy"?

Schiller: Da verweise ich nun auf das andere Angebot, das uns inzwischen von der Wissenschaft geliefert worden ist, den Monetarismus. Das heißt, die Vision von Milton Friedman, durch eine lang- oder mittelfristig orientierte Geldpolitik, die auf das Wachstum des Produktionspotentials der Wirtschaft zugeschnitten ist, nicht mehr auf jede aktuelle Abweichung vom Gleichgewichtspfad – oder Gleichgewichtskorridor, wie man heute wohl sagen muß – zu reagieren. Diese Politik war fällig geworden am Ende einer hochgetriebenen und zerstörerischen Weltinflation. Da haben die Monetaristen sozusagen einen Zipfel vom „Mantel Gottes" erwischt. Der Monetarismus hat uns allen eine gute Lehre erteilt, indem er vom Perfektionismus einer ständig auf alle Schwankungen reagierenden Fiskalpolitik warnte und der Geldpolitik wieder den Rang einräumte, der ihr gebührt, und den mittelfristigen Aspekt wieder in die wirtschaftspolitischen Zielsetzungen einführte. Mir fällt es nicht schwer, dies anzuerkennen, denn ich habe von Anfang an gesagt, daß wir nicht nur – wie ich es damals ausdrückte – die keynesianische Politik, sondern ebensosehr den Freiburger Imperativ, das heißt die Gebote des marktwirtschaftlichen Prozesses brauchen. Er darf nicht zerstört werden, sondern sollte mit seinen ihm innewohnenden Kräften der Anpassung und des Ausgleichs möglichst vital gehalten werden. In dieses Bild fügt sich der Monetarismus ein, der ja eine monetäre Renaissance der marktwirtschaftlichen Denkungsart darstellt, um es ökonomisch-philosophisch zu bezeichnen.	5. Von welchem Grundgedanken geht der Monetarismus – nach Schiller – aus?
Schiller: Die Wiederbesinnung auf den marktwirtschaftlichen Prozeß, die in manchen Ländern stattfindet, kann ich nur begrüßen. Bei uns in Deutschland hat die Ordnungspolitik immer eine Rolle gespielt, während es um sie in anderen Ländern nach dem Krieg sehr ruhig geworden war. Die Besinnung darauf, daß Ordnungspolitik gleichberechtigt zur Globalsteuerung gehört, ist etwas, das wir in Deutschland also nur mit Befriedigung sehen können. Allerdings können wir den Monetarismus auch nicht so weit treiben, daß wir gar nichts mehr tun; dies würde den vollständigen Abschied von der Politik bedeuten – während der Keynesianismus, wenn er zu extrem betrieben wird, wie gesagt, ein Zuviel an Politik bedeutet. So würde ich, wenn ich aus meiner ganzen Tätigkeit, aus der Theorie wie aus der politischen Praxis, sprechen kann, und der ich immer zur Synthese geneigt habe, den Schuß Monetarismus, der uns in den letzten Jahren versetzt worden ist, als durchaus heilsam bezeichnen.	6. Welche „wirtschaftspolitischen Empfehlungen" gibt Prof. Schiller?
Zusammenfassend möchte ich auf die Frage, ob Keynes noch in unsere Zeit paßt, antworten, daß ich für einen wirtschaftspolitischen Kurs der Mitte, eben der Synthese, plädiere. Dies bedeutet: Nicht wahllos hier und dort ekklektizistisch[1] die Rezepte einzusammeln, sondern einen mittelfristigen Kurs herauszufinden, der wirtschaftspolitische Aktionen – wenn die Situation das erfordert – ganz selbstverständlich bejaht. Sie müssen aber gleichzeitig in das marktwirtschaftliche Ordnungssystem passen, das ich als ein wesentliches Element unserer Gesellschaft ansehe.	

---

1 = „Auswahl" von Maßnahmen aus verschiedenen Systemen/Theorien

Kapitel 12: Wirtschaftsordnungen

12.1 Freie Marktwirtschaft und Zentralverwaltungswirtschaft als idealtypische Wirtschaftsordnungen

Gesellschaftspolitische Grundentscheidungen für:

....

Prinzip des sozialen Spannungs- Prinzip der Freiheit
Ausgleichs und der verhältnis und der Gleichordnung
Unterordnung

Hieraus folgt das Modell der Hieraus folgt das Modell der

....

Der Staat .... Der Staat greift in das Wirtschafts-
.... geschehen nicht ein ....
....

Wesentliche Ordnungsmerkmale: Wesentliche Ordnungsmerkmale:

(1) .... (1) ....
....
(2) .... (2) ....
(3) .... (3) ....
(4) .... (4) ....
(5) .... (5) ....
(6) .... (6) ....
(7) .... (7) ....
....
(8) .... (8) ....
....
(9) .... (9) ....

12.2 Die soziale Marktwirtschaft

Aufgabe der Sozialen Marktwirtschaft ist, auf der Grundlage der Marktwirtschaft das Prinzip der Freiheit mit dem des sozialen Ausgleichs zu verbinden.[1]

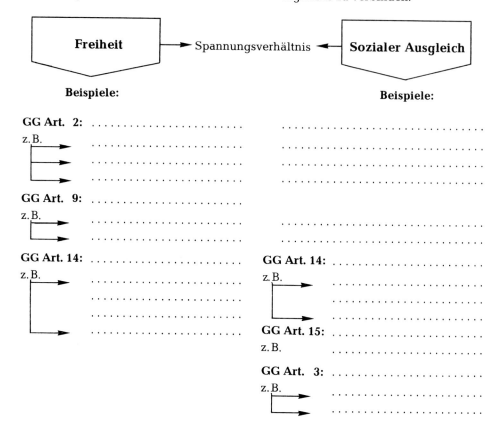

---
1 Nach Müller-Armack, A.: Soziale Marktwirtschaft, in: Handwörterbuch der Sozialwissenschaften, Bd. IX, 1956, S. 390.

GG, Artikel 2

(1) Jeder hat das Recht auf die freie Entfaltung seiner Persönlichkeit, soweit er nicht die Rechte anderer verletzt und nicht gegen die verfassungsgemäße Ordnung oder das Sittengesetz verstößt.

(2) Jeder hat das Recht auf Leben und körperliche Unversehrtheit. Die Freiheit der Person ist unverletzlich. In diese Rechte darf nur auf Grund eines Gesetzes eingegriffen werden.

GG, Artikel 3

(1) Alle Menschen sind vor dem Gesetz gleich.

(2) Männer und Frauen sind gleichberechtigt.

(3) Niemand darf wegen seines Geschlechtes, seiner Abstammung, seiner Rasse, seiner Sprache, seiner Heimat und Herkunft, seines Glaubens, seiner religiösen oder politischen Anschauungen benachteiligt oder bevorzugt werden.

GG, Artikel 9

(1) Alle Deutschen haben das Recht, Vereine und Gesellschaften zu bilden.

(2) Vereinigungen, deren Zwecke oder deren Tätigkeit den Strafgesetzen zuwiderlaufen oder die sich gegen die verfassungsmäßige Ordnung oder gegen den Gedanken der Völkerverständigung richten, sind verboten.

(3) Das Recht, zur Wahrung und Förderung der Arbeits- und Wirtschaftsbedingungen Vereinigungen zu bilden, ist für jedermann und für alle Berufe gewährleistet. Abreden, die dieses Recht einschränken oder zu behindern suchen, sind nichtig, hierauf gerichtete Maßnahmen sind rechtswidrig. Maßnahmen nach den Artikeln 12a, 35 Abs. 2 und 3, Artikel 87a Abs. 4 und Artikel 91 dürfen sich nicht gegen Arbeitskämpfe richten, die zur Wahrung und Förderung der Arbeits- und Wirtschaftsbedingungen von Vereinigungen im Sinne des Satzes 1 geführt werden.

GG, Artikel 14

(1) Das Eigentum und das Erbrecht werden gewährleistet. Inhalt und Schranken werden durch Gesetze bestimmt.

(2) Eigentum verpflichtet. Sein Gebrauch soll zugleich dem Wohle der Allgemeinheit dienen.

(3) Eine Enteignung ist nur zum Wohle der Allgemeinheit zulässig. Sie darf nur durch Gesetz oder auf Grund eines Gesetzes erfolgen, das Art und Ausmaß der Entschädigung regelt. Die Entschädigung ist unter gerechter Abwägung der Interessen der Allgemeinheit und der Beteiligten zu bestimmen. Wegen der Höhe der Entschädigung steht im Streitfalle der Rechtsweg vor den ordentlichen Gerichten offen.

GG, Artikel 15

Grund und Boden, Naturschätze und Produktionsmittel können zum Zwecke der Vergesellschaftung durch ein Gesetz, das Art und Ausmaß der Entschädigung regelt, in Gemeineigentum oder in andere Formen der Gemeinwirtschaft überführt werden. Für die Entschädigung gilt Artikel 14 Absatz 3 Satz 3 und 4 entsprechend.

12.3 Die Zukunft der sozialen Marktwirtschaft

Werten Sie die folgenden Textauszüge aus!

Entnommen aus:

Grosser, Lange, Müller-Armack, Neuss: Soziale Marktwirtschaft, Geschichte – Konzept – Leistung;
Müller-Armack, Andreas: Das Konzept der Sozialen Marktwirtschaft – Grundlage, Entwicklung, Aktualität, Stuttgart 1988, Seite 21 ff.

5. Aktualität der Sozialen Marktwirtschaft

... Nach dem Zweiten Weltkrieg ist weltweit ein »Wettkampf der Systeme« entbrannt. Der theoretischen Überzeugung von seiten der Befürworter der Marktwirtschaft, daß dieses Prinzip jeder zentralistischen Lenkung weit überlegen ist, setzten die Verfechter des Sozialismus immer wieder neu konzipierte langfristige Pläne mit dem erklärten Ziel entgegen, den wirtschaftlichen Rückstand gegenüber dem sog. Kapitalismus nicht nur aufzuholen, sondern diesen deutlich zu überholen. Mehr als vier Jahrzehnte praktischer Erfahrung mit unterschiedlichen Wirtschaftssystemen liegen heute wie in einem naturwissenschaftlichen Versuch vor. Sie belegen eindeutig die haushohe Überlegenheit der Marktwirtschaft in bezug auf Produktivität, Wohlstand, Wettbewerbsfähigkeit und technischen Fortschritt. Berücksichtigt man dabei die in der geringen Produktivität zentralistischer Systeme sich ausdrückende »versteckte Arbeitslosigkeit«, so ist die Marktwirtschaft auch der eindeutige Klassensieger in bezug auf Beschäftigung und Arbeitsplätze. ..

... Worauf es in diesem Zusammenhang ankommt, ist die Tatsache, daß der Zwang zur Marktwirtschaft tendenziell zunimmt. Je mehr die Märkte unter dem Einfluß der neuen Technologien weltweit zusammenwachsen, je mehr die internationale Arbeitsteilung zu einer Globalisierung und Internationalisierung der Märkte sowie zu einer Verschärfung des Konkurrenzdruckes führt, desto mehr sind die Volkswirtschaften existenziell darauf angewiesen, ihre komparativen Vorteile voll zur Geltung zu bringen. Für ein Hochlohnland wie die Bundesrepublik Deutschland – rohstoffarm, importabhängig, deshalb zwangsläufig exportorientiert – bestehen die komparativen Vorteile vor allem in Kreativität, Einfallsreichtum und dem Wissen und Können unserer Bevölkerung. Dieses geistige Potential voll zu aktivieren und in wirtschaftliche Leistung umzusetzen, wird immer mehr zu einer Überlebensfrage für uns. Wir sind sozusagen zur internationalen Wettbewerbsfähigkeit verurteilt. ...

... Zudem kann es sich eine Volkswirtschaft künftig immer weniger leisten, ihre Leistungsfähigkeit durch ein Übermaß an Subventionen, Regulierungen und bürokratischen Barrieren zu behindern. Auch protektionistische Praktiken müssen endlich als ein Verhalten begriffen werden, das wegen entsprechender Retorsionsmaßnahmen der Länder, gegen die man sich schützen will, zwangsläufig die Marktchancen der eigenen Exportindustrien einschränkt. Hinzu kommt für den speziellen Fall der Bundesrepublik die Hypothek jener Belastungen und Hemm-

nisse, die sich in früheren Jahren als Folge einer wohlfahrtsstaatlich eingefärbten Gesamtpolitik angehäuft haben, und die mitbewältigt, mindestens aber mitgetragen werden müssen.

Vor diesem Hintergrund ergibt sich die dringende Notwendigkeit einer marktwirtschaftlichen Reformpolitik. Diese Politik muß sozusagen auf eine Generalüberholung unseres marktwirtschaftlichen Systems hinauslaufen, um dessen Effizienz und Dynamik wieder zu erhöhen. Dazu ist ein ganzes Bündel von Einzelreformen notwendig. Die wichtigsten Stichworte lauten:

Konjunkturpolitik

Auch künftig ist die Wirtschaftspolitik auf ein konjunkturpolitisches Instrumentarium angewiesen. Zwar hat die Konjunkturpolitik insoweit an Stellenwert verloren, als sich die zyklische Komponente der deutschen Wirtschaftsentwicklung eindeutig abgeschwächt hat. Manche befürchten (wir hoffen) ja schon, es gebe den Konjunkturzyklus überhaupt nicht mehr. Statt dessen haben Maßnahmen zur wachstumsfördernden Rahmengestaltung und Strukturverbesserung an Gewicht gewonnen. Kurzfristig orientiertes Konjunkturmanagement, wie es noch der Schöpfern des Stabilitätsgesetzes vorschwebte, ist zum Teil ersetzt worden durch stärker strukturell orientierte Maßnahmen. Dennoch ist die Konjunkturpolitik nicht tot. Gerade die internationalen Turbulenzen nach dem 19. Oktober 1987 haben schlaglichtartig erhellt, daß auch kurzfristig wirksame Stabilisierungsimpule nach wie vor zum Instrumentenkasten einer verantwortlichen Wirtschaftspolitik gehören müssen.

Regionalpolitik

Auch in einem hochindustrialisierten Land wie die Bundesrepublik ist Regionalpolitik weiterhin notwendig. Wenn die EG-Kommission regionalpolitische Probleme lediglich in solchen Regionen anerkennen will, die – gemessen an wirtschaftlicher Leistungskraft und an der Situation auf dem Arbeitsmarkt – unter dem gemeinschaftlichen Durchschnitt liegen, so verkennt sie damit die Probleme, die sich auch in einem vergleichsweise wohlhabenden Land durch bestehende Ungleichgewichte und ein deutliches »Chancengefälle« gegenüber den Verdichtungsräumen ergeben. Aber dies ist ein prinzipieller Streit, der politisch ausgetragen werden muß.

Hinzu kommt ein weiterer Gesichtspunkt: Die akuten Probleme der europäischen Agrarpolitik haben gerade in der Bundesrepublik bei den landwirtschaftlichen Erzeugern zu erheblichen Einkommenseinbußen geführt. Die Existenz vieler bäuerlicher Familienbetriebe mit ungünstigen Produktionsbedingungen ist gefährdet. Der sich bereits vollziehende, aber überwiegend noch bevorstehende Strukturwandel in der Landwirtschaft hat den gesamten ländlichen Raum in Unruhe versetzt. Notwendiger denn je ist eine umfassende Politik für den ländlichen Raum, sozusagen eine konzertierte Aktion aller raumrelevanten Zuständigkeitsbereiche mit dem Ziel, die Attraktivität des ländlichen Raumes zu verbessern und ihm wieder neben den Ballungsgebieten eine eigenständige, positive Entwicklungsperspektive zu geben. In diesem Zusammenhang muß die Schaffung wohnortnaher Arbeitsplätze im Rahmen einer wirksamen Regionalpolitik mit Sicherheit einer der entscheidenden Schwerpunkte sein.

Mittelstandspolitik

Auch die Mittelstandspolitik hat keineswegs an Aktualität verloren. Seit jeher laufen die Strukturvorstellungen der Sozialen Marktwirtschaft auf ein Neben- und Miteinander kleiner, mittlerer und großer Unternehmen hinaus. Die Marktwirtschaft lebt vor allem von der Vielzahl konkurrierender und kooperierender Unternehmen; Marktvielfalt und Machtbegrenzung sind unabdingbare Voraussetzung für freiheitliche Marktbedingungen. Der Mittelstand ist deshalb aus der Sicht der Sozialen Marktwirtschaft keineswegs ein Randbereich, um den man Schutzzäune errichten sollte, sondern vielmehr das Herzstück, das Zentrum, der Normalfall der Marktwirtschaft. Deshalb muß Mittelstandspolitik in erster Linie bedeuten: Schaffung von gesamtwirtschaftlichen Rahmenbedingungen, die kleinen und mittleren Unternehmen in ausreichendem Umfang die Chance geben, sich zu entwickeln und dauerhaft am Markt zu behaupten. Flankierend dazu müssen nach wie vor und im Zuge eines beschleunigten Strukturwandels sogar verstärkt mittelstandsspezifische Nachteile marktkonform ausgeglichen werden. Deshalb muß es weiterhin eine spezifische Mittelstandspolitik geben, die sich als »Hilfe zur Selbsthilfe« versteht und dort unterstützend, fördernd, teilweise auch beratend hilft, wo mittelständische Unternehmen benachteiligt sind. Dies gilt z. B. auch für den Zugang zu ausländischen Märkten. Wenn die mittelständischen Unternehmen im Zuge eines wachsenden Internationalisierung nicht zurückbleiben und letztlich abgehängt werden sollen, muß der Staat auch in Zukunft im Rahmen des ordnungspolitisch Sinnvollen Hilfestellung geben, daß auch kleine und mittlere Unternehmen auf ausländischen Märkten Fuß fassen können. Das gilt ganz besonders im Hinblick auf den gemeinsamen europäischen Binnenmarkt, der ab 1992 entstehen soll und alle Bereiche der deutschen Wirtschaft zwingen wird, sich den Bedingungen und Leistungsnormen des europäischen Gesamtmarktes anzupassen.

Technologiepolitik

Eine neue Dimension der Mittelstandspolitik als ein neues Politikfeld eigenständiger Bedeutung ergibt sich unter dem Stichwort »Forschung und Innovation«. Es geht darum, den Wissens- und Informationstransfer aus der Forschung, in die wirtschaftliche Anwendung und hier insbesondere auch in den Mittelstand zu beschleunigen und zu verbreiten. Auch unter den Bedingungen der dritten industriellen Revolution soll der Mittelstand sein volles Innovationsgewicht entfalten können. Dazu sind staatliche Hilfestellungen notwendig, die freilich die Grenze zum Dirigismus nicht überschreiten dürfen. Technischer Fortschritt ist und bleibt in erster Linie ein unternehmerischer Prozeß. Aber dem steht z. B. die Förderung bestimmter »Querschnittstechnologien« nicht im Wege. Sie ist im Gegenteil notwendig, ebenso wie der Auf- und Ausbau einer flächendeckenden Informationsinfrastruktur, die auch kleinen und mittleren Unternehmen den Zugang zu dem gespeicherten Wissen unserer Zeit (Datenbanken, Patentämter, Fachinformationssysteme) ermöglicht.

Wettbewerbspolitik

In der Bundesrepublik Deutschland vollzieht sich gegenwärtig ein beschleunigter Konzentrationsprozeß sowie ein heftiger Verdrängungswettbewerb zu Lasten des mittelständischen Einzelhandels. Dahinter steckt ein Strukturwandel, der großenteils durch das tatsächliche Verbraucherverhalten bedingt und großenteils auch von den Verbrauchern gewollt ist. Aber teilweise droht er zu entarten. Er hat Formen angenommen und führt zu Ergebnissen, die mit den globalen Strukturvorstellungen der Sozialen Marktwirtschaft – eben dem dauerhaften Neben- und Miteinander großer, mittlerer und kleiner Unternehmen – nicht mehr in Einklang gebracht werden können, weil sich dadurch die langfristigen Marktstrukturen grundlegend verschlechtern.

Der sich vor allem auf dem Lebensmittelmarkt vollziehende Verdrängungswettbewerb geht keineswegs nur zu Lasten der ganz kleinen Unternehmen (»Tante Emma«), sondern auch zu Lasten durchaus leistungsfähiger mittlerer Einheiten, die andererseits relativ hohe Marktzugangsschranken vorfinden. Praktisch bedeutet dies eine Verarmung des Wettbewerbs, eine qualitative Ausdünnung der Angebotsvielfalt und damit ein Verlust in wirtschaftlicher Freiheit und Wahlmöglichkeit, die langfristig auch nicht im Sinne des Verbrauchers sein kann.

Dabei wird nicht bestritten, daß es Wettbewerb gibt. Der Wettbewerb im Oligopol ist bekanntlich intensiv. Aber aus der Sicht der Sozialen Marktwirtschaft kommt es nicht nur auf den Wettbewerb als Institution, sondern auch darauf an, was bei diesem Wettbewerb strukturell und im Hinblick auf künftige Wettbewerbsmärkte herauskommt. Eben deshalb erscheint aus der Sicht der Sozialen Marktwirtschaft eine Reform der Kartellgesetzgebung (GWB) durchaus geboten.

Umweltpolitik

Das wachsende Gewicht der Umweltpolitik ist unbestritten. Optimaler umweltpolitischer Fortschritt, der einerseits das technisch Machbare, andererseits aber auch die Folgewirkung der Umweltschutzkosten auf Wettbewerbsfähigkeit, Arbeitsplätze und wiederum Finanzierungsspielräume für wirksamen Umweltschutz berücksichtigt, kann nur in jenem Zusammenwirken von Marktautonomie und staatlicher Normensetzung erreicht werden, wie es für die Soziale Marktwirtschaft typisch ist. Der Staat soll klare, verläßliche Normen- und Schwellenwerte vorgeben. Er soll aber gleichzeitig möglichst große Spielräume lassen, innerhalb derer die Wirtschaft sich ihren eigenen, kostengünstigsten Weg zur Erfüllung dieser Aufgaben selbst suchen kann. Der staatlich abgesteckte Rahmen soll durch die Dynamik des Marktes ausgefüllt werden.

Infrastrukturpolitik

Last but not least ist die Aufgabe zu nennen, die Infrastruktur der Bundesrepublik Deutschland zu modernisieren und weiter zu ergänzen. Ein günstiges Energiepreisniveau ist und bleibt ein entscheidender Standortfaktor, der international Gewicht hat. Auch der Verkehrsausbau und die Anbindung an die großen internationalen Wirtschaftsräume zu Land, zu Wasser und in der Luft entscheiden mit über den Standort Bundesrepublik Deutschland und seine Wettbewerbsfähigkeit. Ein dritter Infrastrukturbereich, der ständig an Bedeutung gewinnt, ist der Bereich der Information im weitesten Sinne, vor allem der Ausbau leistungsfähiger Kommunikationssysteme. In diesem Zusammenhang ist auch die Strukturreform der Deutschen Bundespost und ihrer Dienste zu sehen. Dabei verpflichtet freilich die soziale Verantwortung dazu, auch dem Erschließungsprinzip und damit den Zukunftschancen der dünn besiedelten Randgebiete ausreichend Rechnung zu tragen.

Dies alles sind Aufgabenfelder, in denen aus der Sicht der Sozialen Marktwirtschaft der Staat auch künftig Aufgaben wahrzunehmen hat, die über das neoliberale Staatsverständnis deutlich hinausgehen. Nach unserer Überzeugung trägt der Staat hier aktive Mitverantwortung. Er darf nicht nur, sondern er muß auch in Marktprozesse eingreifen, und zwar nicht nur administrativ, sondern auch finanziell. Insoweit gehören bestimmte Subventionen durchaus zum notwendigen staatlichen Instrumentarium. Aber eben nur dort, wo sie wirklich notwendig und ordnungspolitisch gerechtfertigt sind.

Natürlich sind auch aus der Sicht der Sozialen Marktwirtschaft Erhaltungssubventionen abzulehnen, die nicht mehr wettbewerbsfähige Strukturen gegen die Marktkräfte zu stützen versuchen. Aber es entspricht nicht dem Verständnis Sozialer Marktwirtschaft, in den so beliebten Ruf vieler Verbandsversammlungen einzustimmen: »Weg mit allen Subventionen!« Mit einer Realisierung dieser Forderung würde die Soziale Marktwirtschaft ihre bisherige ordnungspolitische Linie aufgeben und in einen neuen Kurs einschwenken, der sich wieder stärker an neoliberalen bzw. liberalistischen Vorstellungen orientieren würde.

Ob eine solche stärkere Orientierung an der reinen Lehre der Marktwirtschaft dem Image dieser Wirtschaftsordnung in der Öffentlichkeit und ihrer Akzeptanz nützen würde, ist wohl eher zu bezweifeln. Selbst in einem Land, das wie die Bundesrepublik so hervorragende Erfahrungen mit der Marktwirtschaft gemacht hat, ist man, wie die Erfahrung zeigt, relativ schnell bereit, in die vermeintliche Sicherheit des Sozialstaats zu flüchten, sobald sich ernsthafte Struktur- und Anpassungsprobleme ergeben. Eine Ordnungspolitik, die bewußt darauf verzichten würde, etwa bei gravierenden Branchenkrisen abfedernde Anpassungshilfen zu geben, würde mit Sicherheit nur das Lager der Marktwirtschaftsgegner verstärken. Auch die Marktwirtschaft ist, soll sie nicht zu einem theoretischen Prinzip verkümmern, auf politische Mehrheiten angewiesen.

Wenn die Marktwirtschaft eine Zukunft haben soll, muß ihr die Mehrheit der Bevölkerung vertrauen. Der Weg zu mehr Vertrauen in die Marktwirtschaft führt aber nicht über mehr marktwirtschaftlichen Fundamentalismus. Notwendig ist stattdessen eine stärkere Wiederbesinnung auf die tragenden Grundsätze der Sozialen Marktwirtschaft, der es um ökonomische Effizienz geht, aber ebenso sehr auch um sozialen Konsens, und die neben der Dynamik des Marktes auch die soziale Verantwortung der Gesellschaft, der Gruppen und des Staates betont.

Aufgaben:

1. Welche Gründe nennt der Autor für die Aktualität der Sozialen Marktwirtschaft?
2. Welche Gebiete „marktwirtschaftlicher Reformpolitik" werden genannt? Geben Sie stichwortartig die Schwerpunkte an!

12.4 Modell der Zentralverwaltungswirtschaft I

Vergleich zwischen Modell und Realtyp

Das Modell der Zentralverwaltungswirtschaft (= Idealtyp) ist aus vielerlei Gründen in der Wirklichkeit nicht anzutreffen und wohl auch nicht zu verwirklichen. Im folgenden sollen die wichtigsten Unterschiede zwischen Modell und Wirklichkeit erarbeitet werden:

Idealtyp	Mögliche Realtypen
• Eine Zentrale steuert (plant) Verbrauchs- und ....mengen.	....
►..... Güter und Leistungen werden mengen- und ....mäßig nach örtlichem und ....Bedarf geplant.	....
►Produzenten können .... Entscheidungen fällen; keine	....
►Konsumenten können .... Entscheidungen fällen; keine	....
►Keine Import- und Exportentscheidungen durch Produzenten und ....; kein	....
►Keine Vertrags...........	....
►Geldfunktionen überflüssig. Falls „Geld" vorhanden ist, ist es lediglich	....
►Kein Privateigentum an Produktionsmitteln, lediglich	....
►Keine freie Berufs........	....
►Keine freie Arbeitsplatz........	....
►Keine Freizügigkeit.	....
►Keine Märkte (z.B. kein ...., kein ...., kein ...., kein ....)	....

Anmerkung: Die Pfeile bedeuten logische Konsequenzen.

12.5 Modell der Zentralverwaltungswirtschaft II

Erste Planphase

Bevor die Planungsbehörde einer totalen Zentralverwaltungswirtschaft planen kann, muß sie wissen, was sie will. Sie muß sich also Ziele setzen, die voraussichtlich realisierbar sind. Realisierbare Ziele lassen sich nur setzen, wenn man die Daten über die Ansprüche (= Verwendung) und das Vorhandene bzw. Produzierbare (= Aufkommen) kennt.

Beispiel:

Angenommen, eine sozialistische Modellvolkswirtschaft hat eine Bevölkerung von 20 Mio. In der Landwirtschaft sind 1 Mio. Beschäftigte tätig. Von der landwirtschaftlichen Nutzfläche sollen 2 Mio. ha für Brotgetreide und 1 Mio. ha für Futtergetreide vorgesehen werden. Dabei wird ein Hektarertrag von 40 dt (dt = Dezitonne = 100 kg) geplant.

Nach den Zielvorstellungen der obersten Führung ist pro Kopf der Bevölkerung 1 kg Brot je Kalendertag vorgesehen. Dabei wird der Einfachheit halber folgende technische Beziehung zwischen Getreide und Brot unterstellt: 1 kg Getreide = 0,8 kg Mehl = 1 kg Brot (1 Jahr = 360 Tage).

Importe von Brotgetreide sind nicht eingeplant. Dagegen bestehen Exportverpflichtungen von 10 Mio. dt je Jahr. Die Vorräte in Höhe von 2 Mio. dt sollen beibehalten werden.

Für die Viehwirtschaft werden 42 Mio. dt Futtergetreide angefordert. Auf eine Vorratshaltung wird verzichtet. Ex- und Import von Futtergetreide ist nicht eingeplant.

Brotgetreideaufkommen und -verwendung wird in der Abteilung A (staatliche Bäckereien) geplant, Aufkommen und Verwendung von Futtergetreide von der Abteilung B (staatliche landwirtschaftliche Betriebe). Die Gesamtplanung erfolgt in der Abteilung Z (zentrale Planbehörde).

a) Wenn das vorläufige Planziel der „**staatlichen Vorgabe**" erreicht werden soll, müssen jährlich ...... Mio. dt Getreide erzeugt werden.

b) Die Kapazität der Landwirtschaft beträgt unter den gegebenen Verhältnissen .... Mio. dt Brotgetreide und .... Mio. dt Futtergetreide.

c) Die **erste Planphase** ist zu vollziehen. Dazu müssen die Planbilanzen A und B erstellt werden:

Aufkommen	Planbilanz A (in Mio. dt)		Verwendung
Anfangsbestand	....	Schlußbestand	....
Import	....	Export	....
Inlandaufkommen	....	Inlandverbrauch	....
Fehlmenge	....		
	....		....

Aufkommen	Planbilanz B (in Mio. dt)	Verwendung	
Inlandaufkommen	....	Inlandverbrauch	....
Fehlmenge	....		
	....		....

d) Die Meldung an die Zentrale Planbehörde, der sogenannte „**Rücklauf**", ergibt eine Fehlmenge von .... Mio. dt Brotgetreide und .... Mio. dt Futtergetreide. Die Fehlmenge in Prozent der Anforderungen heißt Knappheitsgrad. Er beträgt insgesamt 3,2 %.

e) Die Planbilanz der Abteilung Z hat folgendes Aussehen:

Aufkommen	Planbilanz Z (in Mio. dt)	Verwendung	
Anfangsbestand	....	Schlußbestand	....
Import	....	Export	....
Inlandaufkommen	....	Inlandverbrauch	
Fehlmenge	....	Bäckereien	....
		Viehwirtschaft	....
	....		....

Zweite Planphase

In der **2. Phase** der Planung, der sogenannten „**staatlichen Aufgabe**", werden die vorläufigen Planbilanzen nach den gegebenen Möglichkeiten und Prioritäten berichtigt. In Fortsetzung des Beispiels wird angenommen, daß die zentrale Planungsbehörde der Meinung ist, die Viehwirtschaft keine Kürzung erfahren zu lassen (Sicherung der Fleischversorgung). Die Bestände sollen, um sich gegen etwaige Krisen schützen zu können, nicht verändert werden. Importe können nicht durchgeführt werden, weil die Devisen für den Import landwirtschaftlicher Maschinen benötigt werden. Der geplante Hektarertrag kann nicht erhöht werden, weil andernfalls Arbeitskräfte aus anderen Wirtschaftszweigen abgezogen werden müßten. Außerdem kann die Düngemittelproduktion kurzfristig nicht erhöht werden. Daraus folgt, daß die Planbilanz der Abteilung A um die Fehlmenge, die in der Planbilanz Z ermittelt wurde, gekürzt werden muß.

Demnach lautet die endgültige Planbilanz der Abteilung A wie folgt:

Aufkommen	Planbilanz A (in Mio. dt)	Verwendung	
Anfangsbestand	....	Schlußbestand	....
Inlandaufkommen	....	Export	....
		Inlandverbrauch	....
	....		....

Die endgültige Planbilanz der Abteilung B hat folgendes Aussehen:

Aufkommen	Planbilanz B (in Mio. dt)	Verwendung	
Inlandaufkommen	....	Inlandverbrauch	....
═══	≕	══	≕

Die endgültigen Planbilanzen werden .... (staatliche Planauflage, „Soll"), nachdem die einzelnen Betriebe und andere interessierte gesellschaftliche Gruppen (z.B. Partei und ihre Organisationen) gehört und eventuelle geringfügige Änderungen vorgenommen worden sind. Man bezeichnet daher diesen komplexen Planungsvorgang (staatliche Vorgabe im „Vor- und Rücklauf", staatliche Aufgabe im „Vor- und Rücklauf" und gesetzliche Verankerung) als ....

Neben der Möglichkeit, Fehlmengen durch Kürzungen zu beseitigen, kann natürlich die zentrale Planungsbehörde versuchen, die Fehlmengen auf der Aufkommensseite zu beseitigen. Solche Möglichkeiten sind z.B.:

1. ....
2. ....
3. ....
4. ....
5. ....
6. ....
7. ....
8. ....

Folgende Bedingungen müssen im obigen Beispiel erfüllt sein, wenn der Plan erfüllt werden soll (hierbei werden die Schwächen der zentralen Planung deutlich):

1. ....
2. ....
3. ....
4. ....
5. ....
6. ....
7. ....
8. ....

Plankontrolle

I. Im Modell der freien Wirtschaft erfolgt die Kontrolle der einzelwirtschaftlichen Pläne durch die .... Hat z.B. ein Produzent seine Absatzchancen überschätzt, bleibt er auf einem Teil seines Angebots .... Er muß entweder die Preise .... und/oder sein Angebot ....

Da es im Modell der Zentralverwaltungswirtschaft keinen .... gibt, ist es erforderlich, die Erfüllung der Pläne durch Behörden .... zu lassen, denn jeder Verstoß gegen einen Einzelplan ...... die Erfüllung des ....

Die Plankontrolle muß sich beziehen auf

1. ...., 2. ...., 3. .... und 4. .... Hilfsmittel der Plankontrolle ist ein System von Vollzugsmeldungen, bei denen .... eine besondere Rolle spielen;

1. Das Verhältnis von **Umsatz zu Planpreisen** zum Arbeitskräfteeinsatz heißt Bruttoproduktion. Ist die Istkennziffer höher als die ...., wurde der Plan ....

2. Die Differenz zwischen **Umsatz zu Planpreisen** und **Faktoreinsatz zu Planpreisen** (den Zinskosten entspricht die Produktionsfondsabgabe) ist der Plangewinn. Ist der Ist........... dem Plan........... gleich, wurde der Plan ....

3. Am einfachsten ist die Methode, Mengeneinheiten vorzugeben und zu kontrollieren („Tonnen-Sozialismus"). Mengengrößen können z.B. angegeben sein in .... (Elektrizität), ... (z.B. Getreide), ... (z.B. Traktoren), ... (z.B. Milch), ... (z.B. Straßen, Schienen), ... (z.B. Kohle). Wurden z.B. die vorgegebenen Mengeneinheiten nicht erreicht, liegt .... des Planes vor.

II. Plankontrolle allein genügt nicht. Die Pläne müssen auch .... werden. Die Zentralverwaltungswirtschaft kennt daher.............. und ....

Zu den .... gehören Prämien und .... (z.B. „Verdienter Aktivist").

Die .... werden wie folgt begründet: „Liefert ein Betrieb Erzeugnisse mit durchschnittlicher Qualität und erleidet die Volkswirtschaft dadurch ökonomische Verluste, so müssen der Betrieb und die einzelnen Produzenten (= Arbeiter und Angestellte) ebenfalls ökonomisch spüren, daß sie den Interessen der Gesellschaft zuwider gehandelt haben."[1] Denn „im Sozialismus wirkt das Gesetz der Verteilung nach der Arbeitsleistung".[2] Wichtigste Strafen für Minderleistungen sind daher Entzug der .... und Lohn- ....

---

[1] Schwebs, G.u.a.: Einführung in die sozialistische Produktion, Dresden 1968, S. 117f. [Amtliches Lehrbuch der DDR für die Klasse 9 (Industrie)].
[2] Ebenda, S. 119.

12.6 Die Zukunft der Zentralverwaltungswirtschaft

„Jetzt geht es darum, im Sinne der Menschen in der DDR Brücken zu bauen. Mit der Schönfärberei ist Schluß." Das sagt Prof. Helmut Richter, Chef des Instituts für Sozialistische Wirtschaftsführung an der Ostberliner Hochschule für Ökonomie „Bruno Leuschner", im Gespräch mit der WELT.

WELT: Herr Professor, warum ist die DDR so ins Schleudern gekommen? Warum ist die Wirtschaft bankrott?

Richter: Ja, wir sind ins Schleudern gekommen. Wir haben über unsere Verhältnisse gelebt. Aber mal zu den Ursachen. Ich glaube, eine Fehleinschätzung der bis vor kurzem amtierenden Regierung war, daß die Potenzen der hochentwickelten kapitalistischen Länder unterschätzt wurden.

Es wurde einfach unterschätzt, daß dieses kapitalistische Wirtschaftssystem in der Lage sein wird, der Herausforderung der wissenschaftlich-technischen Revolution in dieser Weise zu begegnen – mehr oder weniger souverän. Dazu kommt, daß unsere alte Regierung die Lage in der DDR geschönt hat. Das zweite große Problem ist, daß es uns nicht gelungen ist, die Wirtschaft vom extensiven zum intensiven Produktionstyp umzustellen. Mit einfachen Worten: Wir haben uns verzettelt. Wir haben nicht die Effizienz zur Quelle des Wachstums gemacht. Mit der Zunahme vor allem der wissenschaftlich-technischen Entwicklung, mit der zunehmenden internationalen Verflechtung haben Planbürokratie und Zentralismus mehr und mehr versagt.

WELT: Warum steuern Sie erst jetzt einen anderen Kurs? Warum geben Sie dem Markt erst jetzt – und noch dazu zaghaft – eine erste Chance?

Richter: Wir haben den Zentralismus mit Sicherheit zu lange durchgehalten. ... Wir haben bis in die jüngste Zeit einen stalinistischen Ballast herumgeschleppt, der darin bestand, daß ein prinzipieller Widerspruch zwischen Sozialismus und Kapitalismus als Scheintheorie aufgebaut wurde, der darin bestand, daß man geglaubt hat, man könne mit zentraler Direktiv-Wirtschaft ein besseres System aufbauen als der Kapitalismus mit seinem Markt.

Wir haben – wie Lenin – daran geglaubt, daß die industrielle Großproduktion, ähnlich wie das zentral gelenkte Militär, von oben gesteuert und befohlen wie ein Uhrwerk funktioniert. Die Widersprüche, die in jeder Gesellschaft – auch in unserer – liegen, wollten wir durch zentrale Anordnung überwinden, besser gesagt beherrschen. Es stimmt eben nicht, wie wir fälschlicherweise angenommen haben, daß in unserer Volkswirtschaft alle Interessen hübsch übereinstimmen. Es gibt Interessenkonflikte auch in einer sozialistischen Gesellschaft.

WELT: Herr Richter, was braucht die Wirtschaft der DDR heute – und zwar sofort?

Richter: Wir brauchen, wie auch meine Kollegin, bis vergangenen Freitag war Christa Luft hier die Rektorin, jetzt ist sie stellvertretende Ministerpräsidentin und Wirtschaftsministerin, mir gesagt hat, ein Sofortprogramm und zugleich eine Wirtschaftsreform, wo das Endziel definiert ist. Also wir brauchen den Übergang von der zentral-bürokratischen Direktivwirtschaft zur sozialistischen Marktwirtschaft. Andere definieren es etwas vorsichtiger und sagen, am Markt orientierte Planwirtschaft oder geplante Marktwirtschaft.

WELT: Aber wie kommen Sie zu dieser „sozialistischen Marktwirtschaft"?

Richter: Genosse Gorbatschow hat uns einen guten Rat gegeben: Macht nicht unsere Fehler. Denn einer der gravierendsten Fehler in der sowjetischen Wirtschaft war, daß man den übertriebenen Zentralismus ersatzlos zerschlagen hat. Das heißt, ich kann nicht die zentrale Bilanzierung zerschlagen, habe aber noch keinen funktionierenden Marktmechanismus. Deshalb vertrete ich die Auffassung, diese „Übergangsperiode" muß zwar sehr kurz sein, aber sie ist notwendig. Damit wir in dem Maße, wie wir einen Korsettstab nach dem anderen herausziehen aus diesem verkrusteten bürokratischen System, im gleichen Zug ökonomische Marktmechanismen einbauen.

WELT: Was verstehen Sie unter diesem Sofortprogramm?

Richter: Eine kombinierte Preis- und Einkommensreform. Eine kombinierte, das heißt in dem Maße, wie ich dieses ausgeuferte Subventionssystem korrigiere, muß ich die Einkommen der Menschen erhöhen. ...

Im Klartext: Wir müssen ganz schnell weg von vielen Subventionen hin zu echten Preisen. Wir müssen es dem Hersteller ermöglichen, Gewinne zu machen, daß er sein eigenes Potential reproduzieren kann und Antriebskräfte bekommt, daß er konkurrieren kann. Also in diesem Falle werde ich mir selber untreu und sage, hier muß man doch noch einmal zentral entscheiden. Preise, Steuern, Einkommen, Gewinne – wir müssen ganz schnell handeln, selbst wenn die Rechnung nicht gleich auf den Pfennig genau stimmt, sonst wird der Prozeß unkontrollierbar, sonst haben wir die Explosion.

WELT: Noch einmal: Was ist das Ziel?

Richter: Zentralpunkt der Wirtschaftsreform ist der weitgehend eigenständige, der auf Eigenverantwortung basierende Betrieb. Und mit Betrieb meine ich das genossenschaftliche Unternehmen, meine ich das halbstaatliche, das gemischte, auch das privatkapitalistische Unternehmen, das ja wieder bei uns zugelassen werden wird. Damit meine ich den Handwerksbetrieb, den Gewerbetreibenden, das große Unternehmen als – wie wir sagen – als sozialökonomische Grundeinheiten der Wirtschaft. Noch eines: Wir haben uns die Frage gestellt: Wenn wir den Produktivitätsrückstand zu den entwickelten Industrieländern des Westens gleich 100 setzen, wie verteilen sich diese 100 Prozent? Wir sind da auf eine Drittelung gekommen: Er ist zu etwa einem Drittel technologischer Rückstand.

Das zweite Drittel ist organisatorischer Rückstand, der bedingt ist durch die Ineffizienz unseres Leitungssystems. Und das dritte Drittel ist, daß die individuelle Leistung der Menschen verglichen mit der in westlichen Ländern entschieden zu gering ist. Die Menschen arbeiten einfach nicht so intensiv. Die Motivation fehlt. Jetzt zurück zu Ihrer Frage: Welches Konzept entwickeln wir in überschaubarer Zeit. Wir müssen weg von diesen überholten Vorstellungen der Quotenregelung des Reproduktionsprozesses. Erst wird geforscht und entwickelt, dann wird produziert, und dann wird verkauft, ohne zu wissen: Wer will das Produkt eigentlich. Die Zeiten sind jetzt zu Ende.

Der Prozeß muß auch bei uns in der DDR am Markt beginnen. Und wir müssen davon wegkommen, alles selber machen zu wollen, autark zu sein. Wir müssen uns den Marktführern überall auf der Welt verbünden und nicht mit den Schwachen. Zwei Schwache machen ja keinen Starken. Und es gibt da so – wie mir bekannt ist – Andeutungen in Ihrem Lande, daß die Unternehmen in der BRD sich mit keinem Schwächling verbinden möchten, sondern mit leistungsstarken Kombinaten oder Betrieben. Ja, Sie wollen mit Ihrer Frage wissen, was ist das Hauptziel der Reform. Im Zentrum steht das in hohem Maße eigenverantwortlich agierende Unternehmen.

Dazu aber gehört als ein ganz wichtiges zweites Standbein ein Konzept des Zentralismus. Das hört sich jetzt vielleicht widersprüchlich an. Aber kein Land in dieser Welt kommt heutzutage ohne zentrale Planprojekte aus. Das heißt, auch wir brauchen in der DDR weiterhin die Rahmen-Planung, aber keine Planwirtschaft im traditionellen Sinne. Es geht um die Verknüpfung von Plan- und Marktwirtschaft. Plan ist doch nicht Ziel. Plan ist doch nur Mittel zum Zweck. Das ist bei uns irgendwie verrückt geworden.

WELT: Herr Professor, Marktwirtschaft und Sozialismus in einem. Haben wir das richtig verstanden?

Richter: Mein sozialistisches Ziel ist, daß zum Beispiel grundsätzlich jeder arbeitswillige Mensch Arbeit haben muß. Ich würde Arbeitslosigkeit – auch für die Zukunft – als antisozialistisch bezeichnen. Allerdings meine ich damit nicht jene, die nicht arbeiten wollen – aus welchen Gründen auch immer. Diese Menschen gibt es hier, diese Menschen gibt es überall. Der Mensch ist drüben und hüben nicht anders.

WELT: Weil das so ist, will jeder, der etwas leistet, auch etwas verdienen. Ob wir es nun wollen oder nicht, nicht so sehr der Gedanke an das Kollektiv, sondern der an das eigene Wohlbefinden ist Triebkraft für Leistung und Wohlstand. Der Leistungslohn, der Gewinn, spielt in der Marktwirtschaft – wie der Preis überhaupt – die zentrale Rolle. Wie werden Sie es künftig halten?

Richter: Natürlich, natürlich. Das ist genauso. In letzter Zeit ist viel geschrieben worden über das Leistungsprinzip unseres Sozialismus, ob es denn eine Leistungsgesellschaft sei. Ich gehöre zu denen, die manchmal etwas überspitzt sagen, eigentlich hat uns der Kapitalismus den Begriff geklaut, denn Leistungsgesellschaft sind nur wir, bei uns kann nur der zu Wohlstand kommen, der seine Arbeit tut.

WELT: Na, das sehen wir ja jetzt ganz deutlich...

Richter: ...Ja, Sie haben recht. Der Lohn, den ein Mensch bekommt, ist der Ausdruck der Wertschätzung der Gesellschaft, der Wertschätzung seiner Arbeit. Wenn ein Akademiker oder ein Ingenieur nur unwesentlich mehr verdient – bei allem Respekt – als ein Arbeiter, wird es keine Motivation geben. Dann besteht die Gefahr – und das ist bei uns die Realität –, daß man mit Mittelmaß gut über die Bühne kommt. Der faule Arzt wird nicht bestraft, und der extrem tüchtige und kreative Konstrukteur wird ebenso ungenügend belohnt. Eine zweite Erscheinungsform ist die mangelnde Differenziertheit der verschiedenen Arbeiten, also ob ungelernt, Facharbeiter oder Wissenschaftler. Und das Dritte: Bei uns wird die Tätigkeit des Managements, total unterbewertet.

Das heißt, ein Leiter verdient nur unwesentlich mehr als einer, der nicht leitet. Der Generaldirektor eines großen Kombinates verdient im Monat gegenüber dem Facharbeiter bestenfalls das Zweieinhalb- bis Dreifache. Ich habe in meinem Papier an den Ministerpräsidenten vorgeschlagen, daß es in dieser Hinsicht mit am dringlichsten ist, etwas zu tun. Wir müssen die Mitarbeiter in den Betrieben motivieren, sie zur Leistung anspornen. Anders geht es nicht....

WELT: Die Wirtschaft der DDR ist kaputt. Die Währung ist kaputt. Die Ostmark ist kaum das Papier wert, auf dem sie gedruckt wird! Und nun?

Richter: Ja. Es ist nun einmal so, daß die Stärke der Währung abhängt von der Leistungsstärke der Wirtschaft. Solange dieser schlimme Zustand bei uns anhält, so lange wird unsere Währung schwächer sein. Und selbst, wenn ich jetzt einmal ideal voraussehe, daß dieser Produktivitätsabstand, den ich jetzt einmal gleich 100 setze, sich in fünf Jahren um die Hälfte reduziert hat, dann ist unsere Währung trotzdem noch schlechter. Das heißt, man muß sich hier noch einiges einfallen lassen, um diese Übergangsperiode irgendwie zu verkürzen. Es gibt bestimmte Stufen, wie man die Währung konvertierbar oder begrenzt konvertierbar machen kann, ohne daß die Wirtschaft Schaden leidet, ohne daß die Menschen diskriminiert werden.

(Quelle: DIE WELT – Nr. 273 – Donnerstag, 23. November 1989; Auszug)

Aufgaben:

1. Welche Gründe nennt Prof. Richter für den „Bankrott" der DDR-Wirtschaft?
2. Welche Elemente einer „sozialistischen Marktwirtschaft" werden genannt?

12.7 Systemkonforme / systeminkonforme Maßnahmen des Staates

Die in den nachstehenden Abbildungen wiedergegebenen Erscheinungen sind das Ergebnis staatlicher Eingriffe in das Wirtschaftsgeschehen.

a) Liegen systemkonforme oder systeminkonforme Staatseingriffe vor?
b) Halten Sie diese Staatseingriffe für gerechtfertigt? Begründen Sie Ihre Meinung!

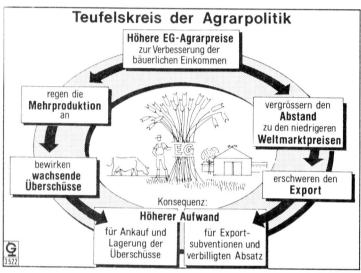

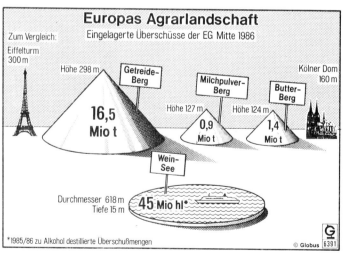

12.8 Sozialismus

Ausbeutung des Menschen
durch den Menschen

Verstaatlichung

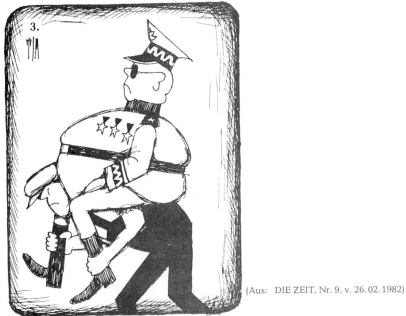

Klassenlose
Gesellschaft

Aus: L'Express

(Aus: DIE ZEIT, Nr. 9, v. 26.02.1982)

Nehmen Sie zu den Karikaturen Stellung!

12.9 Texte zur Wirtschafts- und Gesellschaftsordnung

Nehmen Sie zu den Aussagen der Texte Stellung!
Kennzeichnen Sie die Positionen!

Text 1

Aussprüche von Abraham Lincoln:
- Ihr werdet die Schwachen nicht stärken, indem ihr die Starken schwächt.
- Ihr werdet denen, die ihren Lebensunterhalt verdienen müssen, nicht helfen, indem ihr die ruiniert, die sie bezahlen.
- Ihr werdet den Armen nicht helfen, indem ihr die Reichen ausmerzt.
- Ihr werdet mit Sicherheit in Schwierigkeiten kommen, wenn ihr mehr ausgebt, als ihr verdient.
- Ihr werdet kein Interesse an den öffentlichen Angelegenheiten und keinen Enthusiasmus wecken, wenn ihr dem einzelnen seine Initiative und seine Freiheit nehmt.
- Ihr könnt den Menschen nie auf die Dauer helfen, wenn ihr für sie tut, was sie selber für sich tun sollten und könnten.

Text II

Auszüge aus einem Spiegelgespräch mit Ökonomie-Professor Galbraith

... *Spiegel:* Sie sagen also, Präsident Reagan stopft den Reichen ganz bewußt die Taschen voll ...

Galbraith: ... ob er das wissentlich tut, weiß ich nicht. Ronald Reagan ist ein Anhänger der Pferd-Spatzen-Theorie.

Spiegel: Wie bitte?

Galbraith: Diese Theorie besagt folgendes: Füttern Sie einem Pferd genug Hafer, dann fällt davon auch etwas für die Spatzen auf der Straße ab.

Spiegel: Das Pferd steht für die Reichen, die Spatzen für die Armen.

Galbraith: Genau.

Spiegel: Was ist falsch daran?

Galbraith: Die Alternative, den Armen direkt etwas zukommen zu lassen, ohne Umweg über die Reichen, ist viel wirkungsvoller.

Spiegel: Die Konservativen halten dagegen, daß es, um im Bild zu bleiben, leider nur über das Pferd ginge. Von der Bereitschaft der Reichen, ihr Geld zu investieren, hingen nun einmal die Wachstums- und damit auch die Umverteilungsmöglichkeiten ab. Bekämen die Reichen nicht genügend Anreize, würde zuviel direkt an die Armen verteilt, seien diese am Ende noch schlechter dran.

Galbraith: Dieses Risiko nehme ich gern in Kauf. Was Sie da wiedergeben, bedeutet doch auf die Politik von Herrn Reagan oder Frau Thatcher bezogen: Die Reichen arbeiten nicht genug, weil sie nicht genug verdienen, die Armen arbeiten zuwenig, weil sie zuviel verdienen. Wer das glaubt, dem kann man doch alles erzählen.

...

Galbraith: Irgendwie wurde wohl immer angenommen, die freie Marktwirtschaft sei ein göttliches Gebot. Wir müssen in den westlichen Industriestaaten aber eine mehr oder weniger dauerhafte Einkommenspolitik haben. Ich sage hier voraus, daß es dazu kommen wird, zumindest in den organisierten Bereichen der Wirtschaft, in denen Großunternehmen und starke Gewerkschaften den Marktmechanismus und damit die Flexibilität von Preisen und Löhnen auch nach unten ausgeschaltet haben. Dies ist absolut unabdingbar für das Überleben des westlichen

Wirtschaftssystems. Die eigentlichen Feinde des Kapitalismus sind die Leute, die Inflation mit Arbeitslosigkeit in Schach halten wollen.

Spiegel: Wie Milton Friedmann?

Galbraith: Friedmann fügt dem Kapitalismus mehr Schaden zu als ich. Er ist ein Ökonom des 18. Jahrhunderts.

Spiegel: Wenn Sie sich so vehement für eine staatliche Einkommenspolitik einsetzen, unterstellen Sie, daß die Inflation eine Folge der wirtschaftlichen Großorganisation ist: Mächtige Gewerkschaften treiben die Löhne, riesige Konzerne die Preise hoch, und niemand kontrolliert diese beiden Giganten. Nun bieten die Konservativen aber eine ganz andere Erklärung für die Inflation der vergangenen Jahre an. Sie geben dem ausufernden Wohlfahrtsstaat die Schuld, der sich nur noch mit immer höheren Staatsschulden finanzieren lasse. . . .

(Aus: Der Spiegel, Nr. 30/1982)

Teil II
Lösungen

Teil II
Lösungen

Kapitel 1: Grundbegriffe der Volkswirtschaftslehre

1.1 Lückentest

Mangelgefühle – beseitigen – unbegrenzt – Bedürfnisse
Kaufkraft – Bedarf – am Markt – Nachfrage – Markt

1.2 Arten der Bedürfnisse

Lösungsvorschlag: *a) 1, 3, 5 b) 6, 3 c) 2, 3, 5 d) 4, 5 e) 3, 5*

1.3 Bestimmungsgründe von Bedürfnissen

1. Bedürfnisse → bestimmt durch Kultur, in der der Mensch lebt.
   Menschen des gleichen Kulturkreises haben ähnliche Bedürfnisse.
   Bedürfnisse wandeln sich im Laufe der kulturellen Entwicklung.
2. Durch kulturelle Wertungen erfahren Güter auch symbolische Deutungen, die mit deren Nutzen nichts zu tun haben.
3. Die Einkommensverwendung folgt kulturellen Wertungen: Verbrauch (Art) und Sparen.
4. Das Kultursystem (z. B. in den USA) fördert die Standardisierung des Verbrauchs (Massenproduktion!).
   (Nachahmung der Verbrauchsgewohnheiten der Reichen. „Verkleidung" der Reichen.)
5. „Luxus" nicht mehr „Vorrecht einer winzigen Oberschicht" = Änderung/Wandlung des Luxusbegriffs.
6. Muße ist (mit Ferien und Reisen) → „Teil eines standardisierten Verbraucheranspruchs".
7. Die Gruppenzugehörigkeit bestimmt die Bedürfnisbefriedigung.
8. Die Kaufabsichten richten sich nach dem Gruppenstandard.
9. „Auffälliger Verbrauch" (VEBLEN) / „Auffälliger Nicht-Verbrauch".

1.4 Güter

	freie Güter	wirtschaftliche Güter	Verbrauchsgüter	Gebrauchsgüter	Produktivgüter	Sachgüter	Dienstleistungen	Komplementäre Güter	Konkurrierende Güter	Konsumgüter
a) Tageslicht	X									
b) Meerwasser	X									
c) Weideland		X		X	X	X				
d) Eisenerz		X	X		X	X				
e) Butter – Margarine		X	X			X			X	X
f) Wohngebäude		X		X		X				X
g) Holz für die Möbelherstellung		X	X		X	X				
h) Rechtsanwalt entwirft einen Kaufvertrag für ein Industrieunternehmen		X			X		X			
i) Ärztliche Behandlung		X					X			X
j) Moped eines Schülers		X		X		X				X
k) Moped eines Büroboten		X		X	X	X				
l) Kaffee – Kakao		X	X						X	X
m) Vertreter fährt mit der Bundesbahn zur Messe		X			X		X			

1.5 Auswertung einer Grafik „Gebrauchsgüter"

1. Komfortsteigerung → Haushaltsgeräte, Telefon, Pkw
2. Geringere Zuwächse beim Absatz der Güter.
   Auf lange Sicht → Befriedigung des Ersatzbedarfs.
   Investitionsbedarf der Unternehmen tendenziell nicht mehr wachsend.

In den deutschen Haushalten ist der Komfort in den zehn Jahren deutlich gewachsen. Telefon, Fernseher und das Auto, immer noch Statussymbol Nummer eins, sind heute für viele eine Selbstverständlichkeit.

1.6 Wirtschaftlichkeit

Kennziffern: 1. Jahr: 1,38 / 2. Jahr: 1,33 / 3. Jahr: 1,39 / 4. Jahr: 1,44 / 5. Jahr: 1,92

1.7 Wirtschaftlichkeit/Rentabilität

Aufgabe a):

Steigende Wirtschaftlichkeit 1. Jahr bis 4. Jahr:

                            1 000   1 200   1 400   1 700

Rentabilität: Steigerung 1. Jahr und 2. Jahr: 10 % bzw. 12 %
                  Senkung   3. Jahr → 10 %
                  Steigerung 4. Jahr → 12,1 %

Aufgabe b):

Wirtschaftlichkeit → sparsamer Mitteleinsatz
Rentabilität   → Kapitalverzinsung

Kapitel 2: Bereiche volkswirtschaftlicher Produktion

2.1 Wirtschaftsbereiche

	Urerzeugung	Weiterverarbeitung	Handel	Dienstleistung	Verbrauch
1. Rheinmetall AG		X			
2. Katholische Bildungsstätte Schwerte (Ruhr)				(X)[1]	X
3. Kaufhof AG			X		
4. Anhänger-Vertrieb GmbH & Co. KG			X		
5. Rheinische Braunkohlenwerke AG	X				
6. Deutsche Bank AG				X	
7. Reisebüro Witz				X	
8. Kunststoffwerke Schwaben AG		X			
9. Volkswagenwerk AG		X			
10. Saarbergbau AG	X				

---

[1] Erscheint auch möglich.

2.2 Arbeitsteilung

Texte	Berufs-bildung (a)	Berufs-spaltung (b)	Arbeits-zerlegung (c)	Produk-tionsteilung (d)
1. Ein Chemieunternehmen liefert Rohstoffe an einen Hersteller von Kunststoff-Spielzeug.				X
2. Bei der Herstellung von wärmedämmenden Kunststoffenstern ist ein Arbeiter ständig mit der Anbringung von Beschlägen beschäftigt.			X	
3. In einer Gesellschaft mit einfacher Wirtschaftsstruktur, die überwiegend von der Jagd und dem Fischfang lebt, beschränkt sich die Arbeit einer Person auf die Herstellung von Bögen für die Jagd.	X			
4. Die medizinische Versorgung der Bevölkerung wird heute u. a. wahrgenommen von Fachärzten für Chirurgie, Nervenheilkunde, Zahnärzten ...			X	
5. Seine fälligen Forderungen aus Warenlieferungen zieht ein Handelsunternehmen durch Lastschrift unter Einschaltung eines Kreditinstitutes ein.				X
6. In einer Automobilfabrik hat ein Arbeiter die Aufgabe, in bestimmten Fahrzeugen Autoradios anzuschließen.			X	
7. Neben den „klassischen" kaufmännischen Berufen: Einzelhandels-, Industrie-, Bankkaufmann (u.a.) gibt es heute: Werbekaufmann, Reisebürokaufmann, Bürokaufmann, Datenverarbeitungskaufmann.		X		

2.3 Arbeitszerlegung

1. Die Prinzipien der modernen Massenproduktion: extreme Spezialisierung, Arbeitsteilung, verkürzte Förderwege, Zwangsläufigkeit des Produktionsablaufs wurden weitgehend aufgegeben.
2. In den jeweiligen Werkstätten wird in Gruppen an Teilprodukten, deren Fertigung vollständig erfolgt, gearbeitet. Die Arbeit des Zusammenbaus vieler Einzelteile zu einem Auto wird aufgeteilt und auf Arbeitsgruppen (von 15—20 Personen) übertragen. Arbeitstempo wird **nicht** durch das Fließband bestimmt. Die Arbeitsaufteilung in der Gruppe folgt nach Absprache innerhalb der Gruppe. Unterschiedliches Arbeitstempo wird durch „Pufferläger" aufgefangen.

3. Der Versuch bei Volvo wirft jedoch auch viele Fragen auf. Mit folgenden Nachteilen muß z. B. gerechnet werden:
- Dadurch, daß die gesamte Gruppe für Qualität und Quantität zur Verantwortung gezogen werden kann und auch nach Leistung bezahlt wird, sind personenbezogene Konflikte innerhalb der Gruppen unvermeidbar.
- Die Zusammenstellung homogener Gruppen von Arbeitern wird schwierig. Denn bisher erfolgte die Teilnahme an vorbereitenden Experimenten im Stammwerk Göteborg auf freiwilliger Basis.
- Gegenüber dem Fließband dürfte die Gruppenarbeit zu höheren Selbstkosten des fertigen Produkts führen. Denn wegen der Pufferläger wird ein größerer Materialbestand gebunden. Wegen des Werkstättenprinzips und der längeren Förderwege erweitert sich der erforderliche Arbeitsraum.
- Möglicherweise sinkt auch die Arbeitsproduktivität gegenüber dem Fließband. Zwar dürfte die Arbeitsfreude steigen. Ob dies aber ein eventuell geringeres Arbeitstempo wettmacht, ist fraglich.

2.4 Automation

1. In der vollautomatisierten Fabrik erfolgt der Transport der Einzelteile für den Zusammenbau automatisch zum Produktionsort durch Roboter, die Überwachung und Steuerung der Produktion erfolgt weitgehend ohne Einsatz des Menschen.
2. Flexibilität ist Trumpf:
   - Senkung des Eigenanteils an der Fertigung.
   (Zulieferfirmen müssen auf Abruf in kurzer Zeit jede gewünschte Teile-Variante ans Band liefern.)
   - Durch neuartige Steuerung der Roboter und der gesamten Anlage kann die Produktion schnell auf andere Typen umgestellt werden.
   - Verschiedene Modellvarianten laufen „in bunter Reihe" durch eine Fertigungsstraße.
   - Zur Kapazitätserweiterung könnten zusätzliche Produktionseinheiten angefügt werden.

Kapitel 3: Der volkswirtschaftliche Produktionsprozeß

3.1 Die Produktionsfaktoren (Systematik)

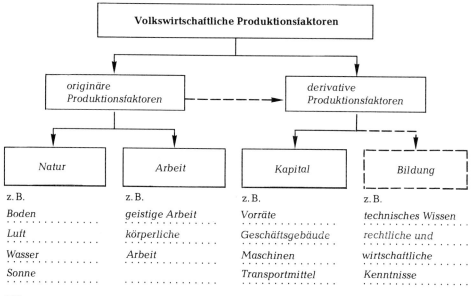

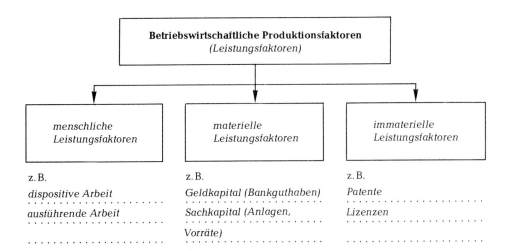

3.1.1 Die Produktionsfaktoren I

1. Arbeit, Kapital (→ Hacke → „produziertes Produktionsmittel), Abbauboden (Ton).
2. Arbeit, Kapital (Haltevorrichtung), Boden (Ton).
3. Arbeit, Boden (Standortboden), Kapital (Töpferscheibe).
4. Arbeit, Boden, Kapital.
5. Arbeit, Standortboden, Kapital (Werkzeug, Töpferofen).

3.1.2 Die Produktionsfaktoren II

Beispiele	kein PF (a)	PF Arbeit (b)	PF Boden (c)	PF Kapital (d)	„betriebliche Leistungsfaktoren"		
					menschliche (e)	materielle (f)	immaterielle (g)
1. Lkw einer Großwäscherei				X		X	
2. Amateurboxer	X						
3. Einstellung eines Abteilungsleiters für den Bereich Marketing		X			X		
4. Erwerb eines Patents für Verstärker von Fernsehantennen				X			X
5. Kauf eines Grundstückes für eine Lagerhalle			X			X	
6. Berufsboxer		X			X		
7. Erwerb eines Reihenhauses für Wohnzwecke	X						
8. Betriebsinhaber leistet eine Bareinlage				X		X	
9. Einkauf von Rohstoffen				X		X	
10. Kauf von Pferden durch eine Reitschule				X		X	
11. Einstellung von Fließbandarbeitern		X			X		

3.2 Der Produktionsfaktor Arbeit

1.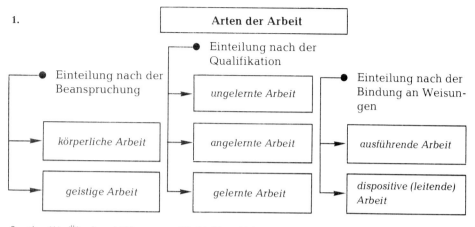

2. a) *(1) Überbeschäftigung, (2) Vollbeschäftigung, (3) Unterbeschäftigung*
2. b) *(1) Zahl der offenen Stellen > Zahl der Arbeitslosen.*
   (2) Zahl der offenen Stellen = Zahl der Arbeitslosen.
   (3) Zahl der Arbeitslosen > Zahl der offenen Stellen.

3.3 Arbeitsmarkt

1.

Mehr Arbeitsplätze	Branche	Branche	Weniger Arbeitsplätze
	1. *Staat*	1. *Bau*	
	2. *Handel*	2. *Landwirtschaft*	
	3. *Dienstleistungen*	3. *Textil, Bekleidung*	
	4. *EDV*	4. *Stahl*	

2. **Gründe für die Vermehrung der Arbeitsplätze**

   zu 1. Automation in vielen Bereichen nicht (mehr) möglich;
   vermehrte Inanspruchnahme von staatlichen Leistungen
   zu 2. gute Gewinnspannen
   zu 3. Nachfrage nach Freizeitangeboten durch Arbeitszeitverkürzung, Arbeitslosigkeit
   zu 4. Rationalisierung erfordert EDV usw.

   Gründe für die Verminderung der Arbeitsplätze

   zu 1. Abnahme der Bautätigkeit durch zu hohe Kosten; zudem Folge von Rationalisierung
   zu 2. hohe Kosten durch Produktionsfaktor Arbeit
   zu 3. hohe Kosten durch Produktionsfaktor Arbeit, daher steigender Import
   zu 4. Produktionsbeschränkung auf Quoten; Absatzschwierigkeiten, da Ausland billiger

3. Nachrichtenübermittlung, Elektrotechnik/EDV, Handel, Dienstleistungen, Chemie

3.4 Arbeitslose und ihr Einkommen

1. Seit 1975 hat sich die Zahl der Arbeitslosen mehr als verdoppelt.

2. 1950 bezogen noch $2/3$ (66%) Arbeitslosengeld (es beträgt 63% bzw. 68% [je nach Familienstand] des letzten Nettoarbeitsentgelts [für längstens 312 Wochentage – ohne Sontage –]).
   1985 bezogen nur noch 39% Arbeitslosengeld.

Die Zahl der Empfänger von Arbeitslosenhilfe (sie beträgt 56% bzw. 58% [je nach Familienstand] des letzten Nettoarbeitsentgelts) stieg von 1975 bis 1985 von 10% auf 26%. (Langzeit-Arbeitslose sind mehr geworden!)
Die Zahl der Arbeitslosen ohne Anspruch auf finanzielle Leistungen (aus der Arbeitslosenversicherung) stieg von 24% auf 35%.

3.5 Arten der Arbeitslosigkeit

1. Saisonale Arbeitslosigkeit
2. Strukturelle Arbeitslosigkeit
3. Konjunkturelle Arbeitslosigkeit
4. Technologische Arbeitslosigkeit
5. Konjunkturelle Arbeitslosigkeit

3.6 Arbeitslosigkeit

Arbeitnehmer
Höhere Löhne → mehr Nachfrage → mehr Produktion und Angebot → mehr Arbeitsplätze

Arbeitgeber
Geringere Lohnerhöhungen → geringere Mehrkosten → höhere Gewinne → mehr Investitionen → mehr Beschäftigung → mehr Arbeitsplätze

3.7 Bekämpfung der Arbeitslosigkeit

Die Behauptung kann im Einzelfall zutreffen, ist insgesamt aber falsch. Der Grund: „Die" Ausländer bieten nämlich ihre Arbeitskraft in Berufen an, die „die" Deutschen im allgemeinen nicht (mehr) ausüben wollen. Beispiele sind Tätigkeiten in den Bereichen Müllabfuhr, Straßen- und Schienenbau, Reinigungsarbeiten, zahlreiche Berufe im Hotel- und Gaststättengewerbe. Um ein drastisches Beispiel zu nennen: kaum ein arbeitsloser Lehrer, Jurist, Arzt, Buchhalter usw. wird einen der genannten Berufe ergreifen, selbst wenn er die Ausbildung (Umschulung) von anderer Seite bezahlt erhält. Würde man ausländische Arbeitnehmer nach Hause schicken, würde für die genannten arbeitslosen Deutschen kein einziger Arbeitsplatz gewonnen werden, möglicherweise sogar noch welche verlorengehen (weniger Patienten beim Arzt, weniger Kinder in der Schule usw.).

3.8 Produktionsfaktor Boden (Natur)

1. *Boden; Luft als Lieferer von Sauerstoff und Stickstoff; Luftbewegung als Energielieferer (z.B. für Windmühlen, Windkraftwerke); Sonne als Energiequelle; Wasser als Energiequelle und als Transportweg.*
2. *Der Boden war früher, d.h. bis etwa Mitte des vorigen Jahrhunderts, der wichtigste Produktionsfaktor.*
3. *Anbau-, Abbau- und Standortfaktor.*
4. a) *z.B. Nähe der Rohstoffvorkommen (z.B. Kohle);*
   b) *z.B. Nähe der Energiequellen (z.B. Elektrizitätswerk);*
   c) *z.B. Nähe der Facharbeitskräfte (z.B. Edelsteinschleifereien);*
   d) *z.B. Nähe der Verkehrswege (z.B. Maschinenfabriken);*
   e) *z.B. Nähe der Letztverbraucher (z.B. Einzelhandel);*
   f) *z.B. landschaftliche Schönheit (z.B. Fremdenverkehrsbetriebe).*
5. a) *Besseres Saatgut;*
   b) *bessere Schädlingsbekämpfung;*
   c) *bessere Düngemittel.*

3.9 Der Produktionsfaktor Kapital

1. *20 Mio. GE – 0 GE*

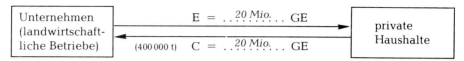

nicht – Ersatzinvestitionen

2.

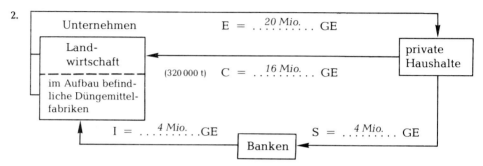

*Konsumverzicht – Geld*kapital – (= *Sach*kapital) – *investiert – geht – zurück*

3.

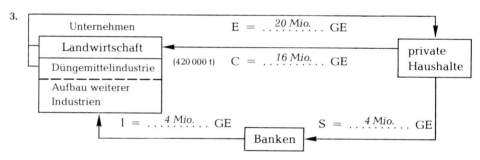

sinken – 50 GE – 38,10 GE – erhöht – 26,25 Mio. GE
Kapitalbildung – produktiv (produktivitätssteigernd) – Arbeitsproduktivität

4. *Die Statistik beweist, daß die Zahl der Beschäftigten stark durch die Höhe der Nettoinvestitionen bestimmt wird. (Die Nachfrage nach Arbeitskräften steigt allerdings nicht im gleichen Maße wie die Nettoinvestitionen, wenn in diesen Rationalisierungsinvestitionen enthalten sind.)*

3.10 Rationalisierungsinvestitionen

Bedeutung: Erhaltung des Pro-Kopf-Einkommens,
Produktivitätssteigerungen,
Verringerung der Arbeitszeit,
Auswirkungen auf die Wettbewerbsfähigkeit,
Rückgang: Produktinnovationen.

3.11 Die Produktion als Kombinations- und Substitutionsprozeß

1., 2. a) und 3. a):

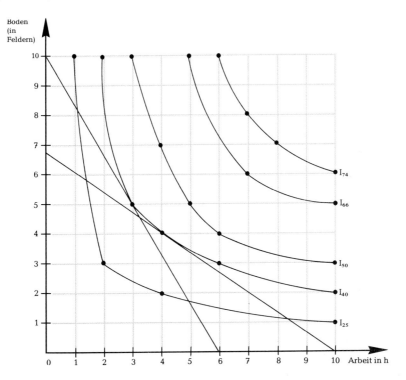

2. **b)** 5 Felder und 3 Arbeitsstunden.
3. **b)** ... 4 Feldern und bei 4 Arbeitsstunden.
   c) *Bei einem Budget von 250,— DM ist bei der unter b) genannten Faktorkombination der physische Ertrag (= Output) am größten, weil die Bilanzgerade die Isoquante I_{40} gerade tangiert.*
   d) *Die teilweise Substitution von Boden durch Arbeit erfolgt deshalb, weil der Boden relativ teurer als die Arbeit geworden ist.*
   e) *Die Arbeit wird durch vermehrten Bodeneinsatz substituiert, wenn die Löhne schneller als die Pachten steigen.*
4. **a)** *Erträge in kg: 10, 13, 15, 17, 19, 21, 22, 23, 24, 25*
   b) *Mit immer intensiverer Bearbeitung des Bodens steigt der Ertrag nur unterproportional, weil die zu starke „Pflege" das Wachstum der Pflanzen zunehmend behindert.*
5. **a)** *1 Maschine − 1 Arbeitskraft*
   b) *1 Kran   − 1 Kranführer*
   c) *1 Lkw   − 1 Fahrer*

Kapitel 4: Die Verteilung des Produktionsergebnisses

4.1 Die Entlohnung der Produktionsfaktoren

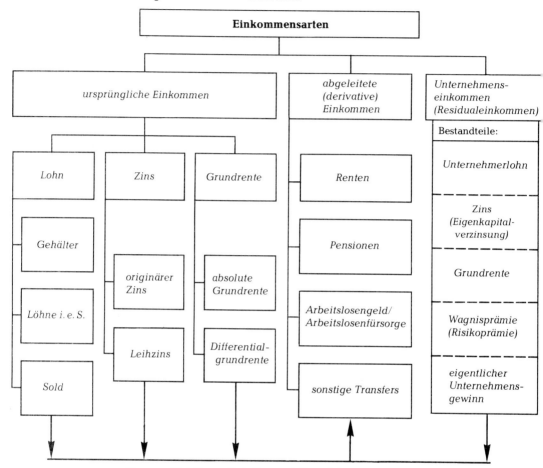

4.2 Lohnformen

1. (a) / 2. (d) / 3. (a) / 4. (b) / 5. (c)

4.3 Streik und Aussperrung

Die Karikatur könnte auf Urteile des Bundesarbeitsgerichts abzielen, in denen die Abwehraussperrung zur Wahrung des Verhandlungsgleichgewichts (der „Waffengleichheit") der Tarifparteien rechtmäßig ist, sofern der Grundsatz der **Verhältnismäßigkeit** gewahrt bleibt: für den Umfang der Aussperrung ist somit der Umfang des vorausgehenden Streiks (Angriffsstreiks) maßgebend.

Der Karikaturist nimmt das Problem der Verhältnismäßigkeit dadurch aufs Korn, daß er den Richter unterschiedliche Waffen (einen Holzprügel einerseits und einen abgesägten Gewehrlauf andererseits) vergleichen läßt. Der Zeichner meint, daß trotz scheinbarer Gleichheit der

Partner der Unternehmer der Stärkere ist: dieser nämlich hält den wichtigsten Teil des Gewehrs hinter seinem Rücken versteckt. Die Tendenz der Karikatur ist offensichtlich die Forderung nach einem Aussperrungsverbot.

4.4 Preise, Nominal- und Reallöhne (Jahresdurchschnitt)

a) Der Nominallohn ist der in einer bestimmten Währungseinheit (z.B. DM, sfrs, hfl, $, £ usw.) ausgedrückte Lohn. Der Nominallohn kann als Bruttolohn oder Nettolohn (Lohn nach Abzug der Sozialversicherungsbeiträge und der direkten Steuern) ausgedrückt werden.

Sollen Nominal- und Reallöhne miteinander verglichen werden, ist strenggenommen nur der Nominal-Nettolohn tauglich, denn der Reallohn drückt aus, was sich im Zeitvergleich ein Arbeitnehmer tatsächlich für seinen Lohn kaufen kann. Den Reallohn erhält man, wenn man vom nominellen Lohnzuwachs die Preissteigerungen (die Inflationsrate) abzieht. Steigt z.B. der Reallohn um 4,5% und steigen die Preise um durchschnittlich 3%, so beträgt der Kaufkraftzuwachs, also die Reallohnsteigerung, nur 1,5%.

b) Die Reallöhne sind stets gestiegen, weil die Preise langsamer als die Löhne gestiegen sind. Für einen genaueren Vergleich müßten indessen die Nettolöhne herangezogen werden.

c) Für die negative Entwicklung der Reallöhne gibt es zahlreiche Gründe. So lagen z.B. die Tarifabschlüsse zu Beginn der 70er Jahre weit über dem Produktivitätszuwachs der Wirtschaft. Sinkende Gewinne bei hohen Inflationsraten führten zu abnehmender Investitionstätigkeit der Unternehmen. Die starken Ölpreiserhöhungen wirkten in die gleiche Richtung. Die steigende Staatsverschuldung zwang schließlich die öffentlichen Körperschaften zum Sparen. Die zurückgehende private und staatliche Nachfrage nach Investitionsgütern sowie die wegen der hohen Lohnkosten verstärkt durchgeführten Rationalisierungsmaßnahmen führten zu hoher Arbeitslosigkeit. In dieser Situation ist die Macht der Gewerkschaften naturgemäß geschwächt: der Versuch, hohe Lohnzuwächse und/oder verkürzte Arbeitszeiten durchzusetzen, stößt auf das Unverständnis breiter Bevölkerungsschichten. So erklären sich die sinkenden Lohnzuwachsraten zu Beginn der 80er Jahre.

Die Preise indessen stiegen verhältnismäßig stark an, weil die Angebotsstrukturen in modernen Volkswirtschaften aufgrund des Gesetzes der Massenproduktion i.d.R. anomal (invers) sind. Die Unternehmen versuchen, die aufgrund zurückgehender Nachfrage steigenden Stückkosten durch Preiserhöhungen aufzufangen.

Umgekehrt sinken die Preissteigerungsraten (siehe 1983), wenn die Nachfrage zunimmt. Der Grund: Bei Unterbeschäftigung werden die Anbieter zunächst ihre Preise halten, um den Absatz zu sichern. Voraussetzung ist, daß sich das Angebot nicht weiter verteuert (z.B. durch Rohstoffpreiserhöhungen, Steuererhöhungen, Arbeitszeitverkürzungen und/oder Lohnsteigerungen).

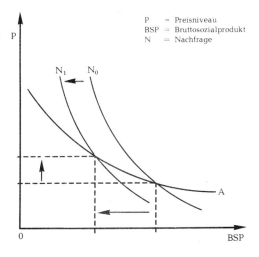

4.5 Unternehmerfunktion und Unternehmereinkommen

1. Abhängigkeit
   - von den Produktvorstellungen der Eigentümer
   - von dem finanziellen Wagnis der Eigentümer
   - von der Lenkung eines übergeordneten Großunternehmens

2. Erkennen eines Bedarfs (Qualitätsprüfung) und Angebot des entsprechenden Gutes (Dienstleistung) durch den Einsatz von Kapital, das anderen fehlt.

3.
   - Betriebswirtschaftliches Wissen
   - Technisches Wissen
   - Beides zu verbinden und in Zahlen darzustellen, und zwar nicht nur für den Tag der Gründung, sondern besonders für die Zeit danach (Budget).

4.
   - Eigenkapital (verkaufte Bausparverträge)
   - Unternehmensdarlehen ⎫ abgesichert durch Grundschuld auf Eigenheim
   - Eigenkapitaldarlehen ⎭ und Übernahme einer Bürgschaft
   - Fördermittel des Forschungsministeriums

5.
   - Persönliches Risiko (Arbeitsunfähigkeit, Tod), abgedeckt durch Versicherung.
   - Unternehmerisches Risiko (U. kommt am Markt nicht an – Konjunkturtrend abgedeckt durch eine Risikoversicherung, kleingehalten durch Sparsamkeit im Betrieb, Einschränkung bei finanziellen Ansprüchen für die private Lebenshaltung).

6. a) (1) **Dispositive Arbeit:** Planung, Organisation, Kombination der betrieblichen Teilbereiche, Festlegung der Geschäftspolitik

   (2) **Eingebrachte Produktionsfaktoren**

dispositive Arbeit	Entlohnung: Unternehmerlohn, Risikoprämie
exekutive Arbeit	Entlohnung: Unternehmerlohn
Geldkapital	Entlohnung: Kapitalzins

   b) Der Grund für das Entstehen eines Residualeinkommens dürfte in diesem Fall darin liegen, daß der Unternehmer
   - Marktchancen erkannt und genutzt hat,
   - Initiative ergriffen hat,
   - neue Verfahren angewandt und moderne Testmaschinen eingesetzt hat.

4.6 Sozialprodukt und Volkseinkommen I

1.

Ausgaben		(Zahlen in Tsd. DM)	Einnahmen	
Ab	= 188,0		C_{pr}	= 874,1
$T_{ind}-Z$	= 169,6			
E_{nu}	= 880,8		C_{St}	= 319,8
			I_{br}	= 337,8
E_n	= 304,7		$Ex-Im$	= 11,4
Summe	= 1543,1		Summe	= 1543,1

2. **a)** in Symbolen: $C_{pr} + C_{St} + I_{br} + (Ex-Im)$
   in Zahlen: $874{,}1 + 319{,}8 + 337{,}8 + 11{,}4 = 1543{,}1$ Mrd. DM
   b) in Symbolen: $C_{pr} + C_{St} + I_{br} - Ab + (Ex-Im)$
   in Zahlen: $874{,}1 + 319{,}8 + 337{,}8 - 188{,}0 + 11{,}4 = 1355{,}1$ Mrd. DM
   c) in Symbolen: $E_u + E_{nu}$ oder $E_{br} - Ab - (T_{ind}-Z)$
   in Zahlen: $880{,}8 + 304{,}7 = 1185{,}5$ Mrd. DM

4.7 Sozialprodukt und Volkseinkommen II

1.

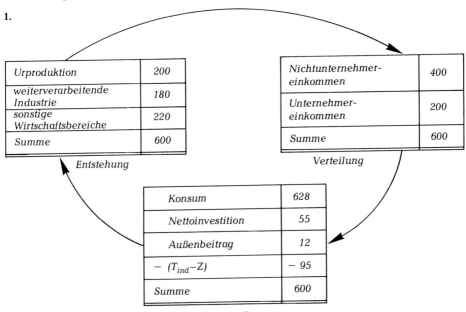

2. **a)** in Symbolen: $W_1 + W_2 + W_3$
   in Zahlen: $200 + 180 + 220 = 600$ Mrd. GE
   b) in Symbolen: $E_{nu} + E_u$
   in Zahlen: $400 + 200 = 600$ Mrd. GE
   c) in Symbolen: $C + I + (Ex-Im) - (T_{ind}-Z)$
   in Zahlen: $628 + 55 + 12 - 95 = 600$ Mrd. GE

4.8 VGR: Entstehungsrechnung

Konten der Urproduktion U_1				Konten der weiterverarbeitenden Industrie U_2				Konten der Banken U_3			
A	Eröffnungsbilanz		P	A	Eröffnungsbilanz		P	A	Eröffnungsbilanz		P
AV	300	EK	300	AV	250	EK	250	AV	100	EK	300
UV	250	S	250	UV	150	S	150	F	400	E	200
	550		550		400		400		500		500

EK = Eigenkapital
E = Einlagen der Haushalte
GuV = Gewinn- und Verlustkonto (Erfolgskonto)

S	Vermögensänderung		H	S	Vermögensänderung		H	S	Vermögensänderung		H
(2) + UV	175	(1) ∕. UV	20	(1) + UV	20	(2) ∕. UV	175	(9a) + UV	24	(11c) ∕. UV	8
(3) + AV	140	(3) ∕. UV	140	(3) + UV	140	(6) ∕. AV	26	(9b) + UV	16	(15) ∕. UV	25
(4) + UV	5	(5) ∕. AV	30	(4) + UV	300	(7) ∕. UV	12			Gew. (E_u)	7
		(8a) ∕. UV	16	(14) + UV	6	(8b) ∕. UV	20		40		40
		(9a) ∕. UV	24	(12) + UV	15	(9b) ∕. UV	16				
		(10) ∕. UV	4			(11b) ∕. UV	180				
		(11a) ∕. UV	70			Gew. (E_u)	52				
		Gew. (E_u)	16								
	320		320		481		481				

S	GuV-Konto		H	S	GuV-Konto		H	S	GuV-Konto		H
(1) Mt	20	(2) Mt	175	(2) Mt	175	(1) Mt	20	(11c) E_{nu}	8	(9a) Zi	24
(5) Ab	30	(13) Z	5	(6) Ab	26	(3) Al	140	(15) Za	25	(9b) Zi	16
(8a) T_{ind}	16			(7) Im	12	(4) C	300	Gew. (E_u)	7		
(9a) Zi	24			(8b) T_{ind}	20	(12) Ex	15		40		40
(10) Mi	4			(9b) Zi	16	(14) Vl	6				
(11a) E_{nu}	70			(11b) E_{nu}	180						
Gew. (E_u)	16			Gew. (E_u)	52						
	180		180		481		481				

A	Schlußbilanz		P	A	Schlußbilanz		P	A	Schlußbilanz		P
AV	410	EK	316	AV	224	EK	302	AV	100	EK	307
UV	156	S	250	UV	228	S	150	UV	7	E	200
	566		566		452		452	F	400		
									507		507

In diesem Beispiel beträgt die **Wertschöpfung** (= Summe aller Einkommen):
Urproduktion   (U_1): Mi (4) + E_{nu} (70) + E_u (16) = 90 Mrd.
Weiterverarbeitende Industrie (U_2): E_{nu} (180) + E_u (52) = 232 Mrd.
Banken   (U_3): E_{nu} (8) + Za (25) + E_u (7) = 40 Mrd.
volkswirtschaftliche Wertschöpfung (Volkseinkommen)   362 Mrd.

4.9 Problematik des BSP

1. Sachgüter und Dienstleistungen, die über den Markt gegangen oder vom Staat angeboten wurden.
2. – Schwarzarbeit, Nachbarschaftshilfe, Eigenarbeit, Tausch.
   – Zukünftige Entwicklung: Die Schattenwirtschaft wird „überdurchschnittlich" wachsen (Abschnitt 10).
   – Gründe: Seit Mitte der 70er Jahre besteht ein sich verstärkender Trend der Haushalte, Güter und Dienstleistungen selbst zu produzieren („Selbstbedienungswirtschaft") (Abschnitt 10). In Abschnitt 14 wird ferner auf den Auftrieb der Heimarbeit durch Mikroprozessoren hingewiesen. In den „eigenen vier Wänden" wird es viel eher möglich sein, Geld zu verdienen, ohne Steuern und Sozialabgaben zahlen zu müssen.
   Ein starker Abgabendruck und überdurchschnittlich anziehende Preise dürften den Sektor „Schwarzarbeit" noch verstärken (Abschnitt 18).
3. Zu 1/2 Legale Aktivität mit Abgabenhinterziehung
   Zu 3   Tausch: Sachgüter gegen Dienstleistungen
   Zu 4   Legale Aktivität mit Abgabenhinterziehung / Schwarzarbeit (Reparatur)
   Zu 5   Eigenarbeit
4. 1 Industrie und Handwerk
   3 Dienstleistungen und Landwirtschaft
   4 Auto: Dienstleistungen
      Särge: Handel
   5 Landwirtschaft

4.10 Einkommensumverteilung

1. Die **Primärverteilung** ist die Verteilung des Volkseinkommens *vor* Abzug der direkten Steuern. Die Einkommen lassen sich grob in Arbeitseinkommen (Löhne und Gehälter), Besitzeinkommen (vor allem Zinsen, Mieten und Pachten) und Unternehmereinkommen (Gewinne) einteilen.
2. Teilt man die Bruttoeinkommen wie unter 1. ein, so lassen sich folgende Faktoreinkommen erkennen:
   a) Arbeitseinkommen, b) Kapitaleinkommen, c) Bodeneinkommen („Grundrente") und d) residualbestimmte Einkommen (= „eigentliche" Unternehmergewinne).
3. Die **Sekundärverteilung** ist das Ergebnis staatlicher Umverteilungsmaßnahmen. Der Staat erhebt *direkte* Steuern bei den Besserverdienenden, die er Personen mit geringerem oder gar keinem ursprünglichen (primären) Einkommen zuführt.
4. Durch die Umverteilung entstehen zusätzliche Einkommen, die sogenannten **Sozialeinkommen** und **Transfereinkommen**, zu Lasten der Primäreinkommen. Deswegen ist bei den letzteren zwischen Brutto- und Nettoeinkommen zu unterscheiden.
5. Staatliche Umverteilungsgelder an private Haushalte bezeichnet man i.d.R. als **Sozialeinkommen** (z.B. Kindergeld, Renten und Pensionen, Mietzuschüsse, Arbeitslosenhilfe). Fließen die Umverteilungsmittel hingegen Unternehmen zu, spricht man von Transfereinkommen bzw. Transferzahlungen (= direkte Subventionen). Analog hierzu werden die Sozialeinkommen mitunter auch als „Sozialtransfers" bezeichnet.

4.11 Einkommensverteilung

4.11.1 Probleme der Einkommensverteilung I

1. Lohnquote: 57,8 %, 58,7 %, 59,1 %, 61,7 %, 61,5 %, 59,0 %
2. Arbeitnehmerquote: 70,0 %, 72,0 %, 72,8 %, 74,9 %, 76,0 %, 78,5 %
   Pro-Kopf-Lohnquote: 82,6 %, 81,5 %, 81,2 %, 82,4 %, 80,9 %, 75,2 %
3. Die Arbeitnehmereinkommen sind im Durchschnitt 20 % niedriger als die Arbeitgebereinkommen.
4. Arbeitnehmereinkommen und Arbeitgebereinkommen sind im Durchschnitt gleich hoch.
5. Die Arbeitnehmereinkommen sind im Durchschnitt 10 % höher als die Arbeitgebereinkommen.

4.11.2 Probleme der Einkommensverteilung II

1. (c)
2. (a), (b), (c)

4.11.3 Probleme der Einkommensverteilung III

Altmann: Leistungsprinzip
Chromer: Nivellierungsprinzip
Belau: Bedarfsprinzip

4.11.4 Probleme der Einkommensverteilung IV

1.

Prinzip	Vorteil	Nachteil
Nivellierungsprinzip	Wirtschaftliche Gleichheit, kein „Sozialneid"	kein Leistungsanreiz, daher Absenkung des allgemeinen Lebensstandards
Bedarfsprinzip	größere soziale Gerechtigkeit, keine „nackte" Not bei den Bedürftigen	Steuerprogression, hohe Steuerlast. Problem: „Wer ist bedürftig?"
Leistungsprinzip	großer Leistungsanreiz; hoher allgemeiner Lebensstandard	wirtschaftliche und soziale Ungleichheit; Förderung des „Ellenbogendenkens"

2. (a) = N,   (b) = L,   (c) = B,   (d) = B,   (e) = N

Kapitel 5: Wirtschaftskreislauf

5.1 Wirtschaftskreislauf I

Vorgang	1 → für abgebenden Sektor 2 → für empfangenden Sektor				Ankreuzen	
	Haushalt (H)	Unternehmen (U)	Banken (B)	Staat (St)	Geldstrom	Güterstrom
Beispiel: U zahlen Gehälter	2	1				x
Lieferung eines Kühlschrankes	2	1				X
Einzahlung auf ein Sparkonto	1		2		X	
Kreditinstitut führt Körperschaftsteuer ab			1	2	X	
Zahlung von Altersruhegeld	2			1	X	
Privater Grundstückseigentümer stellt verpachtetes Grundstück Unternehmen zur Verfügung	1	2				X
Lieferung von Lastkraftwagen an Bundesstraßenverwaltung		1		2		X
Zahlung von Beamtengehältern	2			1	X	
Der Bund zahlt Zinsen für Bundesanleihen an Kreditinstitute			2	1	X	
Kaufhaus verkauft Kleidung an Konsumenten	2	1				X
Industrieunternehmen zahlt Zinsen für aufgenommenen Kredit		1	2		X	
Auslieferung einer gekauften EDV-Anlage an ein Kreditinstitut		1	2			X
Kreditinstitute zahlen an private Sparer Zinsen	2		1		X	

5.2 Wirtschaftskreislauf II

1.

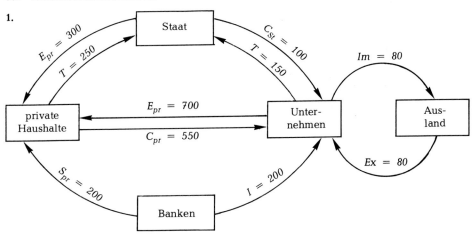

2. Einkommen der privaten Haushalte

vom Staat	300 Mrd. GE	
von den Unternehmen	700 Mrd. GE	1 000 Mrd. GE
− direkte Steuern		250 Mrd. GE
verfügbares Einkommen		750 Mrd. GE
− Ersparnis		200 Mrd. GE
Konsumausgaben		550 Mrd. GE

Der Kreislauf ist geschlossen, weil in jeden Wirtschaftssektor genau so viel Geld hineinwie hinausfließt.

3. a) Erhöht der Staat die Steuern, sinken u. a. die verfügbaren Einkommen der privaten Haushalte. Es werden weniger Konsumgüter gekauft, so daß die Unternehmer weniger investieren. In der Folge sinken die Steuereinnahmen des Staates. Möglicherweise sinken auch die Importe. Im Zuge des allgemeinen wirtschaftlichen Rückgangs nimmt die Arbeitslosigkeit zu.

b) Die Wirkungen sind die gleichen wie unter a)!

c) Steigende Exporte führen unter sonst gleichen Bedingungen zu steigenden Unternehmensgewinnen. Die exportabhängigen Unternehmen fragen mehr Güter nach, so daß die gesamte Wirtschaft belebt wird. Die Arbeitslosigkeit nimmt ab. Die Steuereinnahmen des Staates steigen. Aufgrund der zunehmenden Nachfrage nach Arbeitskräften haben die Gewerkschaften eine starke Stellung: Löhne und Gehälter steigen. Besteht Vollbeschäftigung, steigt das Preisniveau.

d) Zunehmende Nettoinvestitionen bedeuten, daß die Kapazität (Leistungsfähigkeit) der Wirtschaft steigt. Der Kauf zusätzlicher Investitionsgüter führt außerdem bei der Investitionsgüterindustrie zu steigenden Umsätzen und − unter sonst gleichen Bedingungen − zu steigenden Gewinnen. Die Gewerkschaften bleiben nicht untätig, so daß über kurz oder lang auch die Arbeitseinkommen steigen. Insgesamt wird − wie bereits unter c) beschrieben − die gesamte Wirtschaft belebt.

Kapitel 6: Grundlagen der Preisbildung

6.1 Angebot/Nachfrage

a)

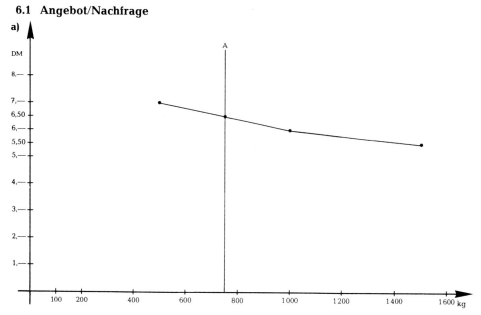

b) Es besteht keine Markttransparenz. Deshalb tasten sich die Anbieter an den Gleichgewichtspreis heran. Wahrscheinlich wird man, um die Reaktion der Nachfrager auszuloten, bei 7,— DM beginnen, um dann auf den Gleichgewichtspreis von 6,50 DM herunterzugehen.

Möglich ist natürlich auch ein Beginnen zu einem niedrigeren Preis, was eine sofortige Räumung des Marktes zur Folge hätte.

c) Angebotsoligopol.

6.2 Vollkommener Markt

a) = 2, b) = 2, 3, c) = 3, 4, d) = 1, e) = 4, f) = 6, g) = 3, h) = 2, i) = 3, 5, j) = 6

6.3 Elastizität von Angebot und Nachfrage

a) = 3, b) = 6, c) = 4, d) = 1, e) = 2, f) = 5, g) = 1, h) = 4, i) = 1, j) = 4

6.4 Märkte

1. Aktienbörse
2. Organisierter Kapitalmarkt: Aktienmarkt.
   Homogener Markt auf Teilmärkten des Aktienmarktes.
   Punktmarkt.
3. Preis → Kurs (hier Stückkurs: z. B. 1 Aktie à 50,— DM Nennwert kostet 30,— DM)
4. Günstige Gewinnerwartungen für die Zukunft → Spekulation.
   Angebot/Nachfrage
   Knappes Angebot wegen Verkaufszurückhaltung der Banken → starke Nachfrage → Preissteigerung
5. Markt mit vollkommener polypolistischer Konkurrenz.

6.5 Märkte/Marktformen

1. Gütermarkt: Automobilmarkt
2. Oligopol
   (genauer: Teiloligopol, weil neben stärkeren auch schwächere Marktteilnehmer vorhanden sind).
3. Zum Beispiel: Qualitätsmängel, geringe Servicemöglichkeiten, gesunkene Preiswürdigkeit gegenüber inländischen Fahrzeugen.
4. Es handelt sich im wesentlichen um einen Qualitätswettbewerb. Bewußte Vermeidung der Homogenität der Güter. Ihre Vergleichbarkeit soll auf diese Weise verhindert werden.
5. Marktführer = Preisführer bestimmt den Preis. Andere Anbieter betrachten den Preis als Datum. Sie handeln als Mengenanpasser.

6.6 Marktformen/Monopol

1. Konsumgütermarkt
2. Die Deutsche Zündholz-Monopol-Gesellschaft war kraft staatlicher Gesetzgebung einziger Anbieter von Streichhölzern. Die Gewährung des Monopols erfolgte aufgrund einer Kreditgewährung durch Ivar Krenger (vgl. Text).
3. Einzelmonopol/Angebotsmonopol/Gewinnmaximierungsmonopol/Staatsmonopol
4. Oligopol

5. Um der „Billigkonkurrenz" zu begegnen, werden entsprechende Marketingkonzepte entworfen, z. B. Markenname (früher „Welthölzer"), modisches Image, attraktive Verpackung (anstelle der früheren Einheitspackung).
6. Mengenmäßige Nachfrage/„Bedürfnisstruktur" („deutsche Zündholzmuffel"), Preise der Konkurrenz („Billigprodukte" aus dem Ostblock), Preise anderer Güter (Plastik-Wegwerf-Feuerzeuge).

6.7 Kreditmärkte

6.7.1

a) Produktiv- und Konsumtivkredite („Kredite an ... Unternehmen und Privatpersonen").

b) **Produktivkredite** tragen mittel- und längerfristig zur Erhöhung der volkswirtschaftlichen Kapazität bei. Der Kreditausweitung steht ein später erhöhtes Güterangebot gegenüber. Produktivkredite sind folglich weniger inflationstreibend als **Konsumtivkredite**. Diese nämlich erhöhen im Augenblick die Konsumgüternachfrage. Bei Vollbeschäftigung steigen die Preise.

6.7.2

a) Nach der Fristigkeit.

b) Sowohl die privaten Haushalte als auch die Unternehmen haben kurzfristige Kredite getilgt, dafür aber mehr langfristige Kredite aufgenommen. Dies läßt darauf schließen, daß das Vertrauen in die zukünftige Entwicklung zunahm. Die Unternehmen investierten mehr in Anlagen, die privaten Haushalte kauften mehr langlebige Verbrauchsgüter (auch Wohnungen, Einfamilienhäuser oder Mehrfamilienhäuser).

6.7.3

a) Die gleichen Bedingungen wie für den vollkommenen Gütermarkt; insbesondere dürfte es nur **eine** Kreditart geben.

b) Die Börsen sind weitgehend vollkommene Märkte, weil bei ihnen die Bedingungen der vollkommenen Konkurrenz annähernd gegeben sind (Homogenität des Gutes, Punktmarkt, Markttransparenz, schnelle Reaktionsfähigkeit der Marktteilnehmer und Abwesenheit sachlicher, zeitlicher, persönlicher und anderer Präferenzen).

c) Auf den Kreditmärkten gibt es keinen einheitlichen Zins, sondern nur ein „Zinsniveau", weil es sehr viele Kreditarten gibt. Ein sich in gleicher Richtung bewegendes Zinsniveau ergibt sich deswegen, weil die Zinsen auf den einzelnen Kreditmärkten **interdependent** sind.

6.7.4

a)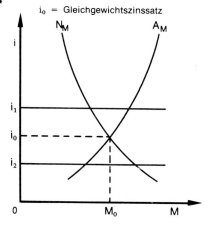

b) Angenommen, der Zinssatz liegt zunächst bei i_1. In diesem Falle besteht eine **Nachfragelücke**. Der Zinssatz sinkt, weil die Kreditanbieter nur dann zusätzliche Nachfrager finden können, wenn sie die Zinssätze senken.

Liegt hingegen der Zinssatz anfänglich bei i_2, besteht eine **Angebotslücke**. Den Kreditanbietern werden die Kredite förmlich aus den Händen gerissen. Sie werden aus diesem Grunde die Zinsen erhöhen.

Hieraus folgt, daß nur beim **Gleichgewichtszinssatz** i_0 weder Kreditanbieter noch -nachfrager Grund besitzen, ihre Dispositionen zu ändern.

6.7.5

8.

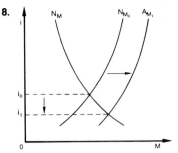

zunehmendes Kreditangebot: der Gleichgewichtszinssatz sinkt

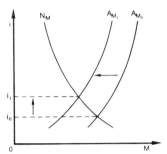

abnehmendes Kreditangebot: der Gleichgewichtszinssatz steigt

6.7.6

Das Kreditangebot nimmt zu, wenn	Das Kreditangebot nimmt ab, wenn
– die Investitionsneigung der Unternehmen sinkt (freiwerdende finanzielle Mittel werden bei Kreditinstituten angelegt, deren Kreditschöpfungsspielraum steigt);	– die Investitionsneigung der Unternehmen steigt (frei werdende finanzielle Mittel werden nicht auf dem Kreditmarkt angeboten, sondern reinvestiert);
– die privaten Haushalte sinkende Einkommen erwarten (Angst vor Arbeitslosigkeit), so daß sie weniger konsumieren und mehr sparen;	– die privaten Haushalte steigende Einkommen erwarten, so daß sie mehr konsumieren und weniger sparen;
– Ausländer Ihre Gelder im Inland anlegen, weil sie die Inlandswährung als sicher („hart") ansehen;	– Ausländer ihre Inlandsguthaben abziehen, weil sie Kursverluste erwarten;
– die Zentralbank expansive Maßnahmen ergreift (z.B. mehr Wechsel rediskontiert), so daß der Kreditspielraum der Banken zunimmt.	– Die Zentralbank eines Landes restriktive Maßnahmen ergreift (z.B. weniger Wechsel rediskontiert), sodaß der Kreditspielraum der Banken eingeengt wird.

6.7.7

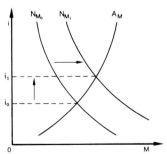

zunehmende Kreditnachfrage: der Gleichgewichtszinssatz steigt

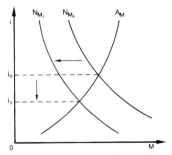

abnehmende Kreditnachfrage: der Gleichgewichtszinssatz sinkt

6.7.8

Die Kreditnachfrage nimmt zu, wenn	Die Kreditnachfrage nimmt ab, wenn
– die Investitionsneigung der Unternehmen steigt, weil sie steigende Umsätze und Gewinne erwarten; – die privaten Haushalte steigende Einkommen beziehen oder erwarten, so daß sie bereit sind, mehr Kreditkäufe zu tätigen; – der Staat zusätzliche Kredite aufnimmt, um die Wirtschaft mit Aufträgen versorgen zu können	– die Investitionsneigung der Unternehmen sinkt, weil sie stagnierende oder sinkende Umsätze erwarten; – die privaten Haushalte sinkende Einkommen beziehen oder erwarten, so daß sie auf Kreditkäufe verzichten; – der Staat sich mit Kreditaufnahmen zurückhält, um die Gesamtnachfrage zu dämpfen

6.7.9

a) Nimmt bei unveränderter Kreditnachfrage das Kreditangebot zu, sinkt der Gleichgewichtszinssatz.

b) Nimmt bei unveränderter Kreditnachfrage das Kreditangebot ab, steigt der Gleichgewichtszinssatz.

c) Nimmt bei unverändertem Kreditangebot die Kreditnachfrage zu, steigt der Gleichgewichtszinssatz.

d) Nimmt bei unverändertem Kreditangebot die Kreditnachfrage ab, sinkt der Gleichgewichtszinssatz.

6.8 Der Zins als Preis

1. a1) Zinsnahme ist unmoralisch, religiöse Überlegungen,
   a2) Unterscheidung zwischen gerechtfertigtem und ungerechtfertigtem Zins,
   a3) Der Sozialismus lehnt Zins und Gewinn ab. Der Zins wurde erst nach 1924 wieder entdeckt; später erst erkannte man seine Lenkungsfunktion.
   a4) In sozialistischen Staaten existiert heute auch der Zins.
   b) Einer Nachfrage nach Krediten hätte ohne Zins nie ein Angebot gegenübergestanden.

2. a) – Belohnung für die Tugenden des Wartens (auf die Rückzahlung) und des Konsumverzichts (Abstinenztheorie)
   – Geldkapital kann, wenn es verliehen wird, mehr Realkapital schaffen, erst durch diese Investitionen kann der technische Fortschritt verwirklicht werden.
   b) – Anreiz zum Konsumverzicht
   – Zuführung des Kapitals zu den rentabelsten Investitionen

6.9 Mindestpreis

a) Parallele zur ME-Achse in Höhe von 7 GE;

b) 90 ME;

c1) (90 x 7) → 630 GE;

c2) 90 x 4 = 360; 3,60 x 20 = 72 / 630 – 72 = 558 GE   d) (120 x 7) – (50 x 4) = 640 GE.

6.10 Staatliche Beeinflussung der Preisbildung

a) k; b) ik/H; c) ik/H; d) k; e) ik/M; f) ik/H; g) k; h) ik/H; i) k; j) ik/M; k) ik/M; l) ik/M; m) k; n) ik/H

6.11 Konzentrationsformen

1. Preiskartell, verboten
2. Trust
3. Konzern, anorganisch
4. Konzern, horizontal
5. Gebietskartell, verboten
6. Rabattkartell, anmeldepflichtig
7. Importkartell, genehmigungspflichtig
8. Krisenkartell, genehmigungspflichtig
9. Preiskartell, verboten
10. Quotenkartell, verboten

6.12 Unternehmenskonzentration

Ein herrschendes Unternehmen (die Muttergesellschaft) hat die Stimmenmehrheit oder Kapitalmehrheit eines abhängigen Unternehmens oder mehrerer abhängiger Unternehmen (Tochtergesellschaften).

Schwestergesellschaften liegen vor, wenn die wechselseitig beteiligten Unternehmen (gegenseitig) mehr als 25% der Kapitalanteile besitzen.

a) Konzern, weil ein Unternehmen die **Leitung** hat (§ 18 Abs. 1 AktG).
b) 1. A-Automobil AG (Muttergesellschaft) – Walzwerk AG (Tochtergesellschaft);
    2. Versicherungs AG (Muttergesellschaft) – Lebensmittel AG (Tochtergesellschaft).
c) 1. B-Automobil AG – C-Automobil AG;
    2. Walzwerk AG – Hüttenwerk AG.
d) da) Organischer Zusammenschluß: A-Automobil AG – B-Automobil AG – C-Automobil AG – Walzwerk AG – Hüttenwerk AG und Bergwerk AG.
    db) Anorganischer Zusammenschluß: Versicherungs AG und Lebensmittel AG gegenseitig s o w i e gegenüber allen anderen Unternehmen.
    dc) Horizontaler Zusammenschluß: A-, B- und C-Automobil Aktiengesellschaften.
    dd) Vertikaler Zusammenschluß: A-Automobil AG – Walzwerk AG – Hüttenwerk AG und Bergwerk AG.

Kapitel 7: Das Geld

7.1 Entstehung, Formen und Funktionen des Geldes

1. Das Volk der Sumerer gilt als Erfinder des Geldes.
2. Erfindung des Geldes ca. 3000 v. Chr.
3. ● Schwierigkeit bei der Suche nach einem Tauschpartner, der das angebotene Gut erwerben will und gleichzeitig die gesuchte Ware anbietet.
   ● Problem der „Teilbarkeit" des angebotenen Gutes.
4. Allgemein begehrt wegen des evtl. noch vorhandenen Gebrauchswertes; geringere Gefahr des „Verderbens".
5. Die Metalle können als Warengeld (Nutzgeld/Schmuckgeld) oder Münzgeld, Gewichtsgeld (Barren), Gebrauchsgeld (Werkzeuge) verwendet werden.
6. Allgemein anerkanntes Tauschmittel, Wertaufbewahrungsmittel (Sparmittel), Wertübertragungsmittel.
7. Zins als Vergütung/Entgelt für den vorübergehenden Verzicht auf Kaufkraft.
8. Kein Risiko/kein Ertrag (reine Geldaufbewahrung).
Hohes Risiko/hoher Ertrag (Spekulation).
Gefahren des Kaufkraftverlustes.
Gefahren des Geldverlustes bei spekulativen Anlagen.

7.2 Funktionen des Geldes

Geldfunktionen

	Tausch-mittel	Geb. Zahlungs-mittel	Wertaufbewah-rungsmittel	Rechen-einheit	Wertübertra-gungsmittel
Vieh	(+)	(−)	(−)	(−)	(−)
Edelmetalle	(+)	(−)	(++)	(−)	(++)
Metallbarren	(+)	(−)	(++)	(−)	(++)
Münzen	(++)	(++)	(++)	(++)	(++)
Banknoten	(++)	(++)	(++)	(++)	(++)
Giroguthaben	(++)	(−)	(++)	(++)	(++)

Kapitel 8: Die Ordnung des Geldwesens

8.1 Währungssysteme

Warengeld – Münzgeld – Papiergeld – Edelmetalle
*knapp – Deckung – einlösbar – Goldumlauf*währung *– Scheide*münzen *– Banknoten – Gold – Goldkern*währung *– Edelmetalle – begrenzt.*
*Edelmetall*bindung *– Banknoten – Giralgeld*schöpfung *– manipulierten Papier*währung *– Geldmengen*politik *– Vertrauen – Kaufkraft*
Zentralbank.

Kapitel 9: Der Wert des Geldes

9.1 Geldmengen – Begriffe

M_1: 1 + 2; M_2: 1 + 2 + 4; M_3: 1 + 2 + 4 + 5;   Zentralbankgeldmenge: 1 + 3

9.2 Umlaufgeschwindigkeit des Geldes
U' = 6,1
U' = 6,30   Kaufkraft ↑
U' = 6,31   Kaufkraft ↓

9.3 Geldmenge $M_1/M_2/M_3$

Bargeldumlauf	97,366
Sichteinlagen	184,089
M_1	281,455
Termingelder bis unter 4 Jahren	228,332
M_2	509,787
Spareinlagen mit gesetzlicher Kündigungsfrist	355,468
M_3	865,255

9.4 Geldwert

9.4.1 Geldwertänderungen

Veränderungsrate des Preisniveaus	+ 4 %	+ 5,26 %	+ 7 %	− 1 %	− 1,96 %
Veränderung der Kaufkraft in %	− 3,85 %	− 5 %	− 6,54 %	+ 1,01 %	+ 2 %

9.4.2 Umlaufgeschwindigkeit

a) Die Aussage ist u. E. falsch. Die Tatsache, daß die Sparneigung steigt, wirkt sich nicht auf die durch die **Zahlungssitten** bestimmte Umlaufgeschwindigkeit des Geldes aus, sondern auf die zu Kaufzwecken bereitgestellte Geldmenge. Im Ergebnis sinkt also (unter sonst gleichen Bedingungen) die nachfragewirksame Geldmenge.

b) Eine Verringerung der Geldumlaufgeschwindigkeit hätte nach der Quantitätstheorie - eine unveränderte Geldmenge vorausgesetzt – zu Preissenkungen führen müssen. Jedoch führt eine Verringerung der nachfragewirksamen Geldmenge in der heutigen Wirtschaft nur selten (wenn, dann nur auf Teilmärkten) zu Preissenkungen.
Bedingt ist dies vor allem durch die bei sinkender Produktion steigenden Stückkosten der Unternehmen, die zahlreichen administrativ (staatlich) festgelegten Preise (Agrarprodukte, Preise der Bahn, der Post usw.) und die tariflichen (oder gesetzlichen) Mindestlöhne.
Sinkt die nachfragewirksame Geldmenge (durch Verringerung der Geldumlaufgeschwindigkeit und/oder der Geldmenge), wird das Preisniveau also nicht fallen. Es werden allenfalls die Preissteigerungsraten zurückgehen und günstigstenfalls gegen Null gehen.

9.4.3

Jahr	Handelsvolumen (in Preisen des Jahres 1)	nachfragewirksame Geldmenge (G = U)	Veränderungsfaktor des Preisniveaus gegenüber Jahr 1	Handelsvolumen zu tatsächlichen Preisen
1	100 000,00 DM	100 000,00 DM	--	100 000,00 DM
2	120 000,00 DM	120 000,00 DM	1,0	120 000,00 DM
3	140 000,00 DM	154 000,00 DM	1,1	154 000,00 DM
4	140 000,00 DM	168 000,00 DM	1,2	168 000,00 DM
5	130 000,00 DM	162 500,00 DM	1,25	162 500,00 DM
6	150 000,00 DM	200 000,00 DM	1,33	200 000,00 DM

9.4.4

Jahr	Preisindex in %	Preissteigerungsrate in %	jährlicher Kaufkraftverlust gegenüber Jahr 1	jährlicher Kaufkraftverlust gegenüber dem Vorjahr
1	100,00	--	--	--
2	100,00	0,00	--	--
3	110,00	10,00	9,1	9,1
4	120,00	9,09	16,7	8,36
5	125,00	4,17	20,0	4,00
6	133,33	6,66	25,0	6,25

Lösungsansatz:

Kaufkraftänderung:

$$\boxed{\frac{\text{Alter Indexwert}}{\text{Neuer Indexwert}} \times 100}$$

Jahr 4

gegenüber Basisjahr	gegenüber Vorjahr
$\frac{100}{120} \times 100$	$\frac{110}{120} \times 100$
$\hat{=}$ 83,33	$\hat{=}$ 91,666
100 − 83,33 = 16,7	100 − 91,67 = 8,33

Der Reallohn sagt aus, welche Gütermenge (bzw. welchen Güterwert in konstanten Preisen eines Basisjahres) sich ein Lohnempfänger (Arbeitnehmer) mit seinem Nettolohn tatsächlich kaufen kann.

a) Steigende Reallöhne

Die **Reallöhne steigen** unter den Bedingungen, daß

- die Nettolöhne (Nominallöhne) stärker als das Preisniveau steigen (realistischer Fall) oder
- das Preisniveau konstant bleibt und die Nettolöhne (Nominallöhne) steigen (relativ selten) oder
- das Preisniveau stärker sinkt als die Nettolöhne (Nominallöhne) abnehmen (unrealistischer Fall).

b) Gleichbleibende Reallöhne

Die **Reallöhne bleiben gleich (konstant), wenn**

- die Nettolöhne (Nominallöhne) in gleichem Maße (proportional) wie das Preisniveau steigen oder
- die Nettolöhne (Nominallöhne) in gleichem Maße (proportional) wie das Preisniveau sinken (unrealistischer Fall).

c) Sinkende Löhne

Die **Reallöhne sinken**, wenn

- die Nettolöhne (Nominallöhne) weniger steigen als das Preisniveau steigt oder
- die Nettolöhne (Nominallöhne) in stärkerem Maße sinken als das Preisniveau zurückgeht (unrealistischer Fall).

9.5 Geldmengensteuerung

1.

Vorgang	Geldmengenänderung			
	M_1	M_2	M_3	ZGM
Sparbriefe mit einer Laufzeit von 5 Jahren sind fällig; der Gegenwert wird auf laufenden Konten gutgeschrieben.	↑	↑	↑	↑
Spareinlagen mit gesetzlicher Kündigungsfrist werden umwandelt in: a) Spareinlagen mit einjähriger Kündigungsfrist	↔	↔	↓	↔
b) Festgelder mit einjähriger Laufzeit	—	↑	↓	↑
Die Deutsche Bundesbank verkauft Bundesschatzbriefe; der Gegenwert wird überwiesen	↓	↓	↓	↓
Sichteinlagen werden in Spareinlagen mit gesetzlicher Kündigung umgewandelt	↓	↓	↑	↓
Die Deutsche Bundesbank kauft Staatsanleihen an. Der Gegenwert wird auf laufende Konten überwiesen	↑	↑	↑	↑
Sparguthaben (2jährige Kündigungsfrist) werden zum Erwerb von Sparbriefen mit 5-jähriger Laufzeit benutzt	↔	↔	↔	↓

2. Vorschlag: Verkauf von Staatspapieren am offenen Markt. Bezahlung durch Käufer: Sichteinlagen, Spareinlagen oder Termineinlagen werden dazu verwandt, das bedeutet Senkung der ZGM. In der Grafik könnte die Kurve der ZGM näher an den Zieltrichter herangeführt werden.

9.6 Wachstum des Geldvolumens

1. Bei längerfristiger Betrachtung hat sich herausgestellt, daß sich ZGM und M3 im Verlauf nicht voneinander unterscheiden. Dagegen schwankt die ZGM, bei der dem Bargeldumlauf ein größeres Gewicht zukommt, bei einer kurzfristigen Betrachtung teilweise erheblich. Hervorgerufen wird dieser Effekt durch die enge Verbindung von Bargeldumlauf und Zinssatz. Niedrige Zinsen → hoher Bargeldumlauf.

2. Anstieg von M3 in den Jahren 1985–1988: ca. 21,4%
   Anstieg von ZGM in den Jahren 1985–1988: ca. 23%
   Vergleich 1987
   M3: + 6,2%; ZGM: + ca. 13%
   Neue Zielgröße liegt näher am „Zieltrichter".

9.7 Geldmenge M1 / ZGM

Wirkung der Steuerzahlung auf die Zentralbankgeldmenge

	Der Steuerschuldner zahlt aus				
	Barbeständen	Sicht-einlagen	Termin-einlagen	Spar-einlagen	Kredit-aufnahme
Die Steuerzahlung erfolgt auf ein Konto bei:					
a) der Bundesbank	Die Zentralbankgeldmenge nimmt um den gezahlten Steuerbetrag ab.	Die Zentralbankgeldmenge nimmt um das verminderte Mindestreserve-Soll ab, dies wiederum ist von den nach den Einlagearten abgestuften, unterschiedlich hohen Mindestreservesätzen abhängig.			Die Zentralbankgeldmenge bleibt unverändert.
b) der Landesbank/ Sparkasse	Die Zentralbankgeldmenge vermindert sich um den gezahlten Steuerbetrag, zugleich aber steigt sie um das Mindestreserve-Soll auf die Einlagen, welche durch die Steuerentrichtung entstehen. Per Saldo ergibt sich aber eine Verringerung der Zentralbankgeldmenge.	Die Zentralbankgeldmenge bleibt unverändert; es kommt „nur" zu einem Gläubigerwechsel bei den Sichteinlagen.	Die Zentralbankgeldmenge steigt, wenn der Steuerbetrag auf Sichtkonto überwiesen wird, weil der Mindestreservesatz für Sichteinlagen höher ist als für Termin- und Spareinlagen.		Die Zentralbankgeldmenge steigt um das Mindestreserve-Soll auf die durch die Steuerzahlung entstehenden (Sicht-)Einlagen.

(Quelle: Wisu 7/85)

Wirkung der Steuerzahlung auf die Geldmenge M1

	Der Steuerschuldner zahlt aus				
Die Steuerzahlung erfolgt auf ein Konto bei:	Barbeständen	Sichteinlagen	Termineinlagen	Spareinlagen	Kreditaufnahme
a) der Bundesbank	Die Geldmenge M1 vermindert sich um den gezahlten Steuerbetrag.	Die Geldmenge M1 vermindert sich um den gezahlten Steuerbetrag.	Die Geldmenge M1 bleibt unverändert.		Die Geldmenge M1 bleibt unverändert.
b) der Landesbank/ Sparkasse	Die Geldmenge M1 bleibt unverändert: Einerseits vermindert sich zwar der Bargeldbestand, andererseits steigen aber die Sichteinlagen aufgrund der Steuerzahlung.	Die Geldmenge M1 bleibt unverändert, es kommt „nur" zu einem Gläubigerwechsel bei den Sichteinlagen.	Die Geldmenge M1 steigt um den Steuerbetrag, wenn dieser auf „Sicht-Konto" überwiesen wird.		Die Geldmenge M1 steigt um den Steuerbetrag, wenn dieser auf „Sicht-Konto" überwiesen wird.

9.8 Wechselkurse I

a) 3 / b) 1 / c) 1 / d) 2 / e) 3 / f) 1 / g) 2 / h) 2 / i) 3

9.9 Wechselkurse II

9.9.1

Das Angebot ausländischer Zahlungsmittel hat zugenommen. Folglich **sinkt** der Wechselkurs. Dies bedeutet für die Inländer, daß die ausländischen Waren billiger werden. Es wird **mehr importiert**, aber **weniger exportiert**. (Längerfristig sorgt der Wechselkursmechanismus jedoch für ein neues Gleichgewicht. Aufgrund der wachsenden Importe nimmt nämlich die Nachfrage nach ausländischen Zahlungsmitteln zu, während aufgrund der Exportrückgänge das Angebot von ausländischen Zahlungsmitteln abnimmt. Beide Reaktionen führen wieder zu einem steigenden Wechselkurs.)

9.9.2

Gründe für die Zunahme des Angebots von ausländischen Zahlungsmitteln können z.B. sein:
a) Exporterhöhung, weil im Ausland das Preisniveau schneller als im Inland steigt;
b) Konjunkturaufschwung im Ausland;
c) die Inlandswaren sind technisch ausgereifter als die ausländischen;
d) im Inland wurden neue Produkte entwickelt, für die es (noch) ein Monopol besitzt;
e) das Inland hat Kostenvorteile aufgrund besserer Arbeitsmoral und eines höheren Automatisierungsgrades.

9.9.3

Die Nachfrage nach ausländischen Zahlungsmitteln hat zugenommen. Folglich **steigt** der Wechselkurs. Dies bedeutet für die Inländer, daß die ausländischen Waren teurer werden. Es wird **weniger importiert**, aber **mehr exportiert**. (Längerfristig sorgt der Wechselkursmechanismus jedoch für ein neues Gleichgewicht. Aufgrund der sinkenden Importe nimmt nämlich die Nachfrage nach ausländischen Zahlungsmitteln ab, während aufgrund der Exportsteigerungen das Angebot von ausländischen Zahlungsmitteln zunimmt. Beide Reaktionen führen wieder zu einem sinkenden Wechselkurs.)

9.9.4

Gründe für die Zunahme der Nachfrage nach ausländischen Zahlungsmitteln können z.B. sein:
a) Importsteigerung, weil im Ausland das Preisniveau langsamer gestiegen ist als im Inland;
b) Konjunkturaufschwung im Inland (z.B. zusätzliche Rohstoffimporte);
c) die Auslandswaren sind technisch ausgereifter als die inländischen;
d) im Ausland wurden neue Produkte entwickelt, für die es (noch) ein Monopol besitzt;
e) Das Ausland hat Kostenvorteile aufgrund besserer Arbeitsmoral und eines höheren Automatisierungsgrades.

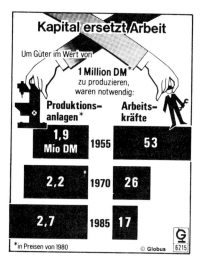

9.9.5

a) K_0 = Parität (Leitkurs);
   K_1 = oberer Interventionspunkt;
   K_2 = unterer Interventionspunkt;
   K_3 = Gleichgewichtskurs.

b) Die Notenbank muß **nicht** eingreifen, weil sich der Kurs innerhalb der zulässigen Bandbreite eingependelt hat.

9.9.6

a) K_0 = Parität (Leitkurs);
   K_1 = oberer Interventionspunkt;
   K_2 = unterer Interventionspunkt;
   K_3 = Gleichgewichtskurs.

b) Die Zentralbank **muß eingreifen**, weil der Wechselkurs andernfalls unter den unteren Interventionspunkt sinkt. Die bestehende **Nachfragelücke** wird dadurch geschlossen, daß die Zentralbank Devisen **kauft**.

c) Besteht der oben beschriebene Zustand längerfristig, wird die Inflation im Inland verstärkt, weil die Zentralbank mit dem Devisenkauf neues Geld schöpft. Langfristig sollte also die Regierung (die Notenbank darf das nicht!) die Währung aufwerten, d. h. den Wechselkurs herabsetzen.

9.9.7

a) K_0 = Parität (Leitkurs);
   K_1 = oberer Interventionspunkt;
   K_2 = unterer Interventionspunkt;
   K_3 = Gleichgewichtskurs.
b) Die Zentralbank **muß eingreifen**, weil der Wechselkurs andernfalls über den oberen Interventionspunkt steigt. Die bestehende **Angebotslücke** wird dadurch geschlossen, daß die Zentralbank Devisen **verkauft**.
c) Besteht der oben beschriebene Zustand längerfristig, wird der Import begünstigt (Auslandsgeld ist billig) und der Export erschwert (für die Ausländer ist die Inlandswährung teuer). Dies beeinträchtigt die inländische Beschäftigung (deflatorische Wirkung zu niedriger Wechselkurse).
Die Zentralbank kann natürlich den Kurs nur solange niedrig halten, wie sie über Devisenreserven verfügt. Bei Erschöpfung der Devisenreserven muß der Staat die Währung abwerten, d. h. den Wechselkurs heraufsetzen.

9.9.8

Mögliche Erklärungen:
a) Konjunkturaufschwung in den USA. Im Aufschwung steigt nicht nur die Nachfrage nach Inlands-, sondern auch nach Auslandsgütern.
b) Die Nachfrage nach deutschen Erzeugnissen war sehr unelastisch, weil diese in gleicher Qualität auf dem Weltmarkt nicht zu haben waren und/oder immer noch verhältnismäßig billig waren.

9.9.9

Auch beim System schwankender Wechselkurse kann die Deutsche Bundesbank eine Politik der Kursstützung betreiben, wenn sie dies aus geld- und kreditpolitischen Gründen für notwendig erachtet. So kann sie z. B. übermäßige Kurssteigerungen durch Devisenverkäufe, Kurssenkungen durch Devisenkäufe zu verhindern versuchen.

9.9.10

Befindet sich die Wirtschaft in der Rezession und ist die Zahlungsbilanz ständig defizitär, muß zum Zwecke der **Konjunkturförderung** das Defizit abgebaut und möglichst ein Überschuß erzielt werden.

a) Beim **System freier Wechselkurse** kann der Staat (besser: die Regierung) **keine** unmittelbaren (direkten) Maßnahmen ergreifen.
Die Zentralbank hingegen hat die Möglichkeit, Devisen zu **kaufen**, um den Kurs ausländischer Währungen zu heben. Dadurch verteuern sich die Importe, während sich die Exporte (für die Ausländer) verbilligen. Außerdem wird durch den Ankauf von Devisen Geld geschöpft. Das zunehmende Geldangebot führt zu sinkenden Zinssätzen, so daß auch eine steigende Binnennachfrage zu erwarten ist.
b) Beim **System begrenzt flexibler Wechselkurse** muß der Staat die eigene Währung abwerten (den Kurs heraufsetzen), wenn das Zahlungsbilanzdefizit über einen längeren Zeitraum anhält, schon allein deswegen, weil die Zentralbank ständig Devisen verliert, wenn sie den Kurs beim oberen Interventionspunkt halten soll.

9.9.11

Befindet sich die Wirtschaft in der Hochkonjunktur und weist die Zahlungsbilanz ständig Überschüsse auf, muß zum Zwecke der **Konjunkturdämpfung** und Inflationsbekämpfung der Überschuß abgebaut werden.

a) Beim System **freier Wechselkurse** kann der Staat (besser: die Regierung) **keine** unmittelbaren (direkten) Maßnahmen ergreifen.

Die Zentralbank hingegen hat die Möglichkeit, Devisen zu verkaufen, um den Kurs ausländischer Währungen zu senken. Dadurch verbilligen sich die Importe, während sich die Exporte (für die Ausländer) verteuern. Außerdem wird durch den Verkauf von Devisen Geld vernichtet. Das abnehmende Geldangebot führt zu steigenden Zinssätzen, so daß das Wachstum der Binnennachfrage gebremst wird.

b) Beim **System relativ fester Wechselkurse** muß der Staat die eigene Währung aufwerten (den Kurs herabsetzen), um den Import zu fördern und den Export zu drosseln.

9.10 Devisenrestriktionen

1. Hierunter werden die Maßnahmen verstanden, die es dem italienischen Staat erlauben (erlaubten), den freien Kapitalverkehr zwischen Italien und den übrigen EG-Staaten zu kontrollieren und evtl. einzuschränken.

2. – Privater Aktienkauf aus anderen EG-Ländern: Langfr. Kapital-Bilanz (P)
   – Geldanlage im Ausland: Langfr. Kapital-Bilanz (P) mit Bardepotpflicht
   – Meldepflicht bei Export von öS.: Dienstleistungsbilanz (P)
   – Kreditaufnahme im Ausland: Langfr. Kapital-Bilanz (A)
   – Kreditgewährung an das Ausland: Langfr. Kapitalbilanz (P)
   – Freigrenze für Überweisungen in das Ausland: Dienstleistungsbilanz (P) oder Bilanz der unentgeltlichen Übertragungen.

3. – Exakte Abstimmung von Einnahmen und Ausgaben von Devisen;
   Ziel: Kontrolle des Wechselkurses und Ausgleich der Zahlungsbilanz.
   – staatliche Einflußnahme auf Export und Import von Waren und Dienstleistungen.

9.11 Wechselkurse und Zinsen

1. Geldmenge, Wechselkurse, Konjunktur, Zinsniveau in den USA

2. Erhöhte Nachfrage nach US-$, für 1 $ müssen mehr DM bezahlt werden, $-Kurs steigt (z.B. 1 $ = 2,80 → 1 $ = 2,82).

9.12 SZR / ECU

a) f; b) r; c) f; d) r; e) f; f) f; g) r; h) f; i) r; j) r; k) r; l) f; m) f; n) f; o) f.

9.13 Sonderziehungsrechte

a)

A	Zentralbankbilanz		P
V	40 000	N	30 000
		Vb	10 000
	40 000		40 000

N = Notenumlauf
Vb = Verbindlichkeiten
V = Vermögen

b)

A	Zentralbankbilanz		P
V	40 000	N	30 000
SZR	1 000	ASZR	1 000
		Vb	10 000
	41 000		41 000

SZR = Sonderziehungsrechte
ASZR = Ausgleichsposten für Sonderziehungsrechte

ca) Das Ausland hat Devisenmangel und bezahlt daher mit Sonderziehungsrechten.

cb)

A	Zentralbankbilanz		P
V	40 000	N	30 500
SZR	1 500	ASZR	1 000
		Vb	10 000
	41 500		41 500

cc) Der Kauf von SZR erhöht die inländische Geldmenge (das Geldangebot). Er wirkt tendenziell inflatorisch, bei Unterbeschäftigung beschäftigungsfördernd.

da) Das Inland hat Devisenmangel und bezahlt daher mit Sonderziehungsrechten.

db)

A	Zentralbankbilanz		P
V	40 000	N	29 700
SZR	700	ASZR	1 000
		Vb	10 000
	40 700		40 700

dc) Der Verkauf von Sonderziehungsrechten vermindert die inländische Geldmenge (das Geldangebot). Er wirkt tendenziell beschäftigungsdämpfend und wirkt Preissteigerungen entgegen.

9.14 EWS / ECU

1.

Währungen	Prozent- anteil an der ECU	fester Währungs- betrag	Wert der ECU in jeweiliger Währung
Belgischer Franc	7,6 %	3,301	43,43421
Dänische Krone	2,45 %	0,1976	8,06531
Deutsche Mark	30,1 %	0,6242	2,07375
Französischer Franc	19,0 %	1,332	7,01053
Griechische Drachme	0,8 %	1,44	180,0
Irisches Pfund	1,1 %	0,008552	0,77745
Italienische Lira	10,15 %	151,8	1 495,56650
Luxemburgischer Franc	0,3 %	0,130	43,43434
Niederländischer Gulden	9,4 %	0,2198	2,33830
Pfund Sterling	13,0 %	0,08784	0,67569
Portugiesischer Escudo	0,8 %	1,393	174,125
Spanische Peseta	5,3 %	6,885	129,90566

2. a) $\quad$ 7,01053 FF $\triangleq$ 2,07375 DM
$\qquad$ 100,00 $\quad$ FF $\triangleq$ x

$$x = \frac{2{,}07375 \cdot 100}{7{,}01053} = 29{,}580502 \approx \underline{\underline{29{,}58 \text{ DM}}}$$

b) $\quad$ 8,06531 dkr $\triangleq$ 2,07375 DM
$\qquad$ 100,00 $\quad$ dkr $\triangleq$ x

$$x = \frac{2{,}07375 \cdot 100}{8{,}06531} = 25{,}711969 \approx \underline{\underline{25{,}71 \text{ DM}}}$$

3. a) DM: 34,1 % ≙ 0,6242
               100 % ≙ x

$$x = \frac{0{,}6242 \cdot 100}{34{,}1} = \underline{\underline{1{,}8304985 \text{ DM}}}$$

Drachmen: 0,5 % ≙ 1,44
               100 % ≙ x

$$x = \frac{1{,}44 \cdot 100}{0{,}5} = \underline{\underline{288{,}00 \text{ Dr}}}$$

£:   9,3 % ≙ 0,08784
           100,0 % ≙ x

$$x = \frac{0{,}08784 \cdot 100}{9{,}3} = \underline{\underline{0{,}9445161 \text{ £}}}$$

b)   7,01053 FF ≙ 1,8304985 DM
      100,00 FF ≙ x

$$x = \frac{1{,}8304985 \cdot 100}{7{,}01053} = 26{,}110701 \approx \underline{\underline{26{,}11 \text{ DM}}}$$

9.15 Kursbeeinflussende Faktoren

Sept. 49: Abwertung (feste Wechselkurse) → Grund ist die Importabhängigkeit der deutschen Wirtschaft („die amerikanische Herausforderung").

März 61 – Aufwertung (feste Wechselkurse) → Grund ist das deutsche Wirtschaftswunder,
Okt. 69: Deutschland wird als Industriestaat zum Exportland und erzielt Überschüsse in der Handelsbilanz.

Mai 71 – Angebot und Nachfrage → Grund ist ein Überangebot an Dollar am Markt:
Juli 73:
1. Die Aufhebung der Eintauschpflicht des Dollar in Gold (Aug. 71) bewirkt eine „Flucht" aus dem Dollar.
2. Zur Finanzierung des Vietnamkrieges werden vorwiegend Kredite aufgenommen.
3. Die festen Wechselkurse gegenüber dem Dollar werden im März 73 aufgehoben, so daß eine Interventionspflicht der Notenbanken mit „künstlicher" Nachfrage entfällt.

Nov. 74: Angebot und Nachfrage → Grund ist ein steigender Bedarf an Dollar wegen der 1. Ölkrise.

77 – 78: Angebot und Nachfrage → Grund ist die europäische Herausforderung und gleichzeitig das amerikanische Handelsbilanzdefizit.

9.16 Abwertung / Aufwertung

a) Ab;   b) Auf;   c) ×;   d) Ab;   e) Ab;   f) Auf;   g) ×;   h) Ab;   i) Ab;   j) ×;
k) Auf;   l) Auf;   m) Ab.

9.17 Leistungsbilanz

Vorgang		Handelsbilanz		Leistungsbilanz Dienstleistungsbilanz		Übertragungsbilanz	
		Export	Import	Einnahmen	Ausgaben	Einnahmen	Ausgaben
1. Zahlung an UNO	2 Mrd.						2
2. Frachteinnahmen	5 Mrd.			5			
3. Import von Rohstoffen	6 Mrd.		6				
4. Export von Fertigwaren	15 Mrd.	15					
5. Ausländische Touristen gaben im Inland aus	4 Mrd.			4			
6. Überweisung von Patentgebühren an das Ausland	3 Mrd.				3		
7. Heimatüberweisungen ausländischer Arbeitnehmer	6 Mrd.						6
8. Import von Fertigwaren	8 Mrd.		8				
9. Export von Nahrungs- und Genußmitteln	4 Mrd.	4					
10. Leistungen an EG-Haushalt (Zölle)	2 Mrd.						2
11. Leistungen aus dem EG-Haushalt (Agrarmarkt)	3 Mrd. / 3 Mrd.					3	
12. Montagen und Reparaturen im Ausland ausgeführt	3 Mrd.			3			
13. Vom Ausland erhaltene Zinsen für Kredite und Darlehen	2 Mrd.			2			
14. Inländische Touristen geben im Ausland aus	12 Mrd.				12		
		+ 5			−1		−7

Die Leistungsbilanz ist negativ (passiv). Der Passivsaldo beläuft sich auf 3 Mrd. GE.

9.18 Kapitalbilanz

Zahlungsbilanz

	Handelsbilanz		Bilanz der Übertragungen		langfristiger Kapitalverkehr		kurzfristiger Kapitalverkehr		Veränderung der Auslandsaktiva	
	Exp.	Imp.	Eing.	Ausg.	Sch.	Ford.	Sch.	Ford.	Ausg.	Eing.
a)		50					50			
b)	60							60		
c)		15			15					
d)	8					8				
e)				5					5	
f)			4							4
g)						7			7	
h)					10					10
	68	65	4	5	25	15	50	60	12	14
	—	3	1	—	—	10	10	—	2	—
	68	68	5	5	25	25	60	60	14	14
	aktiv		passiv		aktiv		passiv		Überschuß von 2 Mrd. GE	

9.19 Zahlungsbilanz

Zahlungsbilanz

Trans-aktionen	Summen	Leistungsbilanz - Handelsbilanz		Leistungsbilanz - Dienstleistungsbilanz		Leistungsbilanz - Bilanz der Übertragungen		Kapitalbilanz - langfr. Kapitalverkehr		Kapitalbilanz - kurzfristiger Kapitalverkehr		Kapitalbilanz - Veränd. d. Auslandsaktiva		ungeklärte Beträge	
		Export	Import	Export	Import	Einnahmen	Ausgaben	Schulden	Forderungen	Schulden	Forderungen	Ausgaben	Einnahmen	−	+
1	40	40									40				
2	36			15						36			36		
3	15									13	15				
4	13												13		
5	50		50							50					
6	46										46	46			
7	10				10					10					
8	8										8	8			
9	15		15					15							
10	14	14							14						
11	5					5							5		
12	4						4					4			
13	6							6					6		
14	5					5	1		5			5			2
15	2											2			2
Summen		54	65	15	10	5	4	21	19	109	109	65	60		2
Salden		11		5			1		2				5	2	
		65	65	15	15	5	5	21	21	109	109	65	65	2	2

Zahlungsbilanz der Deutschen Bundesbank

A	Leistungsbilanz	
	Außenhandelsbilanz	− 11 Mrd. GE
	Dienstleistungsbilanz	+ 5 Mrd. GE
	Übertragungsbilanz	+ 1 Mrd. GE
	Saldo der Leistungsbilanz	− 5 Mrd. GE
B	Langfristiger Kapitalverkehr (Überschuß: −; Defizit: +)	+ 2 Mrd. GE
C	Grundbilanz (A + B)	− 3 Mrd. GE
D	kurzfristiger Kapitalverkehr	−
E	Saldo der statistisch erfaßten Transaktionen (C + D)	− 3 Mrd. GE
F	Saldo der statistisch nicht aufgliederbaren Transaktionen	− 2 Mrd. GE
G	Saldo der Veränderung der Nettoauslandsaktiva der Bundesbank	− 5 Mrd. GE

a) Die **Handelsbilanz** ist **passiv**, weil der Import wertmäßig größer als der Export ist.
Die **Dienstleistungsbilanz** ist **aktiv**, weil der Export den Import übersteigt.
Die **Bilanz der Übertragungen** ist ebenfalls aktiv, weil die Einnahmen größer als die Ausgaben sind.

b) Man spricht von einer defizitären Zahlungsbilanz, weil die Leistungsbilanz per Saldo passiv ist. Man kann ebenso gut sagen, daß die Kapitalbilanz ein Defizit aufweist, denn die Kapitalbilanz ist das Spiegelbild der Leistungsbilanz.

c) Das Zahlungsbilanzdefizit in Höhe von 5 Mrd. GE kann zahlreiche Ursachen haben, so z.B.:
 – der Wechselkurs ist zu niedrig, so daß der Import zu hoch, der Export zu niedrig ist;
 – der Import ist zwar mengenmäßig nicht zu hoch, wohl aber wertmäßig, weil die ausländischen Lieferer ihre starke Marktstellung monopolistisch ausnützen können;
 – die Inlandswaren sind deswegen nicht konkurrenzfähig, weil sie a) zu teuer sind/oder b) technisch unterlegen sind.

d) Die Regierung könnte
 – den Wechselkurs heraufsetzen (die Währung abwerten), um den Export zu fördern;
 – sonstige Exportförderungsmaßnahmen ergreifen;
 – die Verwendung von Substitutionsgütern fördern, um den Import teurer Waren zu ersetzen;
 – zukunftsträchtige Wirtschaftszweige unterstützen;
 – den technischen Fortschritt fördern.

9.20 Terms of Trade

1. 1985: 1 : 1
   1986: 1 : 1,1
   1987: 1,1 : 1,155 ≙ 1 : 1,05

9.20.1

2. a) Terms of Trade aus der Sicht des Inlands
   Für 1 Einheit Autos konnte die Bundesrepublik Deutschland importieren

Jahre	Einheiten Öl	Index
1973	1,000	100,0
1974	0,388	38,8
1975	0,424	42,4
1976	0,422	42,2
1977	0,435	43,5
1978	0,524	52,4
1979	0,414	41,4
1980	0,264	26,4
1981	0,204	20,4
1982	0,216	21,6
1983	0,235	23,5
1984	0,225	22,5
1985	0,235	23,5
1986	0,370	37,0

   b) Terms of Trade aus der Sicht des Auslands
   Für 1 Einheit Öl konnte das Ausland aus der Bundesrepublik Deutschland importieren:

Jahre	Einheiten Öl	Index
1973	1,000	100,0
1974	2,575	257,5
1975	2,366	236,6
1976	2,368	236,8
1977	2,299	229,9
1978	1,908	190,8
1979	2,414	241,4
1980	3,782	378,6
1981	4,897	489,7
1982	4,632	463,2
1983	4,253	425,3
1984	4,437	473,7
1985	4,264	426,4
1986	2,701	270,1

3. Die Terms of Trade haben sich in bezug auf das Mineralöl von 1973 bis 1981 mit geringen Schwankungen verschlechtert. Im Jahr 1981 mußten für 1 Einheit Öl fast fünfmal so viel Autos exportiert werden als 1973. Von da an wurde wieder günstiger getauscht. 1986 mußten nur noch rund die Hälfte Pkw-Einheiten ausgeführt werden, um eine Einheit Öl zu bezahlen.
   Die Gründe für diese Entwicklung: Höhepunkt der „Ölkrise" im Jahr 1981; Kursverfall des US-Dollars seit 1985 bei gleichzeitigem Preisverfall des Erdöls.

9.21 Inflation

1. a) Umstellung der Produktion → knappe Investitionsgüter → hohe Preise.
   b) Demontagen von Fabriken → Verstärkung von a)
   c) Unterstützungen → Banknotendruck → erhöhter Geldumlauf ohne entsprechende Erhöhung des Güterangebots
   d) Reparationszahlungen → Banknotendruck

2. – Staatsinflation (Unterstützungen, Reparationen); nachfr.
   – Gewinninflation (Preistreibereien); angeb.
   – Konsuminflation (Geldüberhang); nachfr.

3. – Keine Auswirkung auf Sachwertbesitzer
   – Vorteile für Kreditnehmer, da Rückzahlung mit entwertetem Geld
   – Schwere Verluste für Inhaber von Sparguthaben durch die völlige Geldentwertung

4. a) – Schaffung einer neuen Währung → Rentenmark
      – Abwertung der alten Währung → eine Billion Papiermark = eine Rentenmark
      – Deckung der neuen Währung: Gold und – da dieses knapp war – industrieller und landwirtschaftlicher Grundbesitz
   b) Das neue Geld geht an den Staat und an die Banken, welche die Industrie mit Krediten versorgen → Produktion von Gütern. Gleichzeitig Gehaltskürzungen und Steuererhöhungen (Reduzierung der kaufkräftigen Nachfrage und Möglichkeit für den Staat, seine Aufgaben durch Steuereinnahmen zu erfüllen).

9.22 Inflationsarten

a) Importierte Inflation/ni;   b) Investitionsinflation/ni;   c) Lohnkosteninflation/ai;
d) Konsuminflation/ni;   e) Gewinninflation/ai;   f) Rohstoffkosteninflation/ai;   g) Staatsinflation/ni;   h) Konsuminflation/ni;   i) importierte Inflation/ni;   j) Konsuminflation/ni.

9.23 Binnenwert / Außenwert der Währung

a) Deflation;   b) Deflation;   c) Aufwertung;   d) Inflation;   e) Inflation;   f) Inflation;
g) Deflation;   h) Abwertung;   i) Inflation;   j) Deflation;   k) Inflation;   l) Aufwertung;
m) Inflation;   n) Deflation;   o) Deflation.

Kapitel 10: Konjunkturschwankungen und Ziele der Wirtschaftspolitik

10.1 Konjunkturbeeinflussung

Die psychologische Beeinflussung **allein** vermag die „organischen" Schäden des Patienten nicht zu heilen!
(Karikatur zeigt den ehemaligen Wirtschaftsminister Otto Graf Lambsdorff)

10.2 Konjunkturphasen / Konjunkturindikatoren

a) **Rezession**, und zwar in Form der „Reflation" (Rezession mit Inflation). Das Zinsniveau ist verhältnismäßig niedrig, weil einerseits die Kreditinstitute flüssig sind, andererseits die Notenbank vermutlich konjunkturfördernde Maßnahmen ergriffen hat (z.B. Diskontsatzsenkung, Mindestreservesatzsenkung). Die Arbeitslosenquote ist verhältnismäßig hoch.

b) **Konjunkturaufschwung**, der allerdings nicht ausreicht, die Arbeitslosigkeit abzubauen, weil die Unternehmen offensichtlich keine Erweiterungsinvestitionen, sondern Rationalisierungsinvestitionen durchführten. Wahrscheinlich wurden auch während der Rezession nicht so viele Arbeitskräfte entlassen, wie dies der wirtschaftlichen Situation angepaßt gewesen wäre. Der jetzige mäßige Nachfragezuwachs kann daher mit den vorhandenen Arbeitskräften befriedigt werden.

Da der leichte Konjunkturaufschwung offensichtlich nur aufgrund der positiven Exportentwicklung eingeleitet wurde, erscheint er sich in den nicht mit dem Export im Zusammenhang stehenden Wirtschaftszweigen (noch) nicht bemerkbar gemacht zu haben: dort nahm die Zahl der Kurzarbeiter sogar noch zu.

Die Nichtunternehmereinkommen stiegen real um 2,14% (5% Lohnerhöhung bei einer Preissteigerungsrate von 2,8%). Es mag sein, daß sich aufgrund dieser Tatsache auch die Binnennachfrage erhöhen wird, so daß der Konjunkturaufschwung künftig etwas mehr Auftrieb erhält.

c) **Boom**, der von der Notenbank offensichtlich gebremst werden soll, um eine Überbeschäftigung und ein weiteres Ansteigen der Inflationsrate zu verhindern. Da die Einkommen der Unselbständigen schneller als die Gewinne stiegen, ist ein baldiges „Umkippen" der Konjunktur zu befürchten. Zu den steigenden Zinsen kommen die schrumpfenden Gewinne der Unternehmen. Daß das Geld knapper wird, ist auch an der Kursentwicklung an den Kapitalmärkten zu erkennen. Das steigende Angebot an Papieren führt zu sinkenden Kursen und damit zu steigender Realverzinsung.

10.3 Auswertung von wirtschaftlichen Daten

10.3.1 Grunddaten der Wirtschaftsentwicklung

1. Bruttoinvestition Vorjahr → 329,1 + 6,6 = 335,7
   Lfd. Jahr → 344,4 + 18,7 = 363,1
   Veränderung   Lfd. Jahr → + 8,16%

2. $71{,}647 \approx 71{,}7\%$

3. $28{,}35\%$

4.
	Lfd. Jahr		
Abhängig Beschäftigte	22,0	$\frac{2{,}258 \cdot 100}{24{,}258}$	= 9,308%
+ Arbeitslose	2,258		
	24,258		

5. $1671{,}2 - 1598{,}8 = +72{,}4; \quad \cdot\ 4{,}53\%$

6. Beginn des Aufschwungs, BSP nimmt im Vergleich zum Vorjahr zu, ebenso die Bruttoinvestitionen, aber höhere Arbeitslosenquote.

7. Vollbeschäftigung

10.3.2 Reallohnentwicklung

Vorbemerkung: Es ist ersichtlich, daß von 1980 bis 2000 die Löhne doppelt so stark steigen wie die Preise. Der Reallohn hat sich also verdoppelt, beträgt also 200% des Reallohns von 1980. Daraus folgt:

$$\text{Reallohn} = \frac{\text{Lohnindex} \cdot 100}{\text{Preisindex}}$$

Der Reallohn entwickelt sich im vorigen Beispiel wie folgt:

1980	1981	1982	1983	1984	1985	1986	1987	1988	2000
--	102,9	102,8	101,7	101,7	98,3	102,4	111,3	121,4	200

1981 sind die Löhne gegenüber 1980 schneller gestiegen als die Preise. Der **Reallohn** hat sich also **erhöht**.

1985 sind die Preise gegenüber 1980 schneller gestiegen als die Löhne. Der **Reallohn** ist also **gesunken**.

10.3.3 Erwerbsquote / Arbeitslosenquote

a) $61\,171 \triangleq 100\%$
   $28\,200 \triangleq x$ $x = \dfrac{100 \cdot 28\,200}{61\,171} = \underline{\underline{46,1\%}}$

b) Erwerbspersonen   28 200 Tsd.
   Erwerbstätige   25 971 Tsd.
   Arbeitslose   2 229 Tsd.

   abhängig Beschäftigte 22 707 Tsd.
   Arbeitslose   2 229 Tsd.
   arbeitsfähige Personen 24 936 Tsd.

   $24\,936 \triangleq 100\%$
   $2\,229 \triangleq x$ $x = \dfrac{100 \cdot 2\,229}{24\,936} = \underline{\underline{8,9\%}}$

10.3.4 Lohnquote

$E = 2,5$ Mrd. GE. $E_u = 1$ Mrd. GE. $E_{nu} = 1,5$ Mrd. GE.

a) E = 2,5 Mrd. GE + 0,25 Mrd. GE   = 2,75 Mrd. GE
   E_{nu} = 1,5 Mrd. GE + 0,15 Mrd. GE   = 1,65 Mrd. GE
   E_u = Restbetrag, d. 10% Gewinnsteigerung   1,10 Mrd. GE

Die Preissteigerungsrate ist – unter sonst gleichen Bedingungen – null, weil die Angebotssteigerung (Mehrproduktion) der Nachfragesteigerung entspricht. Das Volkseinkommen steigt somit nominell **und** real um 10% auf 2,75 Mrd. GE.

b) E_r = 2,5 Mrd. GE + 0,125 Mrd.   = 2,625 Mrd. GE
   E_{nom} = 1,65 Mrd. GE (E_{nu}) + 1,1 Mrd. GE (E_u)   = 2,750 Mrd. GE

Das Volkseinkommen steigt real auf 2,625 Mrd. GE (5%), nominell auf 2,75 Mrd. GE (10%).

c) ca) Gründe: Niedrige Importpreise für Konsum- und Investitionsgüter; staatliche Höchstpreise.

   cb) Die **Gewinnquote sinkt**; es besteht die Gefahr, daß die Unternehmen real weniger investieren. Die **Beschäftigung geht zurück**.

d) In diesem Fall ergibt sich eine **Nachfragelücke**: deflationistische Tendenzen; Gefahr der Unterbeschäftigung.

e) Die Unternehmen verzichten freiwillig oder gezwungenermaßen darauf, ihre Gewinne im gleichen Maße wie die Löhne zu erhöhen.

10.3.5 Berechnung von Lohnquote / Gewinnquote; Investitionsquote / Sparquote / Konsumquote

a) 1977: $\dfrac{676}{9{,}383} = \underline{72{,}05\%}$ 1987: $\dfrac{1\,080{,}7}{15{,}714} = \underline{68{,}77\%}$

b) 1977: $100\% - 72{,}05\% = \underline{27{,}95\%}$ 1987: $100\% - 68{,}77\% = \underline{31{,}23\%}$

c) 1977: $I = I_{br} - Ab$ 1987:
$I = 251{,}9 - 133{,}0 = 118{,}9$ $I = 397{,}0 - 249{,}7 = 147{,}3$

Investitionsquote: Investitionsquote:

$\dfrac{118{,}9}{11{,}992} = \underline{9{,}91\%}$ $\dfrac{147{,}3}{20{,}232} = \underline{7{,}28\%}$

d) 1977: $\dfrac{127{,}3}{9{,}383} = \underline{13{,}57\%}$ 1987: $\dfrac{223{,}2}{15{,}714} = \underline{14{,}20\%}$

e) 1977: $100\% - 13{,}57\% = \underline{86{,}43\%}$ 1987: $100\% - 14{,}2\% = \underline{85{,}8\%}$

10.3.6 Tarifrunden und Preise

a) Reallohnsteigerungen
b) durchweg Verminderung der Reallohnsteigerungen
c) Sinken des Realeinkommens
(Ziel der Gewerkschaften „Sicherung des Realeinkommens" nicht erreicht.)

10.4 Grenzen des Wachstums

1. Rückgang der Rohstoffvorräte, Zunahme der Umweltverschmutzung, Hunger/Sterben/Krieg → Reduzierung der Weltbevölkerung
2. Zu wenig differenziertes Modell, zweifelhafte Annahmen, Nichtberücksichtigung des technischen Fortschritts, negative Folgen eines Welt-Wachstumsstopps nicht berücksichtigt.

10.5 Phasen des Wirtschaftswandels

1. a) Ursachen: Innovationsschübe: Basis-Innovationen treten „bündelweise" auf, neue Produkte erobern den Markt (Wirtschaftsaufschwung). Prosperitätsphase von ca. 30 Jahren, dabei ansteigende Sättigung bei gleichzeitig fehlenden (nicht notwendigen) Basis-Innovationen.
   b) Langfristige Wirtschaftsabläufe mit Aufschwüngen und Krisen sind nicht „schicksalhaft" verordnet. Innovationsschübe veranlassen die Erscheinung der langen Wellen, nicht umgekehrt.

2.

Phase	I	II	III	IV
Text	A G	C D	E	F B

10.6 Magisches Viereck

	1	2	3	4
Wachstum	+↑	./.↓	—	./.↓
Preisniveau	./.↓	—	./.↓	+↑
Außenwirtschaftliches Gleichgewicht	./.↓	./.↓	./.↓	—
Vollbeschäftigung	—	./.↓	+↑	./.↓

Begründungen:

1. Anregung der Produktion; mit zunehmender Auslastung der zunächst noch freien Kapazitäten werden die Arbeitskräfte knapp und die Preise beginnen zu steigen. Bei stabilem Preisniveau im Ausland führen steigende inländische Preise zu Devisenabflüssen.
2. Kontraktive Geldpolitik führt zur Nachfragesenkung → Produktionsrückgang → Bremsung des Preisanstiegs; bei höherem Preisniveau im Ausland führen sinkende Preise zu Exportsteigerungen; Devisenzustrom → langfristig; importierte Inflation.
3. Wachsen der Beschäftigung; Preissteigerung. Preissteigerung im Ausland geringer als im Inland → Devisenabflüsse.
4. Rückläufiger Exportüberschuß; Produktionsrückgang; sinkendes Wachstum; Stabilisierung des Preisniveaus.

Kapitel 11: Träger und Instrumente der Wirtschaftspolitik

11.1 Träger konjunkturpolitischer Maßnahmen

1. BBK; 2. BR; 3. BR; 4. BBK; 5. BR; 6. BR; 7. BBK; 8. BR; 9. BBK

11.2 Wirkungen geldpolitischer Maßnahmen

1. Liquidität ↓; Konjunkturdämpfung
2. Zinsniveau ↓; Konjunkturbelebung
3. Zinsniveau ↑; Konjunkturdämpfung
4. Liquidität ↓; Konjunkturdämpfung
5. Liquidität ↓; Konjunkturdämpfung
6. Liquidität ↑; Konjunkturbelebung

11.3 Rediskont und Geldschöpfung

Diese **Primärgeldschöpfung** besteht in der Versorgung der Wirtschaft mit ..*Bar*..geld und .*Giral*.geld. Eine Quelle der Primärgeldschöpfung ist daher die **Refinanzierung der Geschäftsbanken.**

Beispiel: Produktion von Skianzügen im Sommer und Lieferung mit Ausgangsrechnung vom 30.09., Ziel 90 Tage; Wechselfinanzierung.

Problem: Der Produzent hat Produktionskosten vorgeleistet; er benötigt daher ..*liquide*.. Mittel. Der Einzelhändler hat Lieferantenschulden aus dem Sommergeschäft bezahlt; er ist daher .*nicht*. liquide. Neu produzierte Güter treffen auf fehlende ..*Kaufkraft*.... Wie kann die ..*Liquiditätslücke*... überbrückt werden?

Aufgabe: Ergänzen Sie folgendes Schema (Wechselweg und Geldströme)!

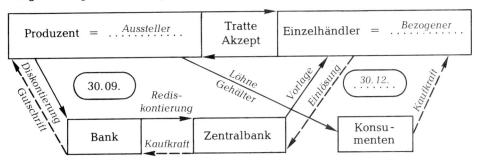

Mit Hilfe des ..*Wechsels*.. wird zusätzliche ..*Kaufkraft*.. geschaffen, die so lange auf dem Markt bleibt, wie sich das dafür gekaufte ....*Gut*... auf ihm befindet.

Eine derartige zeitweilige ..*Geldschöpfung*.. ist ungefährlich und hat keinerlei ..*inflatorische*.. Wirkung, wenn der Wechselaussteller Lieferer von ..*neu*.. produzierten Gütern ist.

Das zusätzlich geschöpfte ..*Geld*... muß also aus ..*Handels*..wechseln bestehen.

Finanzwechsel dagegen, denen keine ..*Produktions*..leistung gegenübersteht, wirken ..*inflatorisch*.., d.h. der Geldwert ...*sinkt*...., weil die Geldmenge ...*zunimmt*...., ohne daß gleichzeitig die ...*Gütermenge*... vermehrt wird.

Die Geschäftsbanken refinanzieren sich durch ..*Rediskontierung*... bestimmter ..*Handels*...wechsel bei der ..*Zentralbank*...

Quelle: Hartmann/Thiel, Arbeitsblätter zur Volkswirtschaftslehre, Teil II, A/2

11.4 Lombardpolitik

1. • Wenn die Guthaben der Kreditinstitute auf dem LZB-Girokonto nicht ausreichen, um die Mindestreservepflicht zu erfüllen.
   • Wenn die Rediskontkontingente ausgeschöpft sind.
   • Wenn der Geldmarkt angespannt ist.

2. Die deutsche Leistungsbilanz wies im Jahre 1981, bedingt durch die Verteuerung der Ölimporte, wachsende Defizite auf. Die Inflationsrate stieg. Aufgrund dieser Tatsache und aufgrund höherer Zinsen in den USA legten Ausländer ihr Geld nicht in der Bundesrepublik an. Die DM war im Gegensatz zum US-$ wenig gefragt.

3. Zur Bekämpfung der hohen Inflationsrate und um Kapitalimporte zu fördern, verfolgte die Deutsche Bundesbank eine Politik des knappen Geldes. Kreditaufnahmen der Banken bei der Bundesbank durch Beleihung von Wertpapieren wurden untersagt. Um aber besondere Spannungen am Geldmarkt auszugleichen, erklärte sich die Bundesbank bereit, gegen einen Sonderlombardsatz Lombardkredite zu gewähren. Der Sonderlombardsatz konnte von der Bundesbank täglich geändert und sogar ganz gesperrt werden.

4. Die Abschaffung des Sonderlombardsatzes und die damit eingeleitete Senkung der Notenbankzinsen soll über die Verbilligung der Kreditkosten die Unternehmen zu Investitionen anreizen und die Konjunktur stimulieren. Begründung: Ausgeglichene Leistungsbilanz, erträgliche Inflationsquote, verbesserter Wert der DM gegenüber dem US-$.

11.5 Wertpapier-Pensionsgeschäfte

1. Pensionsgeschäfte: Die DBB kauft unter der Voraussetzung von Kreditinstituten Wertpapiere an, daß diese sich zum Rückkauf zu einem bestimmten Termin verpflichten.

   Mengentender: Die DBB legt den Zinssatz fest, zu dem die Kreditinstitute den Verkauf der Wertpapiere mengenmäßig anbieten können (Mengenangebote). Der Zuschlag erfolgt prozentual.

2. Offenmarktgeschäft.

3. – Kreditinstitute können sich für kurze Frist mit liquiden Mitteln versorgen (Mindestreserve-Soll)
   – Da die Zinsen bei diesen Geschäften i.d.R. unter dem Lombardsatz liegen, wird der Zentralbankgeldbedarf häufig über das Pensionsgeschäft gedeckt.

11.6 Geldpolitische Maßnahmen

11.6.1

1. Im Januar sind 17 Mrd. DM zugeflossen. Der Zufluß kam zustande durch Interventionen am Devisenmarkt und vertragsgemäßes Handeln im EWS. Die zusätzliche Liquidität hätte das Zinsniveau beeinflußt und sich damit auch auf die ZGM der DBB niedergeschlagen und die Zielvorgabe empfindlich gestört. Außerdem wären inflationäre Wirkungen zu befürchten gewesen.

2. Generelle Zielsetzung ist die Beruhigung der Devisenmärkte und Stabilisierung des EWS.

3. – Kürzung der Rediskont-Kontingente mit dem Ziel, den Liquiditätsspielraum einzuengen.
   – Erhöhung der MR mit dem gleichen Ziel.
   Beides soll die KI auf die Wertpapier-Pensionsgeschäfte, deren Umfang von der DBB gesteuert werden kann, angewiesen machen. Dadurch kann der Geldmarkt gesteuert werden.
   – Senkung von Lombard- und Diskontsatz mit dem Ziel, das Zinsniveau zu beeinflussen bzw. den Zufluß von Spekulationsgeldern zu verhindern.

11.6.2

1. 1969/70: Boom; die Notenbank erhöht den Diskontsatz von 3% auf $6^1/_2$%, um die Konjunkturüberhitzung zu vermeiden.

   1971/72: Rezession; der Diskontsatz sinkt bis auf 3%; die Bundesbank kurbelt die Wirtschaft wieder an.

   1973/74: Aufschwung; der Diskontsatz steigt wieder bis auf 7%.

   1975/77: Rezession; die Deutsche Bundesbank senkt den Diskontsatz nach und nach bis auf 3%.

   1978/79: Aufschwung; der Diskontsatz wird wieder bis auf 6% erhöht.

   Bis hierhin verlief der konjunkturpolitische Einsatz der Diskontpolitik „schulbuchmäßig". Ab 1980 jedoch mußte die Deutsche Bundesbank den Diskontsatz wegen der außerordentlich hohen Zinsen im Ausland (besonders in den USA und in Großbritannien) hoch halten (Stand Anfang 1982: $7^1/_2$%), und dies trotz der größten Rezession seit Beginn der Bundesrepublik Deutschland. Hinzu kam, daß trotz des Abschwungs die Preise verstärkt stiegen (Reflation).

2. Diskontsatz und Lombardsatz senken, Mindestreservesätze senken. Offenmarktpapiere kaufen. Aufgrund dieser Maßnahmen nimmt die Geldmenge zu, und das Zinsniveau sinkt. Die Bundesbank hofft, mit diesen Maßnahmen die Nachfrage nach Konsum- und Investitionsgütern anregen zu können.

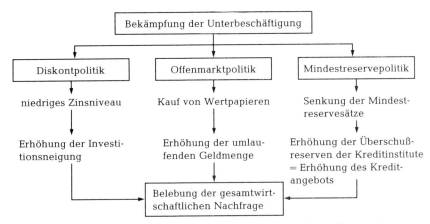

3. Diskontsatz und Lombardsatz erhöhen, Mindestreservesätze erhöhen, Offenmarktpapiere verkaufen. Aufgrund dieser Maßnahmen nimmt die Geldmenge ab (oder das Geldmengenwachstum wird zumindest gebremst) und das Zinsniveau steigt. Das Wachstum der Nachfrage nach Konsum- und Investitionsgütern wird gebremst oder geht im Extremfall zurück.

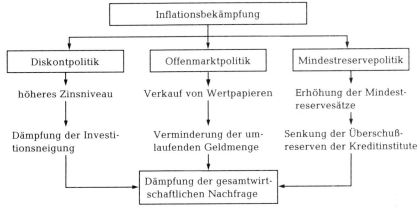

4. Hier handelt es sich um eine **Angebotsinflation**. Setzt die Deutsche Bundesbank die traditionellen währungspolitischen Maßnahmen ein, kann sie zwar dazu beitragen, die Nachfrage zu erhöhen, jedoch nur um den Preis weiter steigender Inflationsraten. Diese Feststellung gilt jedoch nur, wenn man von einem *normalen* gesamtwirtschaftlichen Angebotsverhalten ausgeht:

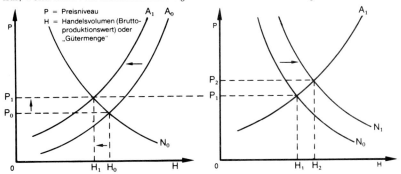

Situation vor dem Eingreifen der Notenbank: aufgrund von Kostensteigerungen ist das Handelsvolumen (die Beschäftigung) gesunken.

Situation nach dem Eingreifen der Notenbank: aufgrund der Nachfrageerhöhung steigen Preisniveau und Beschäftigung.

Unterstellt man jedoch, daß das gesamtwirtschaftliche Angebot *anomal* ist, gilt obige Feststellung nicht. In diesem Falle müßten die Preissteigerungsraten *wegen* der Lockerungspolitik der Zentralbank sinken. So könnte es beispielsweise sein, daß in der Bundesrepublik Deutschland im Jahr 1983 die Preissteigerungsraten geringer als 1983 sind, *weil* die gesamtwirtschaftliche Nachfrage (und damit die Beschäftigung, gemessen am realen Bruttosozialprodukt) zugenommen hat (Stand Ende 1982).

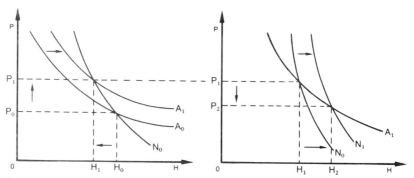

Situation vor dem Eingreifen der Notenbank: aufgrund von Kostensteigerungen ist das Handelsvolumen (die Beschäftigung) gesunken.

Situation nach dem Eingreifen der Notenbank: aufgrund der Nachfrageerhöhung sinkt das Preisniveau, während die Beschäftigung steigt[1].

11.7 Staatshaushalt

Ausgaben – *Einnahmen* – *ordentliche* – *gesetzlich* – *Ausgaben* – *Steuern* – *Abgaben* – *außerordentliche* – *werbenden* – *Sozial*investitionen – *Kredit*aufnahmen – *Mehr*ausgaben – *Nachtrags*haushalt

11.8 Steuerarten

a) ①;   b) ③;   c) ②;   d) ①;   e) ③;   f) ②;   g) ①;   h) ③;   i) ③;   j) ③.

11.9 Staatsverschuldung

1. Rangfolge der Länder in bezug auf die „öffentliche Verschuldung":

   1. Luxemburg
   2. Frankreich
   3. BR Deutschland
   4. Spanien
   5. USA
   6. Großbritannien
   7. Dänemark
   8. Griechenland
   9. Japan
   10. Niederlande
   11. Italien
   12. Belgien
   13. Irland

2. Zur Beurteilung der Schuldenhöhe werden BSP und Höhe der Staatsverschuldung in Beziehung gesetzt.

---

[1] In der Realität ist ein Sinken des Preisniveaus u. a. deswegen nicht zu erwarten, weil sich die Angebotskurve aufgrund ständiger Kostensteigerungen (z. B. Steuern, Löhne, Rohstoffe) laufend nach „oben" verschiebt. Realistisch ist hingegen die Annahme sinkender Preissteigerungsraten.

11.10 Konjunkturpolitische Maßnahmen I

Maßnahme	Geldpolitik (G) Finanzpolitik (F)	Beabsichtigte Wirkungen
Die Bundesbank senkt die Mindestreservesätze mit Wirkung vom 1. September um 10 Prozent.	G	Liquidität der Kreditinstitute ↑; (Zinsen ↓); Kreditaufnahme ↑; Investitionen ↑; Beschäftigung ↑.
Das Bundeskabinett beschließt ein „Programm zur Förderung von Beschäftigung und Wachstum bei Stabilität" im Gesamtvolumen von 1,73 Milliarden DM. Es umfaßt u. a. zusätzliche Ausgaben zur Stärkung der Investitionen (1,13 Milliarden DM). Für Anlageinvestitionen wird eine befristete Investitionszulage von 7,5 Prozent der Anschaffungs- oder Herstellungskosten gewährt.	F	Annahme: Staatshaushalt ist nicht defizitär. Investitionsgüternachfrage ↑. Gewinne und Löhne ↑; Konsumgüternachfrage ↑. Beschäftigung ↑; falls Vollbeschäftigung herrscht: Inflationsrate ↑.
Die Bundesbank senkt den Diskontsatz auf 6,5 Prozent und den Lombardsatz auf 8,5 Prozent. Die Rediskontkontingente wurden am 1. November um 2,5 Milliarden DM erhöht.	G	Liquidität der Kreditinstitute ↑. Zinsniveau ↓. Investitions- und Konsumgüternachfrage ↑. Beschäftigung ↑; falls Vollbeschäftigung herrscht: Inflationsrate ↑.
Die Bundesbank senkt die Rediskontkontingente der Kreditinstitute um rund 2,5 Milliarden DM.	G	Liquidität der Kreditinstitute ↓; Zinsniveau ↑; Investitions- und Konsumgüternachfrage ↓; Beschäftigung ↓; Inflationsrate bei normalen Angebotsstrukturen ↓.
Das Bundeskabinett beschließt ein „Programm zur Stärkung von Bau- und anderen Investitionen" mit einem Volumen von 5,8 Milliarden DM.	F	Einkommen ↑; Investitions- und Konsumgüternachfrage ↑. Beschäftigung ↑; falls Vollbeschäftigung erreicht wird: Inflationsrate ↑.
Im Zuge dieser Politik wird ein „Sonderprogramm für Gebiete mit speziellen Strukturproblemen" beschlossen, das Ausgaben der Gebietskörperschaften von fast 1 Milliarde DM umfaßt.	F	Staatsnachfrage ↑, Einkommen ↑; Investitions- und Konsumgüternachfrage ↑; Beschäftigung ↑.

11.11 Konjunkturpolitische Maßnahmen II

11.11.1

Dargestellt wird die **antizyklische Finanzpolitik**. Begründung: Bei Konjunktureinbrüchen werden die Staatsausgaben erhöht und die -einnahmen gesenkt. Im Konjunkturaufschwung werden die Staatseinnahmen erhöht und die -ausgaben gedrosselt.

11.11.2

a) Maßhalteappelle sind während des Booms angebracht. Der Grund: Es soll eine Nachfrageinflation und damit ein „Umkippen" der Konjunktur verhindert werden.

b) In der Rezession soll durch solche Appelle die Nachfrage nach Investitions- und Konsumgütern angeregt werden.

c) Individuell zu beantworten!

11.12 Konjunktur und Beschäftigung

Individuelle Lösung

11.13 Außenhandel

Lösungsvorschlag:

Der Rückfall in den bilateralen Handel führt zu einem sinkenden Handelsvolumen (Export und Import). Der Grund: Bei einem multilateralen Handel werden Außenhandelsdefizite gegenüber einem Land durch Außenhandelsüberschüsse gegenüber einem anderen Land ausgeglichen, während bei einem bilateralen Handel stets der Ausgleich zwischen den beiden Handelspartnern gesucht werden muß. Braucht man die Produkte des Handelspartners nicht, so muß zunächst wieder ein Abnehmerland gesucht werden, oder der Handel muß ganz unterbleiben. Die Folgen des abnehmenden Ex- und Imports *aller* Länder sind steigende Arbeitslosigkeit und zunehmende Staatsverschuldung aufgrund sinkender Steuereinnahmen und zunehmender Sozialausgaben (z.B. Unterstützungszahlungen für Arbeitslose).

11.14 Probleme staatlicher Wirtschaftspolitik

1. Staatliche Mehrausgabenprogramme sind ungeeignet in Zeiten „beschleunigten Strukturwandels", zweckmäßig erscheinen Steuersenkungen!

2. „Ziemlich gleichmäßige Unterauslastung der Kapazitäten."

3. Zusätzliche Bauaufträge: Anregung der Nachfrage im Bausektor → Nachfrage nach Stahl/Holz/Baumaschinen → Investitionen im Baumaschinensektor u.a. (Multiplikatoreffekt).

4. Stop-and-go-policy: Bemühen der Wirtschaftspolitik, auf jede Situation zu reagieren.

   Stellt nach Schiller eine Überforderung der Wirtschaftspolitik dar, mit der Tendenz, das marktwirtschaftliche System zu destabilisieren.

5. Es soll eine lang- und mittelfristige Geldpolitik betrieben werden, die nicht auf jede aktuelle Störung des wirtschaftlichen Gleichgewichts reagiert. „Monetäre Renaissance der marktwirtschaftlichen Denkungsart."

6. Verbindung von Ordnungspolitik und Globalsteuerung. Mittelfristige Ausrichtung der Wirtschaftspolitik mit staatlichen Aktivitäten (bei Handlungsbedarf!) im Rahmen des marktwirtschaftlichen Ordnungssystems.

Kapitel 12: Wirtschaftsordnungen

12.1 Freie Marktwirtschaft und Zentralverwaltungswirtschaft als idealtypische Wirtschaftsordnungen

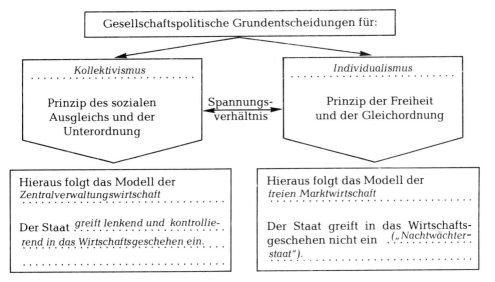

Wesentliche Ordnungsmerkmale:

(1) *Eine Zentrale plant Verbrauchs- und Produktionsmengen*
(2) *keine Produktionsfreiheit*
(3) *Zuteilungssystem*
(4) *staatlicher Außenhandel*
(5) *Kontrahierungszwang*
(6) *keine Geldfunktionen*
(7) *kein Privateigentum an den Produktionsmitteln*
(8) *keine freie Berufs- und Arbeitsplatzwahl*
(9) *keine Freizügigkeit*

Wesentliche Ordnungsmerkmale:

(1) *Angebot und Nachfrage steuern die Wirtschaft*
(2) *Produktionsfreiheit*
(3) *Konsumfreiheit*
(4) *Freihandel*
(5) *Vertragsfreiheit*
(6) *Geld hat u. a. Steuerungsfunktion*
(7) *Privateigentum an den Produktionsmitteln*
(8) *freie Berufs- und Arbeitsplatzwahl*
(9) *Freizügigkeit*

12.2 Die soziale Marktwirtschaft

Aufgabe der Sozialen Marktwirtschaft ist, auf der Grundlage der Marktwirtschaft das Prinzip der Freiheit mit dem des sozialen Ausgleichs zu verbinden.[1]

	Beispiele:	**Beispiele:**

GG Art. 2: *Handlungsfreiheit*

z. B.
- *Gewerbefreiheit*
- *Vertragsfreiheit*
- *Konsumfreiheit usw.*

Einschränkung nach der Gewerbeordnung
Verbraucherschutzvorschriften
keine freie Arzneimittelwahl usw.

GG Art. 9: *Vereinigungsfreiheit*

z. B.
- *Arbeitgeberverbände*
- *Arbeitnehmerverbände*

gesetzliche Rahmen- und Mindestbedingungen (z. B. Arbeitsschutzvorschriften)

GG Art. 14: *Eigentum, Erbrecht*

z. B.
- *Privateigentum an Konsum- und Produktionsmitteln*
- *Erbrecht*

GG Art. 14: *Enteignung*

z. B.
- *Sozialbindung des Eigentums*
- *Enteignung zum Wohle der Allgemeinheit*

GG Art. 15: *Sozialisierung (Überführung*
z. B. *in Gemeineigentum) möglich*

GG Art. 3: *Gleichheitsgrundsatz*

z. B.
- *Gleichheit vor dem Gesetz*
- *Gleichberechtigung*

---

1 Nach Müller-Armack, A.: Soziale Marktwirtschaft, in: Handwörterbuch der Sozialwissenschaften, Bd. IX, 1956, S. 390.

12.3 Die Zukunft der sozialen Marktwirtschaft

1. U.a.: – Überlegenheit der Marktwirtschaft in bezug auf Produktivität, Wohlstand, Wettbewerbsfähigkeit und technischen Fortschritt.
   – Internationale Arbeitsteilung und Globalisierung der Märkte verstärken den Zwang, die Effizienz des marktwirtschaftlichen Systems zu nutzen, um international konkurrenzfähig zu bleiben.

2. a) Konjunkturpolitik (wachstumsfördernde Rahmengestaltung, Strukturverbesserung, kurzfristige Stabilisierungsimpulse)

   b) Regionalpolitik (z.B. Unterstützung des Strukturwandels in landwirtschaftlichen Gebieten)

   c) Mittelstandspolitik (Schaffung gesamtwirtschaftlicher Rahmenbedingungen, die die Situation von Klein- und Mittelbetrieben verbessern und fördern)

   d) Technologiepolitik (u.a. Förderung von Wissens- und Informationstransfer, Förderung von „Querschnittstechnologien")

   e) Wettbewerbspolitik (Reform der Kartellgesetzgebung zur Vermeidung unerwünschter Konzentrationsprozesse)

   f) Umweltpolitik (Zusammenwirken von Marktautonomie und staatlicher Normensetzung)

   g) Berufsbildung (Entwicklung praxisnaher Formen beruflicher Aus- und Weiterbildung)

   h) Infrastrukturpolitik (Verkehrsausbau zur Sicherung der Standortvorteile der Bundesrepublik; Ausbau der Kommunikationssysteme)

12.4 Modell der Zentralverwaltungswirtschaft I

Vergleich zwischen Modell und Realtyp

Das Modell der Zentralverwaltungswirtschaft (= Idealtyp) ist aus vielerlei Gründen in der Wirklichkeit nicht anzutreffen und wohl auch nicht zu verwirklichen. Im folgenden sollen die wichtigsten Unterschiede zwischen Modell und Wirklichkeit erarbeitet werden:

Idealtyp	Mögliche Realtypen
Eine Zentrale steuert (plant) Verbrauchs- und *Produktions*mengen.	Planbilanzen nur für „strukturbestimmende" Wirtschaftsbereiche (z. B. Bergbau).
Alle Güter und Leistungen werden mengen- und *qualitäts*mäßig nach örtlichem und *zeitlichem* Bedarf geplant.	Nur die wichtigsten Güterarten werden unmittelbar in den Wirtschaftsplan einbezogen.
Produzenten können *keine* Entscheidungen fällen; keine *Produktionsfreiheit*.	Nicht strukturbestimmende Produzenten können im Rahmen des Gesamtplans Entscheidungen fällen.
Konsumenten können *keine* Entscheidungen fällen; keine *Konsumfreiheit*.	Konsumfreiheit im Rahmen des staatlich gesteuerten Angebots möglich.
Keine Import- und Exportentscheidungen durch Produzenten und *Konsumenten*; kein *Freihandel*.	Konsumenten können im Rahmen der Devisenzuteilungen auch im sozialistischen Ausland kaufen.
Keine Vertrags*freiheit*.	Vertragsfreiheit z. B. auf Gebrauchswaren- und Lebensmittelmärkten zugelassen.
Geldfunktionen überflüssig. Falls „Geld" vorhanden ist, ist es lediglich *Rechenmittel*.	Dort, wo Märkte zugelassen sind (z. B. private Handwerker), ist das Geld auch Steuerungsinstrument.
Kein Privateigentum an Produktionsmitteln, lediglich *Staatseigentum*.	Auch genossenschaftliches Eigentum. Kleinere Betriebe auch in Privathand.
Keine freie Berufs*wahl*.	Eingeschränkte Freiheit der Berufswahl möglich.
Keine freie Arbeitsplatz*wahl*.	In eingeschränktem Maße möglich.
Keine Freizügigkeit.	Eingeschränkte Freizügigkeit im Inland möglich.
Keine Märkte (z. B. kein *Arbeitsmarkt*, kein *Kreditmarkt*, kein *Investitionsgütermarkt*, kein *Konsumgütermarkt*.)	Bestimmte Gütermärkte zugelassen. Entstehung von Schwarzmärkten.

Anmerkung: Die Pfeile bedeuten logische Konsequenzen.

12.5 Modell der Zentralverwaltungswirtschaft II

Erste Planphase: *Ziele – Ziele*

Beispiel: a) 124 Mio. dt Getreide

b) 80 Mio. dt Brotgetreide,   40 Mio. dt Futtergetreide

c)

Aufkommen	Planbilanz A (in Mio. dt)		Verwendung
Anfangsbestand	2	Schlußbestand	2
Import		Export	10
Inlandaufkommen	80	Inlandverbrauch	72
Fehlmenge	2		
	84		84

Aufkommen	Planbilanz B (in Mio. dt)		Verwendung
Inlandaufkommen	40	Inlandverbrauch	42
Fehlmenge	2		
	42		42

d) 2 Mio. dt Brotgetreide,   2 Mio. dt Futtergetreide

e)

Aufkommen	Planbilanz Z (in Mio. dt)		Verwendung
Anfangsbestand	2	Schlußbestand	2
Import	–	Export	10
Inlandaufkommen	120	Inlandverbrauch	
Fehlmenge	4	Bäckereien	72
		Viehwirtschaft	42
	126		126

Zweite Planphase

Aufkommen	Planbilanz A (in Mio. dt)		Verwendung
Anfangsbestand	2	Schlußbestand	2
Inlandaufkommen	78	Export	10
		Inlandverbrauch	68
	80		80

Aufkommen	Planbilanz B (in Mio. dt)		Verwendung
Inlandaufkommen	42	Inlandverbrauch	42
	42		42

Gesetz – Planung in Runden

1. Importerhöhung
2. Vergrößerung der Anbauflächen
3. Verlängerung der Arbeitszeit
4. Erhöhung der Arbeitsintensität
5. Vergrößerung des Personalbestandes
6. Maschinisierung und Mechanisierung
7. Erhöhung des Düngemitteleinsatzes
8. Unkraut- und Schädlingsbekämpfung

1. Erhaltung des Arbeitskräftestamms (keine Abwanderung)
2. keine Erhöhung des geplanten Krankenstandes
3. konstantes Klima
4. kein unerwarteter Schädlingsbefall
5. Saatgutlieferung muß gesichert sein
6. kein unerwarteter Ausfall bei dem Einsatz der Maschinen
7. gesicherte Düngemittelbelieferung
8. gesicherte Lieferung und Bereitstellung der erforderlichen Maschinen

Plankontrolle

I. Märkte – sitzen – senken – verringern
   Markt – kontrollieren – stört – Gesamtplan
   1. Menge, 2. Ort, 3. Zeit, 4. Raum. Kennziffern
   1. Plankennziffer – übererfüllt
   2. Istgewinn – Plangewinn – erfüllt
   3. kWh – dt – Stück – hl – km – t – Nichterfüllung
II. durchgesetzt – Anreiz- und Strafsysteme – Anreizsysteme – Auszeichnungen
   Strafsysteme – Prämien- und Lohnkürzungen

12.6 Die Zukunft der Zentralverwaltungswirtschaft
Lösungsvorschlag

1. – Die DDR hat über ihre Verhältnisse gelebt
   – Planbürokratie und Zentralismus haben gegenüber der wissenschaftlich-technischen Entwicklung versagt
   – Interessenkonflikte wurden verdeckt
   – Festhalten an der Theorie, die industrielle Großproduktion von oben steuern zu können
   – Fehlen einer differenzierten, leistungsgerechten Entlohnung
2. – Eigenständige und eigenverantwortliche Betriebe (= genossenschaftliche Unternehmen – halbstaatlich, gemischt, privatkapitalistisch)
   – Rahmenplanung des Staates
   – Leistungsansporn durch entsprechende Entlohnung
   – weg von Subventionen, hin zu echten Preisen.

12.7 Systemkonforme / systeminkonforme Maßnahmen des Staates

a) Die Eingriffe der EG im Rahmen der Agrarpolitik stellen **systeminkonforme** Maßnahmen dar, weil die Preisbildung *unmittelbar* beeinflußt wird. Dabei handelt es sich um Mindestpreise zum Schutze der Produzenten, also der Landwirte.

b) Zu dieser Frage lassen sich durchaus verschiedene Standpunkte einnehmen.
   1. Aus der Sicht eines Anhängers der sozialen Marktwirtschaft handelt es sich um Eingriffe, die grundsätzlich abzulehnen sind. Sie führen zur **Überproduktion** auf Kosten des Steuerzahlers und Verbrauchers. Die überschüssigen Produkte müssen an Länder außerhalb der EG verschleudert oder vernichtet werden, um den Preis zu halten.
   2. Die Landwirtschaft in der EG muß erhalten bleiben, weil sie a) Arbeitsplätze anbietet, b) die Kulturlandschaft erhält, c) zur Gestaltung fremdenverkehrswirtschaftlich reizvoller Gebiete beiträgt und d) der Sicherung der Lebensmittelproduktion in Krisenzeiten dient. Damit wird eine gewisse Unabhängigkeit vom Ausland garantiert. Diese Vorteile müssen es dem Verbraucher wert sein, etwas zur Erhaltung der Landwirtschaft beizutragen. Was die Überproduktion angeht: besser zu viel als zu wenig Lebensmittel.

12.8 Sozialismus

Individuelle Lösungen

12.9 Texte zur Wirtschafts- und Gesellschaftsordnung

Text I

Die Aufgabe kann nur individuell beantwortet werden.

A. Die Aussprüche können vom Lernenden als Rechtfertigungen des Kapitalismus interpretiert werden, weil die Reichen als notwendige soziale Gruppe angesehen werden, die den Lebensunterhalt der Armen bezahlt. Außerdem plädieren die zitierten Thesen für die Freiheit des einzelnen, die letztlich nur diejenigen ausnutzen können, die von Geburt an die entsprechenden Chancen mitbekommen haben.

B. Die Aussprüche können andererseits als Warnungen vor dem Wohlfahrtsstaat ausgelegt werden, denn die Überbesteuerung der Reichen führt zu nachlassender Investitionsneigung und damit zum Verlust von Arbeitsplätzen. Nimmt man darüber hinaus dem einzelnen die Freiheit (z.B. freie Berufswahl, freie Arbeitsplatzwahl, Gewerbefreiheit, Freizügigkeit usw.), wird man die Eigeninitiative dämpfen und damit den Wohlstand aller schmälern.

C. Die „Tugenden" der Sparsamkeit und der „Hilfe zur Selbsthilfe" sind hingegen systemindifferent (systemneutral) und können von jedem als grundsätzlich richtig akzeptiert werden.

Die Position LINCOLNs kann man als liberal und marktwirtschaftlich orientiert kennzeichnen.

Text II

Dieser Text kann ebenfalls nur individuell beantwortet werden, weil die Aussagen von GALBRAITH weltanschaulich begründet sind.

A. Die Aussagen von GALBRAITH sind richtig, weil eine Gesellschaft, die in großen Mengen produziert, sich eine gleichmäßige(re) Einkommensverteilung leisten kann. Daher die Forderung GALBRAITHs nach einer dauerhaften Einkommenspolitik.

In dem Interview wird noch ein zweites Thema angesprochen, nämlich der Zusammenhang zwischen Inflation und Arbeitslosigkeit. GALBRAITH behauptet, daß die Gewerkschaften die Löhne, die Großunternehmen die Preise in die Höhe treiben. Geht man von der reinen Lehre aus, hat GALBRAITH recht: die Monopolpreise sind unter sonst gleichen Bedingungen *höher* als die Preise, die sich bei vollständiger Konkurrenz ergeben würden.

B. Die Aussagen von GALBRAITH sind zwar sehr bildhaft und griffig, aber falsch. Gründe: massive Staatseingriffe haben in den verschiedensten Ländern der Welt stets dazu geführt, daß die Einkommen zwar gleichmäßiger verteilt wurden, wobei es aber allen schlechter ging; außerdem sind es die „Reichen", also die Unternehmer im weitesten Sinne, die produktiv und rentabel investieren und damit Arbeitsplätze und Einkommen schaffen. Der Staat als Unternehmer versagt immer wieder, weil er nicht dem Zwang der rentabilitäts- und produktivitätsorientierten Investitionspolitik unterliegt und außerdem nicht kontrolliert wird.

Zur Inflationstheorie von GALBRAITH ist zu sagen, daß es statistisch nachweislich die Regierungen der westlichen Länder sind, die durch ihre Finanzpolitik (Schuldenpolitik) und ihre Preispolitik die größten Preistreiber sind.

Die Position von GALBRAITH ist als freiheitlich-sozialistisch zu bezeichnen, weil er keine Verstaatlichung wie der orthodoxe („rechtgläubige") Sozialismus anstrebt, sondern für das „Überleben des westlichen Sozialismus" eintritt.